U0562076

钱币里的中国史

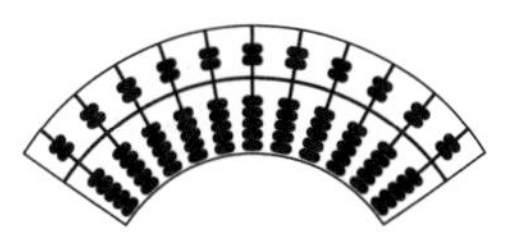

清秋子 著

北京时代华文书局

有态度的阅读

小马过河（天津）文化传播有限公司出品

引子

玩钱的人就要懂得钱，不玩钱也得弄明白钱 / 1

第一篇

中国最古老的钱产于海南

“金融”两个字搞不明白还玩什么钱 / 7

神农氏的农贸市场催生了钱 / 9

美丽的贝壳钱通行了一千年 / 11

没钱能做朋友吗 / 13

再多的海贝也不够用了 / 15

青铜器时代的事情谁也弄不清了 / 17

第二篇

咱们的“黄金时代”来自楚国

经济的“冬天”为什么把你吓住了 / 21

钱从一开始就是“老大” / 23

从钱形上也能看出楚国人最有才 / 25

“黄金时代”也是英雄辈出的时代 / 28

秦始皇究竟是谁的代表 / 30

第三篇

铜钱是我们尊敬的“孔方兄”

伟人一刀砍掉了所有的“外汇” / 35

古代中国第一次发行的债券信誉不良 / 38

古代政治家为什么借钱给穷人不要利息 / 40

孔子在财经史上只是一名小角色 / 43

古代金融界的一杆孤独大旗 / 46

第四篇
汉武帝是“国家货币”创始人

谁敢堂堂正正说自己是个商人 / 53
汉朝一开国谁都可以造钱 / 55
汉武帝一怒判了“自由铸币”死刑 / 57
中国最早出现的私人银行家 / 60
古人早就找到了解决“三农”问题的办法 / 63

第五篇
理想主义者王莽的货币幻术

一个被人彻底遗忘了的王朝 / 69
他创造了人类史上最复杂的币制 / 72
世界上第一个征收所得税的人 / 76

第六篇
钱也有一部《三国演义》

一首关于“古怪五铢钱”的民谣 / 83
三国的钱，要数魏国的最“仁义” / 87
曹操真的很关怀贫困儿童 / 92

第七篇
南朝四百八十寺富得流油

何以解忧？唯有孔方 / 97
散漫的晋朝连钱都懒得铸 / 100
银子是在晋朝开始吃香的 / 105
钱居然能小得像鹅眼睛 / 108
几亿铜钱全化作了菩萨 / 112
最牛的钱出在北朝末代 / 116
古代的和尚也是金融工作者 / 119

第八篇
且看大唐“元宝”究竟是何物

隋朝末年竟然糊纸壳当钱 / 125
葱岭之下有一个神秘古国 / 130
华夏人从来就是天才的商业民族 / 133
老百姓闹不清“开元通宝”怎么念 / 138
货币改革改得饿死了人 / 145
钱界难得一见的“华南虎”——“得壹钱” / 148

第九篇
唐朝皇帝为何禁止百姓存钱

中唐的铜钱多被熔化铸了夜壶 / 153
泥巴捏的钱也可以用来买东西 / 157
老百姓就用鸡鱼鸭鹅做“货币” / 161
五代的货币政策各有高招儿 / 164
李后主的南唐对钱币艺术也有贡献 / 169

第十篇
唐代官场经费靠“捉钱”来解决

赈济贫民就相当于父亲救儿子 / 175
有这样一群奇特的“捉钱”专业户 / 178
唐朝法律不许强收别人的家产抵债 / 182
谁的钱币在飞 / 186
应该向古代的金融理论家学习 / 193

第十一篇
宋徽宗的书法在钱币上龙飞凤舞

请给我一个聚宝盆 / 201
好心的皇帝制定了一些坏国策 / 204
宋朝钱币就是一场书法盛宴 / 209
你要是到了宋朝十有八九要减肥 / 213
宋朝实行“货币特区”政策 / 216

第十二篇
谁最该为纸币的诞生而欢呼

人类史上第一张纸币在四川诞生 / 223
官府一印纸币就印上了瘾 / 228
宋朝的纸币是怎么变成废纸的 / 231
在宋朝买二手房有可能挖出一窖黄金 / 236
朝廷无义就别怪百姓无情 / 239
懂钱和不懂钱的人就是不一样 / 242
宋朝的“大户室”也相当震撼 / 248
宋朝需要打点的“亲戚”何其多 / 253

第十三篇
元朝官员的腐败可不是一般的

真理简单到连小学生都懂 / 261
元朝的口碑为什么不好 / 265
摇啊摇，一摇摇到“银锭桥” / 270
朱元璋是在“货币战争”中起家的 / 273
元朝开了社会道德大滑坡的头 / 278

第十四篇
明朝金融那些事儿

要做大蒜、生姜那样的人 / 285
明朝为现代商业格局打下了底子 / 288
大明王朝玩不转一张小小的纸币 / 291
世上唯有银子好 / 295
礼崩乐坏之时，盗亦无道了 / 299
明朝在惠民政策上可打最高分 / 303
明朝也有金融业“大忽悠” / 307

第十五篇
清朝很流行外国“大洋”

理性才是攀向幸福生活的阶梯 / 313
清朝挨骂多半是因为运气不好 / 317
清朝在银元上如何与国际接轨 / 321
铜钱摇摇晃晃走向穷途末路 / 326
大清朝的银元和铜板成了送终钱 / 330
三起三落的大清朝纸币 / 334

第十六篇
清末先后有三次金融风潮

大清朝五花八门的金融机构 / 343
三次金融风潮预示末日将临 / 350
外商银行把大清玩得团团转 / 356
中国人终于办了自己的银行 / 361
最后还要跟各位说几句 / 363

引子

玩钱的人就要懂得钱，不玩钱也得弄明白钱

中国人发明了纸张。

不要小瞧这又轻又薄的东西，它不仅记载了文明、传递了智慧，如今，它还正在撬动整个世界！

不是吗？让人脑袋瓜生疼的金融危机，正在改变世界格局，改变国家地位，改变公司实力，就更不要说渺小的个人命运了。起码，现在有的人就为“钱”这种花花绿绿的纸张，而苦恼，而紧张，而绝望，甚至而死。

这种小纸头的力量，还小吗？

但是也有人正在亢奋中。

他们手里的钱，不但没缩水，而且在发泡。在无数人折戟沉沙、焦头烂额的时候，总有一些人能稳操胜券，坐收其利。

因为什么？因为他们钱多。当然这还远远不够，再多的钱也禁不起打水漂。归根结底，是他们聪明，认清了“钱”这种东西究竟是什么。

凡是在商业大潮中挺立潮头的，假如他不懂“钱”为何物，那是不可能

的。即使有瞎猫碰上了死耗子，也绝不会再碰上第二回。可能第二回碰上的就是老虎，要叫你尸骸无存!

因此，玩钱的人，就要懂得钱——钱为何物?钱从何处来?钱有啥用?钱怎么才能生钱?

可能有人要说了：我不玩钱，我也不研究那个。

不玩钱的人，实际上也被罩在一张巨大的“钱网”中。现代经济社会里，每个人无时无刻、每分每秒，都处在一个金融大格局中。

我问你：你工作不工作?工作。工作就要拿钱，而且你的工作绩效还必须值你拿的钱，不然你老板就会开掉你，或者鄙视你。你做不做买卖?做，那你就得赚钱。赔本的买卖谁也不干，只出不进的，那叫慈善家，而且慈善家也得有钱才有资格当。

那么好了，不管你是员工还是老板，你都处在一种“买卖”的社会关系中。老板发你工资，是买你的劳动成果;你给老板打工，是出卖劳动力——脑力也是劳动力。

我们来看这“买卖”二字，繁体字写成“買賣”。看见没有?这俩字的下半部分都有一个“貝”(贝)字。“贝”就是中国最古老的钱!

在古代，钱还有别的叫法，比如现在有个时髦的口头语，把一叠人民币叫“一刀钱”，这是怎么来的?因为“刀”，在古代也是钱的一种。

嘿，学问吧?

所以孔子说，要“学而时习之”，不学哪成啊。

这年头，你贫困，不要紧;你意志不坚定，不要紧;你没文凭，不要紧;但是，你不能笨。下了狠劲儿想赚钱、但又赚得非常少的人，无论如何不能说是聪明。

那是根本就没把钱搞懂。

在一个监管严格又充满风险的金融格局中，你糊里糊涂地不懂钱为何物，不栽跟头才怪!

所以我们要学习，向成功的投资人学习，向专业书籍学习。不过，你看书店里的金融书籍，关于银行的、证券的、投资的、保险的，多了去了，说明人们的学习愿望非常强烈。

但是为什么还是亏钱？为什么还是被套牢？为什么还是业务惨淡、入不敷出、朝不保夕？

是人们忘了一门大课！

要向老祖宗学习呀。

中国的事，还得按照中国式的思路来办，生搬硬套外国的，不亏得吐血那叫没有天理。

那就追踪一下吧，中国人历史上主要信奉的哲学是什么？是儒学。儒学的老祖宗是谁，是孔子。不过你知道吗？孔子是干什么出身的？——会计，仓库的会计。

老祖宗是懂钱的人，我们还愁吗？

从夏商周到元明清，3900多年啊！老祖宗谈钱、用钱、管理钱，玩得真是漂亮啊。这是多大一笔思想财富，不学，不是赔本了吗？

所以说，向古人学习什么是钱、钱的作用、钱的演变、钱的管理、钱的衍生功能，是一件刻不容缓的事。

好了。我想各位都明白了，凡是被猎人打下来的鸟，都是笨鸟。想不做笨鸟的，就先看看老祖宗的智慧“钱柜”里都有些什么宝贝吧。

第一篇

中国最古老的钱产于海南

“金融”两个字搞不明白还玩什么钱

在那万恶的旧社会，有一个词语，人们经常用，而现在不大用了，那就是“卖命”。

其实这个词挺形象的。你想呀，一个人，如果从大学毕业开始工作的话，有效劳动年限正好是30年，就等于说，你是把你最有创造力的生命，分30年一点一点给卖出去了。

爹妈给你一条生命，不容易。古人说“蝼蚁尚且贪生”，何况我们人呢，更应该珍惜生命。所以，兄弟姐妹们，一定要把这30年卖出个……呵呵，不说太直白了吧！就是说，人的生命也要“效益最大化”。

在将来的同学会上，起码得让当初一眼都不瞟你的“班花”或“班草”，对你刮目相看。

那么，凭什么让人家对你注目？

是你的腰包，你的财富，你的成功程度，说到底，还是你有了个聪明的脑袋瓜。

把古人的现成智慧装进自己脑子里，付出的成本只是一点业余时间，收益是从此心明眼亮，能看清金融里的种种门道，这不是很划算的吗？

我们还是言归正传，来看看古代的金融业是啥样吧。

首先得搞清“金融”是什么意思，“金融”两个字都搞不明白，还玩什么钱?

“金融”一词，不是咱们老祖宗的发明，是近代我们从日本那儿拿过来的。就像“革命”“社会”“干部”“经济”这些词，有的虽然古代中国就有，但现代意义上的用法，还是借鉴的日本的。

金融是什么?就是钱和关于钱的业务，这是个行当，是个专业。其中的“金”字，比较好理解，世界各民族都在很长的历史里把贵金属作为货币，所以“金”就是钱，赚钱就叫“揽金”。

可是“融”呢?这是个啥意思?

这是指“资金融通”，也就是货币信贷，比如借钱、还钱、抵押、放债，以及现在很流行的股票、债券、基金等。

中国古代没有“金融”这个词，可是有这类经济活动，所以古代也有金融业。而且放贷、借贷我们一般说的都是钱，可是古代的时候，借贷关系涉及的还不光是钱，还有粮食。粮食也能借贷，这是咱们老祖宗的一门特殊金融业。

就像几十年前，“粮票”也能顶钱用，拿来换鸡蛋。再早，1949年以后有一阵儿，政府公务员的工资还是发小米呢。

有意思吧?

神农氏的农贸市场催生了钱

那么中国古代的货币，是怎么创造出来的？人们干吗就发明了货币？

货币这东西，现在是这么厉害地主宰了我们的生活和情绪，以至穿衣吃饭、讨老婆、生孩子、上学、看医生，直到进火葬场，都为钱所扰，让人欢喜让人忧的。现在的办公室中、饭局上、电视里，“货币战争”“金融风暴”什么的，都快塞满耳朵了！

这“魔鬼”是从哪里放出来的？

告诉你吧，钱，也就是说货币，是古代老农民发明的，是在神农氏时代的农贸市场里发明出来的。

它是应运而生的，不发明不行了。赶集的农民一着急，就发明出来了。

据说神农氏那会儿，规定中午时农贸市场开市，“天下之民”都来以货换货，到换完了，就散场，“各得其所”（《易·系辞下》）。具体是怎么交易呢？比如女娲家里养的猪多，吃不完，但是缺羊，就把猪赶到市场去换伏羲氏他们家多余的羊。

这叫“物物交换”，是最原始的贸易，还用不着钱。

可是问题来了！好比当时的交易价格，约定是一头半猪顶一只羊，女娲没法把半只活猪给伏羲氏，那就只好先欠着，下回赶集换东西的时候补上。

如此就会很麻烦，拖欠得久不说，要是女娲故意赖账，伏羲氏也有口难言。

还有，要是女娲一时碰不上愿意拿羊跟她换猪的人，她就得把猪赶回家继续养着，想吃羊肉却吃不着。不方便的事儿多着呢！

可是古代的农民不会叫尿憋死。他们发现，要是把一种比较流行的货物独立出来，其他的货物都以它来标价，那就没问题了。比如鸭吧，大家约定好：一只羊值五只鸭，一头猪值四只鸭。女娲找不到卖羊的，可以先把猪换成四只鸭，下回赶集再添一只鸭，就换回一只羊了。

这样，鸭，就是最早的钱了。这叫“自然货币”，它不是人造的，是自然界里现成的东西。

咱们的老祖宗，先后使用过的自然货币多了，禽畜（像鸭，此待考，估计可能是羊）、牛羊皮、粮食、锄头、乌龟壳、动物牙齿、牛羊角、蚌壳、布匹、珠宝玉器等，还有一个最重要的——海贝。

顺便说一句，为什么怀疑最早的“钱”可能是羊呢？因为咱们华夏民族远古时代最喜欢吃羊肉，这跟现在不同。汉字里有两个跟美味有关的字，就带着“羊”字，那就是“羹”和“鲜”。

汉朝的文字学家许慎，对“美”这个字有解释：“美，甘也。从羊从大。”他还说，羊是六畜里面最主要的食品。就是说，那时候世界上什么事情最美？“羊大”就是美。陕西人到现在都还爱吃羊肉泡馍，这也是老祖宗留下来的习惯。

对他这个说法，现代有的学者有异议，说“美”字是来自甲骨文，其图形是一个戴着羊角的人，其含义是“羊人为美”。

不管怎么样，羊既然值钱，就极有可能被当作最早的货币。你说是不是？

美丽的贝壳钱通行了一千年

用什么当钱最好，我们的先民老祖宗，也是“摸着石头过河”，摸索了很多很多年，估计没有2000年也差不多吧。

最合适当货币的东西，应该具备几个条件：本身要有较高价值，来源稀少（物以稀为贵），耐用、易于保存、便于携带，个头儿大小差不多。

尤其便于保存这一点，很重要。如果拿鸭子来做货币，你还得养活它，有成本在里面，不能计入价值。而且万一死了，这“钱”也就没了。不过古人拿家禽、牲畜做货币的时候，还比我们幸运一点，牲畜死了，好歹能落下肉吃，全家可以美餐几顿。

现在，你把钱扔进基金公司，说给你“蒸发”掉70%，你一点脾气没有，连肉汤都喝不上。因此北京现在流行一句话：“就算我二大爷（二伯父）开的基金公司，我也不买。”

寻找合适的自然货币，其历史是漫长的，聪明的古人终于找到一样东西，符合所有条件，那就是海贝。

海贝是一种海洋软体动物的壳，是枣核形状的，中间裂开一条带齿的缝，外表光洁漂亮，有花纹，坚硬不易碎，大小都差不多，最适合做货币。最重要的是，它不易获取，不可能一下子出产很多，可避免贬值。

出于对质量的要求，中国古代的贝币原料，主要是从海南来的。中原和海南，不仅隔着大海，还隔着长江以南的“百越”地区，交通不便，路途遥远。运一麻袋贝回来，其本身价值就非常高了，拿来做货币正好。

古人这下不用赶着鸭子或背着老牛皮去买东西了。

怀里揣一把贝壳就出发，体面，不占地方，方便多了。它又是以个数为单位的，好计算。这就跟现在的“钢镚”差不多了，一只羊，10个贝；一头猪，8个贝。妥了！

那个古老的年代，按理说顶数海南人最富裕了，全华夏最大的造币厂就在那儿。大海滩上，一退潮，“货币”到处都是，动手捡就是了。估计那时候就有“造币专业户”，成天地捡海贝，运海贝，给中原地区提供资金。

这个“海贝本位制”的货币体系，从夏代开始，一直实行到秦灭六国才废止，总共有1000多年。

1000多年，这得有多长？一般人没概念。咱们这么举例吧，说说从现在起倒退回去1000年是哪一年，大家就能有点概念了：是宋朝的第三个皇帝宋真宗时代。够久远的了吧？那时候的开封城，如今已经被冲积土埋在地下14米了！

而咱们现在习惯使用的现代意义的纸币，是从哪一年开始的呢？

是1906年，八国联军攻进北京（1900）以后了。是那时户部银行（后改名大清银行）发行的。当然在此之前，外国银行就已经在中国发行了纸币，各省官办银号也自行发了纸币，但也早不了多少。这才多少年？100多年。跟1000年能比吗？

这下你该明白了：像发财的“财”、贸易的“贸”、购买的“购”、货物的“货”、资本的“资”、赔偿的“赔”，账本的“账”，还有“贵贱”“贿赂”等汉字里边，为什么都有个“贝”字了吧？

这就是文化，是大伙挂在嘴边的“中华文明”！

没钱能做朋友吗

要说中国的古文明博大精深，一点也不假。最了不起的，是它从来没中断过。这样，4000年以前的信息，很多都能保留到现在。

这个信息的载体，就是咱们使用的汉字。比如前文说的那么多带“贝”的字，这个“贝”，现在是简化了，半个方框里加一个“人”字。啥意思？解释不了。而繁体字是直接从甲骨文、钟鼎文沿袭下来的，保留的信息就比较全。

那考考你吧：繁体字的“貝”，里面有两横，你看像什么？

是——钱串子！

这才是纯粹的写真！古代的贝币，为了方便携带，免得坐马车散落了，在贝上都要打孔，然后用绳子串上，就跟后来的铜钱串子一样。

这个，有商代的出土文物为证。

商代的墓葬里，普遍都有贝币随葬。其中以随葬一枚贝的为多，钱来得不容易，埋一枚意思一下就行了。不过，多的也有好几千枚的，那是高级贵族的墓地了。公元前1200年左右，商代有个君主叫武丁，他的妻子妇好的墓葬位于现在的河南安阳。1976年，考古队从中挖出来六千多枚贝币。

这位贵妇，相当于后世的皇妃，随葬的钱，起码也得有今天的十几万吧。看来那时候的一枚贝币，比今天的一元钱的币值要高多了。

这些挖出来的贝币，就都是打了孔的。商代的贝币，先是流行细孔，后来大伙富裕了，钱越来越多，就流行大孔，能串得更多。最后这也不行了，就把贝壳磨小，让它变轻，一次背它几百个也不累，这就叫“背磨式”贝币。

那时候，货币的计算单位，不是一枚、两枚，而是“朋”。注意了，这又是一幅画！

把一串贝币穿好，挂在腰带上，你看，这两边垂下来的钱，是不是就像个“朋”字？至于每串多少枚，后人不大清楚。古人常说“五贝为朋”，不过现在一般认为是10枚贝为“一朋”。

《诗经》就提到过这个“朋”字。在《诗经·小雅》里有一句：“既见君子，锡我百朋。”这里的“锡”字是“赐”的异体。这诗是说：一个学生，去见老师（君子），老师赏了他一百“朋”钱。在古时候，这是数量惊人的厚礼。古代人真是不可捉摸，收学生，还有倒搭钱的！

一串钱，垂下来两边的数量一样，价值一样，这就是“朋友”这个词的词源吧。成语说“朋比为奸”，也是这个意思，两人一样坏！

朋，原来是来自钱。

是啊，发展到今天就更是了，有时候，没钱，是很难做朋友的。

再多的海贝也不够用了

贝币的使用，是在中国早期文化形成阶段，因此它源远流长、影响深刻。

不过，大量使用贝壳，终于使得这种海产品供不应求，估计海南那边资源已经枯竭了。经济发展了，货币却跟不上，怎么办？

还是那句话，车到山前必有路。到了殷商后期，渐渐出现了“代金券”——仿贝币的铜币。这是我国最早的金属货币，但不等于后来的铜钱，它是用青铜做成贝币的模样，也是枣核形状，有的还有齿缝。只有这样，人们在心理上才能接受它为一种货币。

这也是一种文化心理传承。铜在当时虽然是较为贵重的金属，但毕竟还不能和海贝比。

现代也有这样的例子。1984年的时候，新成立的上海飞乐音响公司，曾向社会发行每股面值50元的股票1万股。这是改革开放后我国发行的第一张上市股票。这种股票的样子，就设计成跟钞票差不多，人们才容易承认它的价值。

到了西周时期，除贝币仍是主要货币外，人们也使用铜块做货币，它的价值大小，要用秤来称。因此，这种铜疙瘩（当时叫作“金”），是我国最早的“称量货币”，也就是货币的价值要按照重量来计算了。

20世纪70年代以后，在江苏的古吴国遗址就多次发现过这类铜块。1983年在河南洛阳、陕西的西周墓中，也发现过随葬的青铜块。这些都是金属货币即将登上历史舞台的前奏曲。

总之，贝币的出现，跟商业开始发达有关；而金属货币的冒头，也跟当时的商业发达程度有关，还跟当时青铜铸造业高度发达有关。

这就是货币与经济活动的联系。所以，不可能有一成不变的货币形态。在漫漫4000年中，贝币让位给金属货币，自己变成了装饰品；金属货币又让位给纸币，自己变成了辅币。风水是轮流转的。

近期，国家正在推行数字货币，表明有形货币将在我国逐渐退出历史舞台。这种演变，势必要积淀在我们的文化中。

一切都有文化的根。我常听见有人说：“现在的人怎么这么财迷？”其实不是现在的人如何如何，而是我们这个民族从来就是一个务实的民族，积累财富是一种天赋，这种文化已经熏陶几千年了。

青铜器时代的事情谁也弄不清了

夏商和西周时代的货币，现在看来大家都清楚了。那么，有货币，就应该有借贷。有了信贷活动，才是一个完整的金融体系。可是，那年月的事儿，不大好说了。

各位读者能有耐心看我的书，说明都还有点文史方面的兴趣。那么，我再考考你们，你们说，这个夏朝到底有没有？

说不清楚了。起码还没找到出自夏代的文字资料，比如甲骨文记录什么的。如果有人说这个朝代根本就没有过，你也没办法。历史学家顾颉刚先生在1923年就提出过高见，说根本就没有夏朝的创始人大禹这个人，实际上“大禹是一条虫”。

鲁迅先生听了不大高兴，在《故事新编》里写了一篇《理水》，顺手讽刺了他一把。

可是讽刺归讽刺，到底有没有，还是个疑案。

从夏朝到西周，社会上有没有借贷行为，其实也是“一条虫”，说不清了。

按理说，有私有制就有借贷，钱不够用就得向私人或者官府借，没人白给你。《吕氏春秋》里倒有一条，说周武王灭了那个带头裸奔的荒淫商纣王，把蹲监狱的囚犯都放了，还免了他们欠商朝官府的债务(弃责)。看来那时候，官府就借钱给民间使用。

但这个《吕氏春秋》是战国末期(前239)的杂家著作，是秦国丞相吕不韦组织属下门客集体编写的。他手下那帮人，精灵古怪的，说得有没有根据不一定。

还有就是《周礼》上也说过，西周时代就有市场税务所，那时候叫“泉府”。“泉”是“钱”的通假字，在古代字音相同。也有说是钱像泉水一样源源不断，所以叫“泉”。看来把税务部门叫“泉府”是再恰当不过。

《周礼》说，当时国家规定，泉府要借钱给老百姓办祭祀，这叫“赊”，不能收利息；也要借钱给老百姓做生意，这叫“贷”，因为做生意有盈利，所以要收利息。

《周礼》上还说，西周就已经有国家经济状况月报制度，叫“月要”，由“小宰”负责审查。小宰一共有两位，他们也管民间债务纠纷，要根据借贷合同“傅别”来进行审案。傅别一式两份，借贷双方各执一份。

相传《周礼》是西周大政治家周公旦所著，内容涉及典章制度、天文地理、草木鱼虫，是一部智慧全书。《周礼》所描述的周朝，那简直是一个儒家理想国。这部书在典章制度方面对后世影响很大，隋唐以后的吏、户、礼、兵、刑、工“六部”的中央机构设置，甚至古代朝鲜汉城的城市布局，都是按照《周礼》来的。

不过呢，据说《周礼》编写好以后就藏入了秘府，基本上谁也没见过，在西汉末年汉成帝时代才被发现。这离着周公那时候有1000年了。

这也有点太离谱了！所以一般认为此书成于战国时期，梁启超干脆认为它是王莽为篡位而编写的伪书。

所以，西周到底有没有税务所，国家是不是向私人贷款，咱们就糊涂着吧。

第二篇

咱们的『黄金时代』来自楚国

经济的“冬天”为什么把你吓住了

在新的章节开始之前，我们再来做一道思考题：你打算怎么应对全球经济的“冬天”？

这问题，大概是见仁见智，各人看法不同。在我们身边，常有一些技术型的专家，给人们指点迷津，说遇到如何如何情况，可以如何如何应对。他们说得都不错，但是，看经济大势不能这么看。

要有望远镜般的眼光，会看几千年，那么看透未来几年肯定不成问题。

要有夜视镜般的眼光，看问题看到本质里去，那么看清楚未来几十年也没问题。

做人不能做“乒乓球运动员”，只会推挡；要做“国际象棋手”，会看棋路。

据说北京、广州的白领，目前掀起了“一百元”运动，也就是一星期只支出一百元。

这是为什么？恐惧！

可是，令人恐惧的情况，能因为你恐惧而消失吗？不能。

你恐惧了，你的困境就能减轻一些吗？也不能。

那么恐惧还有什么用？

反正以你自己之力，已经没法改变现状了，那还不如多花点时间来做一件事——沉思。

《沉思录》的作者马可·奥勒留，是古罗马的一位皇帝。皇帝日理万机、戎马倥偬，尚且有时间想问题，我们平头百姓就更应该想问题。

上帝把人类的脑容量打造得这么大，就是要我们用来想问题。

你想想，贝币的出现、金属货币的出现——这些新型货币的出现，都是什么时候？

都是在新旧经济形态的转型之交，都是在一种新的经济形态崛起、一个新兴的社会阶层成熟之际。

贝币，是商人阶层从农民阶层里彻底脱离出来时出现的。夏朝没有资料，但商朝肯定有了专职商人。《尚书》里说，商朝有一批人“牵着牛车到远方去经商”，各地互通有无，靠的就是这些专职商人。

金属货币，是西周“权贵经济”衰亡、春秋战国“平民经济”崛起时出现的。到了西周灭亡，东周列国崛起的时候，商王朝留下来的土地国有制——“井田制”全面瓦解，土地私有制——“私田”遍布天下，诸侯国开始向私田征税，正式承认土地私有合法化。由此，开始了一个轰轰烈烈的春秋战国时代。

那么今天，电子货币刚刚兴起，正是信息时代新经济革命方兴未艾的表征，怎么可能有一个漫长的经济“冬天”来临？

所有的这一切，只不过是局部降温，高温气候还在后面，而且说来就来。

所有的问题，都出在新旧交错中旧的那一部分。垮掉的，是为新崛起的让路。

预言资本社会就要灭亡、就要崩溃的次数太多了，哪一次也没应验。再说，就算是资本社会要消亡，也是先从它内部生长出一个更强大的经济形态，来渐进式地取代它。怎么可能一朝崩溃，落得个白茫茫大地真干净？

《沉思录》说：“所有的事情很快就过去了，变成仅仅一种传说，完全的忘记亦不久就要覆盖它们。”

是的，经济“冬天”也会很快就过去。它不过是要洗一次牌，洗掉无数的经济“近视眼”，为先知先觉者开道。

当“冬天”变为过去的传说之后，能仰天大笑的，只有“沉思者”！

钱从一开始就是"老大"

好了，还是先讲古吧，我们现在已经从西周来到了东周。

至于西周是怎么灭亡的，我想大家都知道，就是周幽王为了博得宠妃褒姒一笑，闹出个"烽火戏诸侯"来，失信于天下。结果犬戎后来攻破了首都镐京（今西安附近），西周玩完。

第二年，周平王即位，把都城往东移到了洛邑（今洛阳），东周开始。不过东周的周王室可没那么大权力了，诸侯列国，征战不休。

东周时，商人比以前更牛，有的大富豪还控制了国家政权。比如辅佐齐桓公成为"春秋第一霸主"的管仲、鲍叔牙，就是商人出身，从政之前两人曾一块儿做过生意，算是合伙开公司的。

东周时期的商业也更加发达了。齐国的临淄当时是商业中心，繁华得产生了中国最初的交通拥挤问题。著名纵横家苏秦说，走在临淄的大街上，只见"马车轮轴相撞，人肩膀挨着肩膀，大伙举起袖子来就成了帐幕，一挥汗就如雨"，这还了得吗？

商业发达，货币的流通量也就加大，贝币不够用，金属货币——铜币，于是正式登场。

那时候的青铜铸造手段已不成问题了，各国都能自行铸造。不过诸侯国太多，铜币没办法统一，形制不一样，流通范围不一样，货币体系也不一样。

那是一个古代货币“百花齐放”的时代。

首先我们要讲一个问题——今天人们常挂在嘴边的“钱”，就是在东周时期出现的。

钱为什么叫“钱”？说来话长。铜质货币已经不是自然物了，是人造物，那么它究竟应该采取什么形状为好呢？不同地域的古人，思路几乎一样，就是选用了生产、生活工具的样子。

首选是农具——铲子。

那时候有一种铲子叫“刬”（读作“摇”），铸成这种铲子形状的铜币，一开始也叫“摇”，后来转音为古音相近的“钱”。这就是“钱”的来历。

“摇”——“钱”，真是不摇不来钱啊！

看来，古代人民还是朴实的，知道是劳动创造了财富，铸造货币还不忘做成劳动工具的样子。

钱，从一开始就是“老大”。谁有钱，谁就比你大一级。

为什么这样说？有典故。

晋朝人鲁褒在《钱神论》中这样写道：“亲爱如兄，字曰孔方。失之则贫弱，得之则富强。无翼而飞，无足而走。解严毅之颜，开难发之口。钱多者处前，钱少者居后。处前者为君长，在后者为臣仆。君长者丰衍而有余，臣仆者穷竭而不足。“

翻译成现代文是这样的：大家像敬爱兄长那样爱它，便给他起了个名字叫孔方。没有了它人们就会贫穷软弱，得到了它人们就会富足强盛。它没有翅膀却能飞向远方，它没有脚却能到处走动。它能够使威严的面孔露出笑脸，能使口风很严的人开口。钱多的人干什么都能占先，钱少的人便得乖乖地排在后面。排在前面的人就是君长，而排在后面的只是臣仆。

可见，某种程度上说，钱的确是“老大”。

从钱形上也能看出楚国人最有才

自从世界上有了钱，钱就同时成了幸福和苦恼的源泉。成语说：“韩信将兵，多多益善。”钱也是，越多越好，世上没有嫌钱多的人。

可是求之不得怎么办？有的文人想钱想疯了，就制造出美丽神话来，起码可安慰一下自己。

西汉初年，淮南王，也就是汉武帝的叔叔刘安，找了几位门客，一块儿编了一本《淮南子》。里面讲了一个故事，说是远古南方有一种水虫，叫“青蚨”，又名“鱼伯”。形状像蝉或蝶，个头儿还要稍大一点，翅膀就跟蝴蝶一样，颜色鲜艳。

把这种虫子的子母各取相等的数量，放在瓮中，埋在背阴的东墙下，三天以后再打开，一母一子就时刻相随了。

然后，你就可以变魔术了，把母血涂在81枚钱上，把子血也涂在81枚钱上——把这钱拿去买东西吧。

用钱的时候，或是把子钱收好，用母钱；或是把母钱收好，用子钱；不管用哪一种，凡是用出去的钱，都能自行回来（以其钱更互市，置子用母，置母用子，钱皆自还也）。

这会飞回来的钱，好吧？领一个月的工资，永远也用不完了，所以古人叫它“神钱”。

后世把钱叫作“青蚨”，就来源于此。古时候商人们都愿在钱柜上贴个红纸条，上写“青蚨归来”，好图个吉利。

不过，再好的神话，一到当代也就都不灵了。你要是把钱不问青红皂白投到股市或基金里，一多半的“青蚨”就再也飞不回来了，不管上面涂了多少你的血汗！

我们是唯物主义者，知道凡是神话，都有现实基础。比如这个把虫子血涂在钱上的神话，就有现实的根据。因为这时候的钱，已经是一枚一枚的铜板了。上面有文字和花纹，凸凹不平，往上涂血是一点问题也没有的。

要是贝币就不行，过水不沾。古人就是再聪明，在贝币时代绝想不出这样的神话来。

铜质钱虽然大部分都是铜板，但形状很不同，可以归纳为四大类。在某一个地区，以其中的一种为主，与其他的种类交错使用。

布币。在铜币中这一种出现得最早，西周就开始使用，不过很粗糙，也就是金融学上所说的“原始布”。这个“布”，就是铲子，古代把铲子叫“鎛”，后来转音为“布”。还有另一种铲子前面说过了，就是“钱”。

到了春秋战国时期，这个形状像铲子的钱，变得非常精致了，上面还真的有个装木柄的库，这叫“空首布”。发展到后来，形状变得抽象一点了，全是扁平的了，这叫“平首布”。

刀币。这种钱的形状，就像个切菜刀。那时候渔猎和手工业发达地区，有一种小刀叫“削”，刀币完全就是“削”的样子。那时候齐国的国力强盛，铸造的“齐刀”最为精致。

圜钱。圜（yuán）钱也叫“圆钱”，这个钱形来自纺车上的轮，样子基本上与后世的铜钱一样了。圆形的，中间是圆孔，后来演变为方孔。钱的边缘，原来是秃的，后来有凸起的边儿。

这些钱上面都有字，有的是国名，有的是产地名。

还有一种是楚国的铜质货币，样子最为奇特，这就是蚁鼻钱。

这种钱的体积非常小，只有西瓜子或者衬衫纽扣那么大。样子呢，实际上就是微型的铜贝币。

为什么人家的铜钱样子都变了，楚国的单单不变？这是因为，楚国离海南近，贝币来得容易，还在广泛通行，因此铜币必须做成贝的样子，才有权威性。不过楚国的造币部门也很聪明，把铜币造得小小的，节省成本啊！

这种小钱，上面也有字，是阴文，也就是凹进去的字。花里胡哨的，像人脸，因此俗称"鬼脸钱"。

另外，其中有一种上面写着篆文"各六朱"，写得像个蚂蚁，又像人脸上两个大鼻孔，因此称为"蚁鼻钱"。

那时候楚国的疆域非常大，最大时占有现在的川、鄂、湘、赣、皖、苏、浙、豫、陕、鲁等省的全部或部分，几乎是半个中国了。所以它的蚁鼻钱发行得就多，分布得也广，今天还能经常从地下挖到。

楚国真是个浪漫之国，不单是"楚辞"写得好，连钱币也做得这么漂亮。所以我老早就有个想法：楚国没有统一华夏，那是华夏民族的一大遗憾啊！

“黄金时代”也是英雄辈出的时代

一部冯梦龙的《东周列国志》，把东周之初到秦灭六国的500年，写得波澜壮阔。

春秋战国时代，也确实如他所写，群雄辈出，思想活跃，人性和人的能量充分释放，在中国历史上绝无仅有。

如果说，每个民族都有他们自己的“黄金时代”，那春秋战国就是咱中华民族的“黄金时代”。

而且黄金这种贵金属，作为货币登场，也是在这个时代。

——名副其实，怎么论都是！

在春秋晚期，最早用黄金铸币的，就是浪漫的楚国人。

楚国是南方大国，从西周时候算起，到它被秦国灭亡，一共雄踞南方800年。它的影响到现在也没消失，起码咱们现在还有个民族节日，就是发源于楚国的——纪念屈原的端午节。

楚国地大物博，盛产黄金，所以由它来开创“黄金时代”，是理所当然的。

楚国的金币成色相当足，为93%到99%。形状有的是金饼，有的是一整块金板，可以切割，估计就跟巧克力似的，用一块就掰下来一块。

金币上一般都有方形印记，写的是“郢爰”两个字。郢(yǐng)是楚国的国都(今湖北江陵)；“爰(yuán)”是重量单位。因此，现代金融学界就把这种金币叫“楚爰金”。

在《战国策》里，曾多次提到过黄金，说是“多少多少金”，或者“多少多少斤”，这两个概念是一样的，都是指一斤黄金(有时也指黄铜，读古书时要仔细分辨)。不过古时候一斤没现在多，大概有五两的样子吧。

楚国的黄金矿藏很多。在楚国亡国1100多年后，唐代大诗人刘禹锡被贬到楚国旧地的朗州(今湖南常德)，还能看见有淘金女在忙活。他写的诗句“美人首饰侯王印，尽是江中浪底来”，写的就是淘金。

不光是那时候，就是现在，也还有剩下的金子。在湖北宜城有个“散金坡”，一下暴雨，土坡上就能捡到金屑。传说这里原来就是楚国制造“爰金”的作坊。

看来到了春秋战国，金子就比“宝贝”更牛了，后来凡是好时代都叫“黄金时代”。

不过要注意的是，金属货币特别是黄金，虽然流通的历史远比贝币流通的时间长，但是贝币流通时，正是汉字形成期，因此汉字里带“贝”字偏旁的，大多都跟“财产”“财经”有关，而带“金”字旁的，多数只跟冶炼、武器和金属有关，跟财产反而没多大关系。

这就叫文化传承，不管你再怎么拜金，也不能把文字都改了！

至于在全球范围内，究竟是哪个国家最先铸造金币的呢？

一般公认是小亚细亚的吕底亚国(前1000—前546)。这个古国早就灭亡了，要不是咱们太爱黄金了，可能一辈子都不会听说它。它位于今天土耳其的西北部，就在爱琴海边上。

吕底亚国是一个富国，首都萨第斯宏伟壮观，富得流油，堪称远古“第一牛”都城。这个古国大约在公元前660年开始铸金币，可是咱们的楚国，大概也就是那个时候开始铸金币的。因此谁是“金币老大”？还不一定呢。

这，有待大伙去考察吧。

秦始皇究竟是谁的代表

说到这里，不知各位发现一个问题没有，春秋战国时期，钱币的形制“百花齐放”固然是好，符合自由精神，但是，这里面隐含着一个极大的不便，就是币制太复杂了。

你们看，光是铜币，就有四大类，有的两三种在同一个地区平行使用，互相间就要有个兑换率。

不同国家的钱币，也不能自由流通，又要兑换。

这时候除唱主角的铜币之外，同时流通的，还有珍珠、玉器、贝币、金币、银饼、锡块，它们和铜币之间，都要有严格的兑换率。

战国时期，甚至还出现了少量银币。在河南省扶沟县的古城村，就发现过18枚银质的布币。虽然出土银币的案例极少，但说明那时候已有银币。

布匹也作为实物货币流通过，诗经《卫风·氓》里的“氓之蚩蚩，抱布贸丝”，说的就是拿布匹去买东西。而且各国的布匹多宽多长为一匹，都不统一。

这样一套复杂的兑换率体系，恐怕仅仅长一个脑袋都记不住！

那时候的国君，甚至也有在货币兑换上做文章的。魏国著名的改革家君主魏惠王，在首都迁到大梁（今河南开封）以后，就发行了一套特殊的“外贸币”，比国内发行的铜币分量要轻，专门用于和边境贸易。

这种特殊的外贸货币，不仅重量比面值要轻，而且含铜量也低。

大梁那时候是商业中心，商誉很好，不怕各国商人不来做贸易。魏国在进口商品时用外贸币支付，货币成色不足，就等于压低了人家的价格，占了人家的便宜。

这样混乱的货币状况，再加上关税壁垒、战争频繁，那时候做国际贸易的商人，一不小心就可能赔个底朝天！

历史证明，凡是经济问题积累到一定程度，就一定要有政治上的代表人物出面来解决。

最后解决这一瓶颈问题的政治人物，就是秦始皇。

“秦王扫六合”，现在一般都把他的动机解释为代表“地主阶级”，想建立大一统帝国，以促进生产力。其实，他不消灭六国，“地主阶级”也照样从事农业生产，而最急于打破诸侯分割局面的，莫不如说是商人阶层。

早在春秋时期，商人就已经很有政治影响力了。《左传》上说，晋国的商人“能用金玉装饰车辆，衣服上有好看的花纹，能向诸侯行贿”——官商勾结，早已有之！

越国的范蠡在弃官经商之后，“十九年之中，三致千金”。乖乖，三次赚到了一千斤金子！后人更把他尊为商人的祖师爷——这是商界的孔子。

孔子的弟子子贡，往来于齐鲁之间经商，所到之处，国君都和他行平起平坐之礼——可见那里有钱就是大爷。

那时候的群众，也就是所谓的“小人”，经商的更是遍地都是，连孔子都肯定了他们脑袋瓜聪明，说“小人喻于利”。

这里的“喻”，是通晓之意，他是说：“人民群众真懂得赚钱哪！”到后来，不知怎么的，人们竟把它理解成一句贬义的话了。

这样大的一股群众力量在推动，500年间水滴石穿，最后终于接近了目的。统一只是时间问题，谁来统一只是历史选择的问题。

请问，是谁把秦始皇的父亲公子异人护送回秦国去登王位的？是谁辅佐年幼的秦始皇坐稳了国君宝座的？是谁在秦始皇扫灭六国过程中出了大力的？是大商人吕不韦！

——这是偶然的吗？

第三篇

铜钱是我们尊敬的『孔方兄』

伟人一刀砍掉了所有的“外汇”

中国有两个开国皇帝，长相上可能有点对不住观众，一个是朱元璋，一个就是这横扫六国的秦始皇。要按《史记》的描述为秦始皇画张像，那简直比通缉犯还难看，司马迁说他是塌鼻子、细条眼睛、鸡胸，说话还带“豺声”（蜂准、长目、挚鸟膺、豺声）。

当然也有可能他太刻薄寡恩了，后人这是糟蹋他。

不过，不管他长啥样，没有秦始皇，就没有大中华，这功劳是否定不了的。况且伟人为什么就非得是“伟丈夫”（帅男人）？

秦王嬴政39岁那年，完成了统一中国的大业，成了千古第一帝。紧接下来，他干了几件事，当今凡有初中文化的人，都能数叨出来，就是车同轨、书同文、坑书生、修长城，外加统一度量衡。

其实还有一条不大被人提，那就是至关重要的统一货币。

那年头的商人乃至普通人家，估计谁手里都有五六种“外汇”。咱们现在要是去一趟越南旅游，换一次越南盾就能把自己给换蒙了，何况五六种！

现在，塌鼻子的快刀来了，把你们这乱麻全一刀切了。从嬴政自号始皇帝那一年起，所有“外汇”，什么刀币、铲子币的——废止，所有珠宝龟贝乱七八糟的——废止，都不许拿来买东西了。

大秦帝国的疆域上，只有两种货币可以通行，一是“上币”，就是黄金；二是“下币”，就是铜钱。铜钱还必须是大秦中央统一生产的，上写“半两”俩字，重量也正好是半两。

这种秦朝的铜钱，后人就叫它“秦半两”。

过去百花齐放是太乱了，都说不清货币是什么本位制了，可能乌龟壳也能做本位。现在，就是“金－铜本位制”，干净利索！

秦法严苛，弄不好就剁鼻子砍头。这号令一出，那些外汇、宝贝，立马就成了古玩，搁在家里自我欣赏吧。

这个“秦半两”的推广，还有一个重大意义，就是统一了币形。

秦的铜钱是圆钱，外圆内方，从此“钱”的形状就固定了，一直流行了两千年，到民国初年才被禁用。

这个带方孔的圆形铜钱，还影响到日本、朝鲜、越南、印尼、缅甸，它们的货币，都跟了“秦半两”的风。

有人要问了，铜钱的中间为什么要有一个方孔？为什么不像现代的硬币不带孔？

呵呵，这是个技术问题了。古代在铸造铜钱时，铸好了以后要打磨毛边，为了方便加工，就把半成品的铜钱穿在一根筷子上，打磨时它就不会乱转了。这就是方孔的作用。

后来有人做文章，把铜钱戏称为“孔方兄”。从此，孔方兄也就成了钱的一个别号。

孔方兄虽然出世比孔圣人晚，但它常常向孔圣人挑战。由于一些现实的问题，所以，孔夫子常不敌孔方兄。

只有一个地方不大听话，那就是云南。以滇池为中心的那一片地方，从春秋晚期起，就使用贝币，祖祖辈辈用习惯了，秦半两也没影响到那里。一直到元代都开始发行钞币了，对云南也只能网开一面。到了明朝，政府强行在云南铸币，还是没人理。直到明末清初，贝币才慢慢退出流通领域。

贝币到后来其实很不值钱了，明末一两银子，能顶500串贝币，但你挡不住云南同胞就愿意用它。

也有相反的例子，据考古学界研究发现，华夏民族的贝币造币总厂——海南，恰恰就从来没流通过贝币。那个地方，从一开始有货币，就是孔方兄，大概是汉武帝那时候运过去的。

也就是说，在远古的海南，贝壳就是贝壳，一钱不值，只有运到中原以后才有价值。这就相当于现在纸张和纸币的区别。

当时的海南人，有些郁闷吧，守着满海滩的贝币，跟守着一堆废纸一样。

古代中国第一次发行的债券信誉不良

秦始皇统一海内，商人最高兴了。从此壁垒打破，畅行无阻，四海一家，用一种钱，长一个脑袋就能记住汇率了。

可是他们没高兴多久。秦始皇虽然客观上代表了商人阶层的利益，但政治家的野心有时候谁也不代表，只代表他自己。灭六国后，本应让百姓休养生息，可他还在那里踩油门，而且踩到了极限。

他做皇帝才11年，你看他折腾的：内修驰道、开灵渠、筑长城，外伐匈奴、征百越，每次大行动，都要耗费浩大民力。尤其在咸阳附近造阿房宫、修骊山墓，共征发民夫70万人。还有当时服兵役的，在200万人以上，占壮年男子的三分之一。

人都被拉去服劳役了，商人还跟谁做买卖去?

再说，就算再大的财主，也禁不住这么扔钱啊!

从后世出土的“秦半两”看，轻重不一，显然后期的铜钱已经不够分量了，悄悄在贬值。秦朝法律是最严的，说半两就是半两，可是连国家都不能坚守承诺了，偷偷刮老百姓的油水，可见实在有点顶不住了。

秦始皇不管那个，他照旧浩浩荡荡出去东巡。我们就让他在路上颠着吧，咱们抽空回顾一下春秋战国时的信贷是啥模样。

教科书告诉我们，亲身体验也告诉我们：有私有制就有穷富，有穷富就有借贷——人总不能活活饿死吧！

世界上最早的借贷行为，是出现在公元前2000年的西亚，也就是现在老出事儿的伊朗、伊拉克、叙利亚、约旦、以色列、巴勒斯坦那些地方。

古罗马也有借贷，大约在公元前450年他们制定了著名的《十二铜表法》，首先规定的就是债务法。规定说，欠了债，要还，过期不还要蹲监狱。蹲监狱算是轻的，弄不好把你当奴隶卖掉或者处死。

咱们中国的规模性借贷起于何时，不清楚，但在春秋战国时期肯定已很普遍。而且古代中国第一次发行债券，就在战国末期。

有个成语跟“债”字有关，是什么，想想看——是“债台高筑”！

对，这就是战国时候的事儿。

事情发生在东周最后一个王——周赧（nǎn）王的身上。周赧王那时候还顶着个“周天子”的虚名，实际上只是个小国的国君，忽然被六国诸侯说动了心，拼凑了5000多兵马，要和诸侯联合去打秦国。

可是他太穷，就连这5000人的粮饷、武器都凑不齐，只好向境内的富户借钱，给他们出具了借券，答应在周军班师之日，以战利品偿还。

后来，他们这群乌合之众根本不可能和秦军交手，无功而返。富户们见周军回来，都手持债券跑来向周赧王讨债。

周赧王哪有钱还？于是富户就闹起了群体事件，从早到晚聚集在宫门外，喧哗不止。周赧王被吵得死的心都有，只好躲到宫后的一个高台上去避债。周人就把这高台叫作“逃责台”（古汉语“债”“责”相通）。

所以说，中国第一个发行债券的，是周赧王。

“赧”字有个“赤”字旁，是因羞愧而面红耳赤的意思——看来，周赧王毕竟还是有羞耻心的，还不上钱，脸红了好几千年！

古代政治家为什么借钱给穷人不要利息

周赧王发债券的事，我说说，你们也就姑妄听之，他这如果也叫债券，恐怕就是人类史上最搞笑的债券了。

其实这叫“别券”，是古代的借款协议，也就是上文所说的“傅别”，形状可能和古代调兵用的“虎符”差不多。一块竹片，上面刻有借贷双方姓名、借款数额、还款日期，然后一分为二，各执一半。还款时双方要拿出来“合券”，还完了钱，要销毁，整个程序是很讲信用的。

估计那时候的古人，还很淳朴，故意欠账不还的不多，所以借钱都是信用借贷，几乎没有抵押借贷。

有能力放债的人，当然是权贵、商人和地主。

可怜巴巴借钱的人，当然是穷苦农民、渔民和猎户。

那时候，据说借粮食的比借钱的多，这也不奇怪，吃不饱肚子才是天大的事。

我们现代人，一辈子没借过钱的大概不多，谁都有三灾八难、一时不凑手的时候。要是连盒饭都吃不上了，不借怎么办？

所有的人格、尊严、体面，遇到钱紧的问题，那都是一堆泡沫！别看有些人平时闹得欢，要是饿他三天肚子，他还是要自己去找饭吃。

春秋战国那会儿，没准儿也有“金融风暴”、失业潮之类的，别的行业不景气，放债却是好时机。

所以，那时的大款都看好放债有利可图，差不多都在干这事，有的还把放债作为一个主要的生财之道。

那时候借款的利息也很惊人，有的是二分利，有的是五分利。据《管子》一书说，最高的是十分利，也就是“倍贷”，年利息100%。也就是说，借出去1000枚刀币，一年里要收回来2000枚刀币。这就是高利贷了。

齐国有名的孟尝君，放债的年息收入就有十万钱，靠着放债成了大富豪，白养了三千门客。过去我不知道这个，以为他是生性豪侠、出手大方，后来才知道他的钱来得这么容易，换了谁，谁也小气不了。

那时候高官也公开放债，法律不限制。晋国大夫栾桓子，就是放高利贷的好手，名义上是借款给人家，实际等于受贿。有人不缺钱花，为了向他行贿，就故意跟他借高利贷，“上贡”的钱就以利息的名义，名正言顺地送给他了。

这招数不可谓不高明。可是，瞒得过老天，瞒不过众人。他的名声因此很不好，官场和民间都认为他是“失德”。

不过，春秋战国时的政治家，也不都是财迷。

有的人眼光就看得比较远。有一次宋国发生饥荒，大夫司城子罕就建议，国君应该“出公粟以贷”，也就是把国库的公粮借给饥民。他还建议，要命令高官们自己也要出血，把自家的粮食也贡献出来。司城子罕不光叫别人这么做，自己也带头，借给穷人粮食不记账——还不还随便，他根本就不打算收回。

这一来，饥民可算见到了大救星。《左传》上说，粮食放出来后，“宋无饥人”。

在宋国的另一次灾荒中（这宋国真够倒霉的），公子鲍还把自家粮食全部拿出来，借给贫民。

《国语》里记载，“春秋五霸”之一的晋文公，就曾多次下指示“弃责”。楚共王、晋景公、齐景公，都实行过“已责”措施。“已责”，就是终止债权债务，跟“弃责”是一样的。

这些政治家们，脑子并没有进水，他们知道老百姓最需要什么。他们也知道，有一种财富是无可估量的，那就是民心。他们不过是豁出一点钱来，“收买民心”。

老百姓是知恩图报的，贤明的政治家们这么干并不白干，公子鲍就因为舍小家、帮大家，后来当上了宋国的国君，是为宋文公。

要是你光跟人家握握手、摸摸人家小孩脑袋，就指望百姓对你感恩戴德，那不是太幼稚了？

齐国有个田桓子，准备夺取政权，在借给贫民粮食时，大斗借出，小斗收回，不仅不考虑利息，连本钱也没打算全部收回。

孟尝君的门客冯谖，主动要求去替孟尝君收债。他到了薛城，让官吏把欠债的人都招来，逐个核对了“别券”，而后一把火烧掉。欠债人喜极而泣，“民称万岁”——这该给孟尝君争取到了多少民心！

如果“口惠而实不至”，光是嘴上说要富民，却一门心思要把老百姓兜里的闲钱给挖走，那怎么能坐得稳？

春秋战国时期的国君和高官，就是这样，有笨的、也有聪明的。那时的老百姓，生活得是好是坏，就看碰到什么样的主子了。

孔子在财经史上只是一名小角色

中国古代思想史上最伟大的人——孔子，在我们这个钱的历史上，也有一席之地。不过在财经方面，他可不是什么“至圣先师”“文宣王”，而是个兢兢业业的基层小干部。

孔子的祖先是宋国的王室，甚是了得。后来祖先在政治斗争中失利，逃往鲁国，渐成破落贵族。他的父亲，史籍上习惯称为叔梁纥（叔梁为字，纥为名），是鲁国的一个武官，战功赫赫，还创造过以双手托起千斤闸门，掩护战友撤退的奇迹。这个事迹，几千年后让鲁迅先生激动不已，很想自己也做一回肩扛闸门的猛士。

但是历来这样拼死命干的人，往往官都做不大，孔子的父亲终其一生只做到“乡邑大夫”。这个官，好听而不中用，比屈原那个“大夫”差得远，只是个乡镇级的小官。

但是这位老将军的艳福不浅，早年娶了一妻一妾，66岁时又娶了一个20岁的大姑娘颜徵在，这姑娘以后就是孔子他妈。

孔子的身世，有一段至今都有争议的公案。司马迁的《史记》上说，孔子是他父母“野合”之后生下的。

这可有点，太那个……“小资产阶级”做派了，老将军怎会这么不检点？所以也有人怀疑，这样私密的事，别人怎么能侦查到？于是就有另外的解释，说是两人“老少配”，年龄悬殊，于礼不合，因此被称为“野”。

孔子真是个苦命的孩子，父亲在他3岁时就去世了，母亲也在他17岁时去世了。从这以后的打拼，完全就是草根式的奋斗，只能凭自己的脑子和体力。

我们现在看到的孔子像，都是他成为“圣人”之后，后代人按照想象画出来的，基本就是个农民化了的老寿星。其实孔子仪表堂堂，身高一米九一（也有说两米多的），被乡邻称为“长人”，到哪儿都是鹤立鸡群。

19岁时，他娶了一个宋国的姑娘（没准儿是逃荒过来的），一年后生了儿子。这时候的孔子，因为博学知礼，在鲁国有了一点名气。生儿子时，鲁国的国君都向他道贺，还送了两条大鲤鱼来。孔子很感荣耀，就给自己的儿子取名孔鲤。

孔子这一段靠什么养家？估计是在乡间到处打杂。以后才有了一份“工作”，是在鲁国的权臣季孙氏门下，做了一名仓库小官“委吏”，实际上就是会计。

孔子知道，自己没什么本钱，长得漂亮不当饭吃，想“啃老”也指望不上，只有埋头苦干。他倒也不嫌这工作琐碎、鄙俗，整天守在仓库里，收货发货，记账算账。那时候记账，是在竹简上，每进出一批货，就要刻上一刀，他是一刀都没错过。

这工作虽然低贱，但是干好了也不易。他的前任，就是因为账目混乱，有贪污嫌疑，结果被季孙氏撵走的。

孔子不同，他知道苦孩子就得下死力、干苦活儿，才有出头之日。久而久之，他总结出了一条经验：“会计当而已矣。”也就是说，会计这活儿，没别的，精确而已。

据说，这是中国有史以来第一句会计格言。

季孙氏感到很惊奇：想不到这帅男能把这工作干得这么好！一高兴，就给孔子换了一个官职“乘田”，不过也还是小官——管理牛羊。

孔子毫无怨言，还是一丝不苟地干。他后来曾经说：“吾少也贱，故多能鄙事。”

这话不假，他年轻时，比这更低贱的差事都干过——民间乐队里的吹鼓手。人家婚丧嫁娶，他去给人家吹喇叭！

孔子的成功，没有什么窍门，苦干加上远大志向。

孔子早年干的小官，是不入流的，连正式的“出仕”都算不上，直到50岁以后，才当了几年高官。但他从30岁起开始做的民间教育工作，让他扬名天下，终于成就了一番伟业。他的思想，就是在今天，也被当作“心灵鸡汤”，温暖着千千万万的人！

他之伟大，还在于说的都是大实话，没有一句是让人听不懂的。他发迹后，齐景公向他请教治国方略，他回答得很朴实，但是一针见血：“政在节财。”

你看现在，他的话不还是真理吗？那些只会搞“政在破财”的人，到今天不还是要让人气得吐血！

能做得了“鄙事”，才是成功的基石——帅小子们可要都记住了。那种命运超级好，干什么都一帆风顺的人，上帝早晚要灭他，这里面没什么道理可讲。

在当今金融危机影响下，工作难找，薪酬又低，但是别忘了：能不能做“鄙事”，那是上帝对你的考验。说不定，做了一份“淡得出鸟”的工作，反而有希望将来流芳百世！

古代金融界的一杆孤独大旗

前面我说过，做人要做“国际象棋手”式的人，看问题要看到隐形的规律。

规律从来就是隐形的，聪明人看得清，老实人看不见。否则怎会有人先富起来，有人赚不着钱只得号称“坚持理想”？

什么是理想？理想是一种完美境界。而穷——温饱尚且吃力，还谈什么理想！

所以我说，穷人不讳言自己穷，那才是真有救了。穷人要是嘴硬，用猪皮抹嘴，说“我很穷，但我的思想很富有”，那不是孔乙己？

会下国际象棋的都知道，在国际象棋的棋盘上，从我方到对方有一条无形的对角线，谁先占住这个对角线，谁就必是最后的大赢家。

这个对角线，没人给你画出来，你得自己会看。在金融界，这样的隐形对角线有很多，专门检验你脑子聪明不聪明、眼睛盲不盲。

在咱们中国，自从诞生了钱这个好东西，对它神化的有，对它赞美的有，对它鄙视的也有，但是对它能看透的人不多。

春秋时代，中国历史上就出了最早能看透钱的人。

那不是孔子。孔子门生满天下，而他，是一杆孤独的旗，名字就叫

“单旗”。

单旗先生也是知识分子，在春秋末年给周景王、周敬王当过卿士。“卿士”这个官，就是后代的宰相，总领诸臣的顶级大官。

在他那个时候，就有“货币战争”，他就是第一位货币理论家。

他的理论，到现在我们还得遵循，不遵循，就要出乱子。

人之伟大，就要伟大到这个程度，两千年后，人们也离不开你。“孔家店”现代以来至少被砸烂了三次，中国人照样活，活得好不好另说。而单旗先生这杆旗，你要是砍了，第二天咱们就都别想活。

他所伺候的周景王，是个穷王。因为王室衰弱，财政上相当窘迫，连喝酒的酒具都要靠各诸侯国赠送，于是他就想“铸大钱”，以解决问题(《国语》)。

所谓“大钱”，就是现在的“大面额钞票”。不过现在的货币，只是一张纸，印上100元和印上1元，成本是一样的。金属货币时期不同，钱还没完全摆脱称量货币的胚胎，半两的钱，必须重半两，有时候含铜少一点，但总重量还应该是半两。

而“大钱”，就是不足值的钱，比方说，明明只有半两重，却铸上“一百钱”的字样，把一个钱当一百钱来用。周天子自以为是金口玉牙，说是一百钱，就是一百钱！财政经费不就够用了吗？

事情是否这么简单呢？当然不。现在傻瓜都知道，这样做，岂不是要通货膨胀！

单旗就跳出来反对。他说：这个金属货币，大王啊，有重的，有轻的。重的就是“母”，轻的就是“子”，相互间是有制约平衡关系的。不管轻重，都要够分量，也就是足值。

他教育周天子说：这货币是干什么用的呢？一个，是用来衡量商品价值的，就是“权轻重”；另一个，就是“以振救民”。振，同赈，也就是给老百姓买粮吃饱饭的。

货币的两大功能，他都给说到了，一个价值尺度，一个流通功能。就是没说货币是供大王老人家吃财政饭的。

这一说，就明白了吧，铸币的轻重，是要根据流通情况而定，不是由着大王性子来的。如果商品涨价，老百姓感觉手头的货币重量太轻，买一只羊得背去好几大串钱，那就要铸重币，一次拿一枚就行了。

这叫“母权子而行”。权，是“根据情况而定”之意。

反之，如果物价很低，老百姓手头全是“大票”，没有“毛票”，买什么东西商家都找不开钱，那就要铸小钱，与民方便，这叫“子权母而行”。

铸多少重币，铸多少轻币，大王啊，是市场说了算。

单旗说完这些，又找补一句：大王，您“废轻而作重”，不就是想占老百姓便宜吗？结果必使“民失其资”，同时也是给自己“召灾”。

民失其资可能不要紧，因为您的亲属没有一个是民。但是国家税收就要因为民穷而减少，您老人家的费用就会更不足了（王用将有所乏）！

您一不够用，就要加紧搜刮，民不堪负担，只有逃亡一途，那就有大麻烦了。

本来财政不是供您胡吃海喝的，而是有备无患的。“民离而财匮，灾至而备亡”，老百姓一跑，您税征不上来，一点风险预备金都没有，国家就要大崩盘了！

这就是著名的“子母相权论”。

单旗的这个理论，又叫“金属主义论”，主旨就是铸造货币要足值，不能毛。因为金属货币时期，钱本身还是个物件，有原料和制造成本，工序很麻烦，利润也不是太高，所以“钱”还是值钱的。假如面值超过实际重量，钱的价值就“虚”了。

这个理论，对后代的影响那就大了。

唐代有个政府理财家第五琦，不大相信单旗的，把这个理论演变成了“虚实相权论”，认为完全可以铸造不足值的钱，也就是一定数量的“虚钱”，既可方便流通，又可弥补“国用不足”。

他想得美！结果，政府一当十、一当五十的“虚钱”一出来，单旗说的就应验了——货币贬值，谷价腾贵，民多饿死。第五琦也因此备受责难，下了台。

后来宋代又发明了纸币，钱就完全脱离了实物，变成纯粹“虚”的了，一张纸而已。南宋诗人杨万里（曾经当过地方财政官），便又把金属钱比作“母”，纸币比作“子”，主张纸币发行量要与原有的金属币相平衡，要保证两者能够自由兑换。他认为这种“母子关系”也要相权。

单旗的头脑是一流的，能预见货币未来发展几千年。可惜周景王穷怕了，不听他的，非要铸大钱。

不过，也有当今的学者质疑，说周景王时代的钱，是“空首布”，也就是铲子币，没有所谓大小之分，单旗的这个“子母相权”理论，可能是战国人的伪托。

就算是战国人假冒单旗，也不简单，起码他们在那时候就懂得：不能滥发货币及其衍生产品，否则“民失其资”，国损税收，大崩盘就在眼前！

第四篇

汉武帝是『国家货币』创始人

谁敢堂堂正正说自己是个商人

在皇权时代，也就是“封建社会”，我们都知道，商人为四民之末，在“士农工商”的末位，地位很低下。尽管他们房子豪华、服饰光鲜，终究还是矮人一头。

这个排位是怎么来的?

前面不是还说，孔子的学生子贡因为生意做得大，与国君都能“分庭抗礼”吗?后来商人是怎么成了贱民的?

变化就发生在两汉时期。

西汉的司马迁在做《史记》时，还是很重视商人的，特地开辟《货殖列传》，谈论西汉前期的经济，并记录了一批大富豪的生平。

他说，他所列举的大富豪，都不是靠着爵邑、俸禄得来的钱发家的，也不是靠“弄法犯奸而富”。他们是靠着种植、渔猎、经商，谋取利润而致富的，“大者倾郡，中者倾县，下者倾乡里者，不可胜数”。

这词语之间，对商人还是很赞赏的。富豪固然不能势力“倾国”，但势倾一个市县还是没问题的。

到了东汉的史学家班固写《汉书》，也有一篇《货殖传》，但他对富豪的评价就不同了。他说，地方上的“富民”，以财富在乡里取得声望，都有奢侈不轨的恶行，更严重的还盗墓、赌博，靠违法而致富。他们的行为，是“伤化败俗、大乱之道也”。

想来商人在那时候，正反两个方面的典型都有，就像官员也有贪官和廉吏之分，可是班固不知为何特别仇视商人，一勺都给烩了！

班固还第一次提出了“四大阶级”说，即对“四民”的划分。他的排序，是“士、工、商、农”。应该说，在他的观念里，各阶层只有分工不同，还没有高低之分。

可是到后来，商人不知怎么就滑到最末一位了，变成了“士农工商”，而且这个排序也表示了阶级的高低贵贱。

看来商人地位下降，是从东汉开始的。

班固是大史学家，古代史官的言论至高无上，连皇帝也得让三分。班固对商人的这种厌恶，深刻影响了后世，商人也就成了“为富不仁”的代名词。

下面，我们就来看中国商人遭遇的“黄金时代兼滑铁卢时代”——汉代，钱又有了什么新动向。

汉朝一开国谁都可以造钱

不知大家发觉没有？中国古代每过一千年，就要出一个爱折腾的皇帝，留下许多大工程，也留下万世骂名。但往往就在他们之后，历史便开启了一个新时代。

中国古代之所以有个天威赫赫的汉朝，就是秦始皇他老人家给折腾出来的。在他执政三十七年（前210）这一年的冬天，他老人家在东巡归来的途中，身体就撑不住了。第二年好不容易挪动到沙丘（今河北平乡东北）休养，最终还是一命呜呼。

他死后，就再没人能驾驭得了秦朝这辆超速快车了。经过反秦大起义和楚汉战争，秦亡汉兴，出来一个大汉朝。

天下虽然太平了，但这一场大乱，搞得经济凋敝、民不聊生。

汉高祖刘邦是个好皇帝，从他开始，连续采取了70年的休养生息政策。他把秦始皇的暴政都给废了，但秦始皇发明的好东西，也基本保留了。其中，就有“秦半两”钱的使用。

汉初货币还是沿袭秦制，黄金和铜钱并用，10000枚铜钱值1斤黄金。

可是那时候国家太穷，皇帝的车驾连找四匹颜色一样的马都困难，将相甚至有乘牛车去上班的。估计金子也不够用，铜钱也不够用。

国家无力统一铸钱，怎么办，汉高祖就允许民间自由铸钱。

这意味着什么？要是放在现代，就意味着大家可以自由印钱。

那不眨眼就都成千万富翁了！

可是别忘了，那是金属货币时期，造钱是要很高成本的。你得有一座含量丰富的铜矿、有一套冶炼设备、养一套技术班子，这不是谁都能干的。

能造钱的，也就两大集团，王公贵族和富商大贾。

这是中国货币史上的狂欢时代——不干白不干！

造钱既然成了民间的一种产业，又没有监督，当然就有人偷工减料。大款们不会白给社会做贡献，为了利益最大化，他们就造不足值的“小钱”。这种小钱，不是面额小，而是分量严重不足，小到像“榆树钱儿”，也是那样薄，用绳子串上，一不小心就碎了！

因为它太像“榆荚”，所以老百姓都叫它“荚钱”。看来班固老先生鄙视商人也有一定道理，能把钱造成这个样，可见贪心到什么程度！

钱一小，就不值钱。那时候买一石米（即汉代的120斤米、现在的60斤米），需钱5000枚甚至10000枚。假如钱是足值的话，就等于1斤黄金只能买两箩筐米。

随着经济复苏，钱的需要量越来越大。大家造钱都造疯了，什么铜亭子铜像，都给砸了铸钱。谷价最贵的时候据说达到十万钱一石！

为了治理这种疯狂的通货膨胀，汉高祖以后的几个皇帝，在铸钱政策上几经反复，先后九次改革币制。

汉朝的第二个皇帝汉惠帝，下令停止自由铸币，把民间铸币定罪为“铸伪钱”。吕后执政时期，由政府统一铸钱。可是到了汉文帝，又放开了口子，再次允许自由铸钱。

汉文帝还赐给宠臣邓通一座铜矿山（在今四川荥经），让他铸钱牟利。

地方上铸的这种钱，叫“郡国钱”。当时的吴王刘濞和邓通最能造钱，通过铸钱发了大财，并列富豪排行榜第一名，一个“富埒天子”，一个“财过王者”。两家的钱遍布天下，把中央的钱都挤到一边去了。

汉武帝一怒判了“自由铸币”死刑

等到了汉武帝时代，休养生息政策见到了效果，商人也迎来了他们在历史上的第一个“黄金时代”。

民间丰衣足食，国家就更富了，“京师之钱累巨万”，因为久久不用，串钱的绳子都烂掉了。“太仓之粟陈陈相因”，装不下的粮食就露在外面，任其腐烂。

汉武帝财大气粗，就忙着开疆拓土。待到几场大仗打完，把这些家底也就给花得差不多了，财政上开始有点吃紧。

他看地方贵族和富豪在铸钱上捞得太多，实在不像话，就决定搞货币改革，中央要铸新钱与民间竞争。先是发行了一种“三铢钱”，后改为“五铢钱”，铜钱的边缘上有一道凸起的边，一是能够防止钱上的文字被磨损，二是能防止不法分子把钱磨小了使用（磨下来的铜渣子用来铸新钱）。

后来他干脆实行货币贬值，发行一种“赤仄钱”，面值以一当五，规定纳税和官府经费都只能用赤仄钱。

这一下就把“郡国钱”贬值了五分之四。可是，这个办法也没能把私铸的浪潮压下去。汉武帝终于明白：市场是不讲仁义的，靠公平竞争，国家也竞争不过奸商，该垄断就得垄断。

于是，在元鼎四年（前113），他下令，铸钱权完全收归中央，地方权贵和富商谁也不得私铸。

中央新发行的钱还是“五铢钱”，这次是由“上林三官”，也就是上林苑的三个机构统一铸造的，非常标准。在工艺上采用了铜质母范（浇铸模具），比过去用泥模先进了不少，铸出的钱币大小、式样完全一样。

这个“上林三官”，是人类史上第一个国家造币厂，比欧洲最早的英国皇家造币厂（887）早了整整一千年！它的遗址，据考古发现，就在陕西省澄城县坡头村。

汉武帝明令，“今天下非三官钱不得行”，也就是说，其他的钱一概禁用。从此以后，历朝历代都把铸币权归于中央，大家随便造钱的历史就此结束。

汉武帝这一次铸的五铢钱，也是中国历史上最好的钱币之一，成色足，币值稳定，市场很认可，一直使用到了西汉末年。而且五铢钱的模式，后来更一直延续到唐高祖武德四年（621），共通行了739年，堪称长寿货币。

这钱现在在古玩市场还买得到，大概也就两三块钱一枚。

在这儿，我们还要普及一下古代的重量知识。五铢钱的这个“铢”，是重量单位。古人为了精确起见，大约把144粒小米的重量，作为“一铢”的标准重量。24铢为1两，16两为1斤。到唐代以后，“两”以下才不用“铢”了，而改用十进制的“钱”。

在秦和西汉，1斤等于258.24克，1两等于16.14克。那么，一枚五铢钱仅重3.36克。

这一算就明白了，“五铢钱”本来就很轻，如果要偷工减料的话，那就不知要轻到什么程度了。

商人会敛财，汉武帝也不示弱，他还发行过“白金币”，也就是银锡合金币，分量比较重，有4两、6两、8两的三种，非常值钱。8两重的一枚就值3000钱。

可是不法分子也不是吃素的，你铸大钱，我就仿造，民间盗铸的多如牛毛。白金币流通五年间，仅盗铸判刑被赦免的就达几十万人，没被赦免的更不知其数。汉武帝这回又明白了：垄断就要做得公平，不公平人家就让你垄断不成。最后这钱只好停用。

汉武帝还发行过一种“白鹿皮币”，有一尺见方，四边有彩绘，一张就值40万钱。这实际上是定向发行的有价证券，专门卖给王侯贵族的。规定他们在朝见时，要用这种皮币垫在玉璧上——你不买，就违反了朝廷礼仪。

这种皮币，有点类似纸币，价值是完全抽象的，但不能流通，因此不能算是货币。

据考证，西汉成帝河平二年，官府还铸过中国历史上最早的铁五铢钱（《汉书・梅福传》）。

顺便说一句，在西汉，我们的老祖宗就发明了纸，也就是纸的老祖宗——麻纸。不过世界上最早的纸币在中国的出现，还要再等1000年，也就是宋仁宗时代才出现世界上第一张纸币。

把西汉的钱币史看下来，真是让人眼花缭乱。看得出来，钱币发行的过程，就是中央政府与地方势力、富豪阶层博弈的过程，看谁最有本事以钱捞钱。

西汉货币发行的混乱，经过了93年才最终稳定下来，而且用的还是秦始皇的老办法——中央统一发行。

看来，聪明的统治者一拍脑袋就定下来的好政策，蠢笨的统治者要几辈子才能搞明白。至于那么迟钝吗，不知道他们的脑子怎么长的？

中国最早出现的私人银行家

西汉的货币成熟以后，金融业的另一方面——政府的赈贷功能也完善了，成为一项经常性的制度。

从西汉的古籍上，我们第一次看到了有“振贷”这个词。由此可知，赈贷一词的“赈”字，最早是写作“振”字的，振，就是“使之重振”“让人挺起腰板来”之意。

当时的政府还鼓励富豪以私人身份赈贷，借钱给贫民发展生产。《汉书》上记载，汉武帝为了表彰私人赈贷的典型，曾要求地方上把有关名单报给他。

那时的赈贷，主要是口粮和种子，有时政府也贷给贫民耕牛和农具。农业大国的君主，多少还知道一点农民的疾苦，有的会适当免除穷人的债务，规定凡是贷了种子但没有收获的，“皆赦之”；凡是因灾害收成不好的，“勿收责（债）”。

看来那时候的穷苦农民，偶尔也有贤明的皇帝给罩着。

民间的高利贷专业户，在西汉也有突飞猛进的发展。在首都长安附近就有一个金融市场，专门供人做放贷生意。放贷专业户被称作“子钱家”，这应该是我国最早的私人银行家。与春秋战国时期的贵族兼职放贷不同，他们就是专门干这个的。

“子钱家”里面的佼佼者，也有名扬后世的。

汉景帝三年（前154），国内爆发“七国之乱”，也就是皇帝的亲戚闹着造反。那位铸钱发了大财的吴王刘濞，以清君侧为名，首先反叛，紧接着楚、赵、胶西、胶东、淄州、济南等六国诸侯王相继造反。

中央政府在出兵征讨他们时，也征召了一批住在长安的王公贵族从军。王公贵族们要自备军需，钱不够，就向“子钱家”借。

但是当时的形势不明朗，谁胜谁负还不一定。许多“子钱家”犹豫观望，怕政府军万一败了，借出去的钱可就打了水漂了。

只有一位银行家无盐氏有政治头脑，他看出诸侯王“以下犯上”成不了大气候，果断借出一千金。

形势发展果然如他所料，三个月后“七国之乱”就告平定。无盐氏开始收回本金和利息，一年中竟然收息10倍，也就是1000%的利，一下子成了关中巨富。

可惜这位成功的私人银行家，连个名字都没留下，只在历史上留下了一个复姓“无盐”。

除银行家放高利贷之外，有的商人也兼放高利贷。在鲁这个地方，有位冶铁商人叫曹邴氏，在当地到处放贷或赊销，大获成功，甚至影响了当地百姓的择业观念，家家都以经商为荣。

在利益驱动下，有的王侯贵族也参与放高利贷。《汉书》记载，一个“旁光侯”（这个爵位太难听），就曾因“取息过律”被免了侯爵；另一个陵乡侯，也因“贷谷息过律”而被免去爵位。“过律”，就是超过法律规定，看来那时候法律对利率还是有限定的。

有的贵族自己不放贷，但利用权势帮高利贷者讨债，然后参与分利，就跟现在有的执法人员插手经营一样。

在高利贷的逼迫下，贫苦农民几乎是没有活路。汉文帝时，大臣晁错就报告说，农民为了缴纳沉重的国家赋税，有家产的，半价卖掉用以缴税；没有家产的就只好借高利贷。借贷的利息是一倍，也就是100%的利！还不上，估计就要家破人亡。

这当然是极端的例子。据司马迁估计，汉代各行各业都有20%的利润，放债也不例外，大致就是这个利率。

古代的商业发达以后，当然也会出现商业信用，也就是赊销赊购。这方面最早的记载见于秦代。

刘邦还没拉队伍起义时，是秦朝的一个乡镇干部——泗上亭长。他那时经济状况不大好，就经常向小店老板赊酒喝，还留下了“债券”。传说店家看到他醉卧时身上有龙纹，知道绝非凡人，于是纷纷“弃责”，不敢向他要钱了。

在出土的“汉简”（汉代文书）中，关于赊购的记录很多，而且有的还是债券，上面写有赊购人姓名、住址，赊购的物品名称和价款，此外还有证明人的姓名，非常正规。

到了此时，现代意义上的金融业，在西汉已经初具规模，除了没有储蓄银行，什么都有了。

对公务员来说，汉朝也是具有划时代意义的，因为汉朝才第一次有了正式的工资制度。秦朝以前，干部是怎么发工资的，大概都稀里糊涂，汉朝才明确了各个级别的“薪俸”标准。但那时候不是发月薪而是发年薪，不是发钱而是发粮食，干满一年才给。

到了东汉，除发粮食以外，也发给一点钱。唐以后，官俸大部分发钱；到了明朝中期改为完全发钱，跟现在一样了。

至于我国现代一般实行的“月薪”制度，则是起于南朝的宋。在年薪时代，官员的俸禄是在农历节气“芒种”这一天发放，如果没等做到芒种就辞官了的，年薪归接任者所得。

这样的规定，大概有保护农民利益的考虑在内，让想走的官员起码布置好了春耕工作再走。

由此可知，年薪是比月薪更古老的工资制度。但是风水轮流转，如今拿“年薪”又成了时髦事。比较牛的白领谈到自己的收入，一般都讲年薪是多少。

古人早就找到了解决“三农”问题的办法

到了西汉，古代货币就算进入了成熟期，货币的形状、铸造、发行和信用都稳定了下来，人们开始感觉到了“钱”的可靠——爹亲娘亲，不如自己的钱亲。

我们在小时候，大概都用过存钱罐，攒点零花钱。这东西的学名叫“扑满”，就是在西汉时期发明的。一般都做成小动物状，钱装满后，要砸碎了才能拿出来。

古代有一本专门记载西汉风俗的书籍《西京杂记》(相传为东晋葛洪著)，说扑满是用陶器做的，有入口、没出口，把钱塞进去，“满则扑之”。扑，就是摔碎。

中国在清光绪之前，没有银行，老百姓想储蓄，大概用的都是这个扑满之类的方法。

是啊，把钱存起来，比什么都牢靠。这经验就是在今天也有效。那些不相信储蓄、老想着玩花活一夜暴富的，就打落牙齿往肚里吞吧。

钱这个东西，不好玩，不能马虎对待。古代的人，早在战国时期就明白这个道理。战国时有人伪托齐国的大政治家管仲之名，写了一本《管子》，里面所说的货币理论，就相当成熟，说的几乎就是秦汉时代的货币现象，所以也有人认为这《管子》里的内容，起码有一部分是汉朝人写的。

研究《管子》，会有惊人发现，古人在那个时候就基本解决了令当今官员头痛欲裂的“三农”问题。

《管子》里提到了一个“环乘之币”的金融政策，当是秦汉时期曾经实行过的农村信贷措施。

所谓“环乘之币”，说白了就是农业基金。这个政策，要求各郡县官府摸清上、中、下三类土地的亩数，摸清各农户人口数，然后设立一个贷款基金。到春耕时，按照不同等级、数额给所有农户发放种子贷款。

到秋收时，农户留足了口粮后，要按照政府规定的价格，向官仓出售剩余粮食。

如果贫户歉收，连口粮都不够，官府还要发给口粮贷款，总之让你能保持“可持续发展”的能力，不至于饿死。欠款就先欠着，总有一年你能缓过劲来，成为余粮户。

这个“环乘之币”所起的作用，一是能保证生产，二是能控制粮价，三是能救济贫户，四是能控制住一个地区的货币流通规模。

古代的农村可能比较好管理，就这么一点“环乘之币”，便解决了几乎所有的“三农”问题：没有逃荒的，没有种不起地的，没有粮价的非正常波动，没有农村地区的通货膨胀，没有奸商插进来上下其手。

这种以货币基金来刺激生产、控制市场价格与货币流通量的办法，是我们老祖宗的独创。欧洲还是在“一战”以后，才开始采取这种办法的。

还要说一下，“环乘”一词的“乘”，是“利用”之意。环乘，就是循环利用。

看了这个例子，我们可能会有一点震惊——古人与今人，究竟谁更聪明？

秦与汉都是统一的农业大帝国，能管住这么大一个国家的，绝非无能之辈。

农业是一门精巧的行业。管理农业，一不能蛮干，二不能愚蠢。不学格林斯潘也就罢了，连老祖宗的东西如果也不学，他还凭什么坐在那里执政？

《管子》的“环乘之币”讲得多么好啊！可惜，古时的货币基金是用来惠民的，而今天的货币基金是砸老百姓的钱不心疼的。

“基民”朋友们对这个，大概体会最深。

总之《管子》这部奇书，闪光之点不止一处。它还在世界上最早提出了“货币量数说”。这是一个现代金融学的概念，用《管子》的话说，就是“如果国币有九成在国库，一成在流通中，币重而万物（商品）轻。如果全部国币都放出来，则币在下，万物皆在上，万物重十倍”。

这段话的意思，是说可以通过控制货币投放量，来调节商品价格、平衡供需关系。在流通领域里投放的货币少，商品就不活跃，且价格偏低；投放的货币多，商品就增多，物价也会上涨。

这个理论，在当今就叫作“货币量数说”。欧洲人在16世纪才意识到这一点，比我们老祖宗晚了起码1600年。

现在不是老愁着不知怎么办才能拉动“内需”吗？

你不放钱出来，怎么拉动“内需”？银行捂着钱袋子不敢撒手，生怕搞乱经济，那经济怎么能保持高速增长？企业怎么能有生产热情？老百姓怎么能有购买的欲望？

这道理，用不着老祖宗教吧？

《管子》里多处提到了“币上谷下，币下谷上”，也是同理。钱不放出来，物价就上不去。钱放出来了，东西也就值钱了。只因为房地产一个行业疯狂抬价，就收紧了所有的钱袋子，是为不智。而且，房价的疯长，也是你对这个行业放款太多所致，岂有他哉？

第五篇

理想主义者王莽的货币幻术

一个被人彻底遗忘了的王朝

中国历史上，有几个短命王朝。一个是秦朝，二世而亡，寿命只有14年。一个是隋朝，也是二世而亡，寿命37年。不过因为秦始皇和隋炀帝都太有名了，所以这两个王朝，大伙还都记得。

此外还有一个，比秦朝的寿命还要长一年。因为它的开国皇帝（同时也是亡国皇帝），是中国历史上头一个靠篡位而得天下的，史家比较鄙视，写史的时候都不承认，所以现在很少有人知道。

这个天翻地覆的大朝代，就叫作“新”。

新朝，听说过吗？

亲手开创这个新天地的，是汉末一位奇特的理想主义者——王莽。

王莽能当上皇帝，原因在于出身好。他本人是一位皇亲，是汉元帝的皇后王政君的侄子，算是“内戚”了。

汉朝的内戚干预朝政的很多，但像王莽这样玩出了大动静的，仅此一例。

他一开始，还不是个恶人（后来也不见得就是）。因为王政君性格软弱、不受宠，所以王莽的背景也不是很硬。

在当小官的时候，王莽清廉简朴，礼贤下士，赢得了知识分子的好感。

他还常把自己的俸禄分给门客和穷人，甚至卖掉马车接济穷人，这又赢得了广大群众的爱戴。

他的儿子杀死家奴，他就逼迫儿子自杀。“大义灭亲”能动真格的，当然也得到了舆论的好评。

汉元帝死后，王莽的姑姑王政君成了皇太后，在连续死了两个年轻的皇帝之后，终于有机会控制了朝政。王莽这才借了光，出任大司马，还兼管着军事。

大概就从这时候起，王莽开始有了很大的野心。他扶立了汉平帝，得到朝野的拥戴，都认为他是周公那样无私的伟人。后来，他又被加了“安汉公”的爵位和“宰衡”的爵号，权势无人可比。

到了这个地步，一个人就是想做好人也不可能了。人的欲望，都是被已经到手的好处给催大的，得到的越多，野心越大。

四年后，王莽下手了，毒死了汉平帝，立了一个年仅两岁的娃娃为皇太子，自己代天子管理朝政，称“假皇帝”或“摄皇帝”。

又过了四年，王莽正式称帝，改国号为“新”，终于把汉高祖刘邦开创的西汉王朝给“咔嚓”了！

王莽这个巧取来的皇帝，可不是白当的。他一上台，就开始复古改制，要向周朝学习，实现远古盛世的伟大理想。

他的改革变法，主要可归纳为三点：

一、把全国土地改为“王田”，不准买卖。每个不足八个男人的家庭，使用的田不得超过一井，超过部分必须分给九族邻里，原来没有田的人可以免费受田。

二、把大户人家的奴婢称为“私属”，不准买卖。

三、评定物价，改革币制。

这些改革，乍一看都是好事，且大多是替老百姓着想的，可是一旦实行起来，问题就大了。

土地改制和禁买奴婢，触犯了贵族豪强的利益，一开始就没法实行。你想，让人家把土地分给别人，又不让人家把干活的奴婢卖掉，那他们留着奴婢干什么？而且弱势群体也表示反对——你不让我卖身当奴婢，不是断了我的一条活路？

只有第三件涉及财政金融的改革，轰轰烈烈地开展起来了。

为什么这个改革就比较顺呢，因为贵族、官僚可以从中捞好处。

比如，评定物价的权力掌握在贵族和官僚手里，他们正好利用职权投机、贪污、勒索，倒霉的还是老百姓。

再一个，就是我们后面要详细谈的币制改革。

这个改革，用简单的话来概括，就是钱的形制越改越复杂，钱的分量越改越小，钱的“面额”越改越大。

这里面的实质是什么？我想不用说大家都知道了，就是无形之中减损老百姓的财产性收入。

此外，王莽对内对外都惹了一些乱子，他屡次更改官制与官名，不断挑起对匈奴和其他民族的战争，这都加重了政治混乱和社会的经济负担。这下子不但豪强不高兴，连农民也被沉重的赋税给压毛了！到天凤四年(17)，终于爆发了绿林、赤眉大起义。

后来，绿林军越闹越大，攻入了长安。在最后的混乱中，王莽被一个仇恨他的普通商人所杀。新朝也就此被“咔嚓”掉了，寿命才15年多一点。

《汉书》上把王莽列为“逆臣”，后世对他的评价也不高。直到现代，才有人出来替他翻案。胡适的看法就是一个代表，他说：“王莽是中国第一位社会主义者。”

名人看问题的角度毕竟与常人不同。胡适认为，王莽的改革也有好的，就是“土地国有、均产、废奴”三大政策，这是要建立古代的社会主义乌托邦。

王莽是不是要搞乌托邦，不是咱们在这儿能说清楚的事。

他在金融改革上的超常想象力，才是咱们要注意的。

正因为有他的敢想敢干，中国货币史上才有了空前百花齐放的一页！

他创造了人类史上最复杂的币制

王莽的政治经济改革，有的还是可以理解的。他是一个虔诚的儒家理想主义者，一心向往夏商周盛世，他推行的土地国有化，就是倾慕商朝的“井田制”。他禁止买卖奴婢，多少是替底层群体着想，大概是受了孟子的民本思想的影响。

但是他所搞的货币改革，却不知道图的是什么。

自古皇帝是老大，凡是老大，胡来也没人能管。所以现在有的公司董事长、总经理什么的，往往都会胡来，一直到翻船为止。

王莽执政以后，在八年时间里，竟然进行了四次币制改革。每次所谓的改革，都是以小换大，以轻换重，实际上是用劣币换良币，非要把老百姓手头那点钱弄到国库里来不可。

他还没当上皇帝的前两年，就开始了第一次币制改革。这次改革，王莽自称依据的是“子母相权论”，是为了给人民带来方便的。

改革是以“五铢钱”作基准，新发行了几种“大钱”。

一、大泉，重12铢，每枚值五十钱（学名“大泉五十”）。

二、契刀，每枚值五百钱（学名“契刀五百”）。

三、金错刀，每枚值五千钱（学名“一刀平五千”）。

这后面的两种“刀”，已经不是通行的方孔圆钱了，但也不是春秋战国时期的刀币，而是一种全新的钱形，有点像现代的门钥匙。

其中的金错刀，形制独特，堪称“钱绝”。在刀环上，有凹进去的“一刀”两字（阴文），字上镀有黄金。因为古代的镀金不叫镀金，叫“错”，故而得名“金错刀”。

这把小刀的重量为20~40克，铸工精美，是为历代收藏家所看重的稀罕物儿。

随着新币的推出，王莽先生还有配套措施，他下令今后黄金国有，凡是私人不得收藏黄金，政府用两把金错刀兑换民间一斤黄金。

从新币的超高币值上，我们就能看出，这个改革家皇帝没安好心，一枚新币就要换老百姓那么多五铢钱，这不是搜刮民财是什么？

两把金错刀，用的黄金少到几乎可以不计，就要换人家的一斤黄金，这就更等于明抢了！而且黄金收上来以后，有很多还没给人家及时兑换金错刀，后来干脆赖了账。

这已经不是政府在金融上与民间博弈，而是政府动用政治权力巧取豪夺了。

自从新币发行后，王莽就规定，今后钱不能再叫钱了，应该叫泉。

他以为老百姓都是老黄牛，吃的是草，挤出的是泉水般的奶，能源源不断地喂养他的大新朝。

两年后，也就是王莽当上皇帝的那一年，他再次改革币制，把五铢钱、契刀、金错刀全都给废了。

这是抽的什么风？

原来他夺的是刘家的天下，心里发虚，想要抹去汉朝的一切痕迹。繁体字的“刘”写作“劉”，是由“卯、金、刀”三字组成，这个也要忌讳。国家所用的器物，凡是含这三个字的，都要取消。

钱含有“金”字，两种刀币都含有“刀”字，所以一并取消。只保留了大泉，另外又新铸了“小泉”，取代五铢钱。

老百姓用了近百年的五铢钱，说废就给废了，新钱一时造不出来，王莽就动用各郡国的力量来铸钱。他从中央派了50个谏大夫（掌议论的官员）到各郡国去，日夜督促加速造钱。

这才刚刚有了点眉目，过了一年，王莽又推出了一整套新币制。这次的力度之大，空前绝后。

因为这套币制实在太复杂了，长一个脑袋根本就记不住，所以这里我们只能简略加以介绍。

这套新币制，叫作“宝货制”，把钱称作“宝”，大概也是王莽的发明。

新币制的要点，一是“五物”，即包括五种币材，金、银、铜、龟、贝。海南岛，这回又成了天然造币厂了！

二是“六名”，即货币共分六种：黄金、银货、龟宝、布货、泉货、贝货。其中，布货和泉货，都是铜质货币。

三是“二十八品”，即六种货币中，每种内部也有品级差别，大小优劣不等。

所有货币中，最值钱的是黄金，以一斤为单位，值一万钱。

最不值钱的，是“泉货”里的第六级“小泉”，值一钱。

最要命的是，在这诸多样式与品级的货币中，面值从最高的到最低的，共有21个等级。

老百姓拿钱来用，是要用于购物、做买卖的，谁有工夫能记住如此复杂的换算？

新朝货币改革委员会的专家们，平时大概都不亲自买东西，他们也不想一想，这一套货币，在流通中怎么操作？互相间如何兑换？如何找零？怎么记账？

老百姓自有老百姓的聪明，他们不管你什么宝贝乌龟壳，在市场上全不认，只认大小泉，因为这两个东西毕竟还有个钱的样子。

三年后，因为新币制在实践中无法推广，人民照旧偷偷使用五铢钱，只好又改革。新发行了5铢的新钱，叫作“货泉”，小泉不许再用了。这实际上等于变相恢复了汉朝的五铢钱。大泉也限定再流通六年后就不许用了，本来12铢的大泉也要贬值，与5铢的“货泉”一比一使用。

民意终于使王莽这个固执的梦想家让步了。

老百姓聪明得很，重12铢的“大泉”，他们怎能舍得当五铢钱来用？即使不偷偷改铸成五铢钱，也会把它销毁了做其他用途，哪里还会再流通六年？

历史记载，为了强制推行货币改革，王莽对盗铸货币的人，实行了严刑峻法，一家犯法，五家连坐，都送到官府去为奴婢。当时从平民到王公贵族、官僚，因为铸钱触犯金融法律的，不可胜数。

货币改革实际上每一次都是对老百姓掠夺。《汉书》上记载，自从取消了五铢钱，“农民商人失业，粮食商品俱废，百姓甚至有哭泣于街市的”。

王莽的货币改革，问题出在哪里呢？大致是以下几个方面：

一、如此频繁地更换货币，全无道理，是自找麻烦。即使有道理，换得这么频繁，也很难在群众中建立起对于新货币的信心。

二、货币一旦进入流通领域，就成了老百姓手中的财富，不能说废就废了，必须要有善后处理，政府要负责补偿或者以新换旧。但王莽全然不管这些，所以史书上说：“每一易钱，民用破业”，货币改革成了掠夺人民财富的手段。

三、从货币发展史来看，一般都是从繁到简，从实物到金属。而王莽却是反着来，严重违背货币演变规律，造成经济的紊乱。

四、企图以政治权力干预经济，不懂货币有它的自身规律。

逆天而行，哪有不失败的！

王莽的所谓货币改革，有百害而无一利，对他自己也是。原本他还是有一定民意基础的，但货币改革之后，民心尽失。

新王朝的迅速崩溃，可以说主要就是源于这荒唐的货币改革。

世界上第一个征收所得税的人

正像一枚铜钱有它的正反两面一样，王莽也有他好的一面，不然千年以后就不会有人给他翻案了。

王莽的优点，在金融业务上也能体现出来。

这里要特别说一下，他这个皇帝，很清楚贷款利息的实质与来源。

据《汉书·食货志》记载，王莽在当时就提出了非常正确的利息概念。

他规定，官府对民间的贷款，要分两种：一种是生产性贷款，一种是非生产性贷款（扶贫的）。那么，在收取利息的时候，要根据贷款的性质而定，生产性贷款要收利息，非生产性贷款只需偿还本金就行了。

这一点，显然是模仿《周礼》而来的。

他还规定，老百姓如果祭祀祖宗、办丧事没有钱，官府可以从地方工商税的收入中拨钱贷给。没有什么限制，只是办祭祀的须在十天之内还款，办丧事的要在三个月之内还。老百姓若是为了脱贫，想贷款经营产业，官府要一律要贷给。

但王莽对生产性贷款的计息方法，又与《周礼》不同。他规定，在计息的时候，要扣除生产成本，算出受贷人所得利润，取息不得超过年利润的十分之一。

王莽对贷款利息的评估，是根据受贷人的利润多少来决定的。他认为，利息是来源于利润的。

而与他同时代的一些欧洲思想家，长期以来却分不清贷款之后“利润”与“利息”的区别。马克思在《资本论》第三卷里，就谈到过欧洲中世纪在这方面存在的问题，他说放贷人往往把利息看成就是利润。

看来中世纪的欧洲人，还不大明白利息是怎么来的，以为是天经地义就能生出来的。

王莽的认识很超前，他坚持“计所得受息”，这实际上就是所得税的雏形。

他规定贷款年息不得超过十分之一，这在当时是非常低的。不过在《汉书》的另一处，又记载着他贷款给老百姓，要收月息3%，也就是年息36%。但即便如此，在当时也算是比较低的，总比100%利息的高利贷要好。

王莽当上皇帝后，对经济采取了六大措施，即盐、铁、酒业官营，征收山泽物产税，垄断铸币权，还有一项很重要，就是赊贷与民。

我觉得王莽的思想，挺先进的，他发放贷款的思路和现在的银行很不一样。

信贷、信贷，实际上信用的成分应该是主要的。现代银行却不相信世上有什么“信用”，凡有来借贷的，首先想到的是有没有抵押物——穷光蛋要是有大宗抵押物，他还贷款干什么？恰恰就是因为穷，才要靠贷款来打经济翻身仗。

贫困，这就是受贷者的天然资格。

贷款，目的就是要扶助穷人。

无论西汉的“赈贷”、还是王莽的“赊贷”，都是带有赈济色彩的。实在还不上款，就会“弃责”，由政府来买单。

而现代银行所乐于做的，却不是扶贫、是“扶富”，大概最愿意贷给开发商。所谓的抵押物，也大多都是扯淡，是一些经过“膨化包装”的低质资产或根本就是虚无。就这样，银行宁肯让大宗贷款变成呆账、坏账，也不肯洒一点点雨露给嗷嗷待哺的穷人。

古人的视角和今人真是有天壤之别!

民为载舟之水。赈贷，就是不能眼看着水都干掉。

这难道是一件羞于见人的事吗?

从史书上看，王莽执政时期贯彻了他的赊贷政策，大力开展了信用贷款业务，让没钱的老百姓都得到了实惠，能够借用官府的钱来发展生产。

只不过当时货币混乱、社会动荡，王莽的一片好心，有多少是能够落实到基层的，不得而知。

王莽的政绩，究竟掺了多少水分，我们暂且不去管他。起码我们可以看出，在西汉末期古人对信贷的运作，已有成熟经验。

汉代是我们民族从各方面都成熟起来的时代，金融、财会业务也是这样。

顺便说一句，世界上最早的计算器——算盘，就是在汉代发明的。东汉数学家徐岳的著作《数术记遗》里，就详细记录了算盘的样子，并第一次提出了“珠算”的概念。

最初的算盘，是没有横梁的，上下珠用一条绳子隔开。

算盘，来自春秋战国时期我们老祖先发明的“算筹”(竹签)，这是人类史上最早的计算工具。

现在世界上最大的一把算盘，就存放在我国台湾台南市的城隍庙里，长度有4米，每颗珠子重半斤。

我们的古人，确实很聪明，不服不行。

王莽就是聪明人中的一个，只不过他聪明反被聪明误，下场比较可悲。

他惹怒的人实在太多了，豪强恨他，农民恨他，商人因为他屡改货币，简直没法正常做生意了，所以也恨他。当时的农民大起义，实际上是全民大起义。

地皇四年(23)十月初一，要掀翻他统治的绿林军进抵长安。王莽没办法了，竟然驱使京城的囚徒出城抵挡。那囚徒军可是好摆弄的?一过渭桥，立即哗变，一窝蜂掘了王莽的祖坟，烧掉了皇家的祖宗祠堂(九庙)。

长安城中的市民也趁机暴动，与城内变兵一起攻入皇宫。这时候，积压多年的怨恨谁也挡不住了，人人想的是杀王莽！

到初三天明，王莽逃往渐台躲避。渐台是宫内一高台，高20余丈，建在太液池中。

很奇怪的是，愿意跟他一块儿死的，居然有公卿大夫、宦官、随从1000多人——这也是历朝亡国皇帝中很少见的。

乱军冲入大殿中，高呼："反虏王莽安在？"有美人走出房间说："在渐台。"众兵立刻赶到渐台，把高台团团围住。台上起先还能放箭抵挡，后来箭用光了，双方展开肉搏。杀到最后，台上的将领和一群侍卫全部战死。

有个叫杜吴的人，因为王莽三番五次地改货币，闹得他生意上一塌糊涂，一股火上来，也跟着造反队伍冲上渐台，提着刀窜来窜去。他看到有一位衣衫华丽的大官躲在一间小屋里，不由分说，上去一刀就给剁了——这人就是王莽。

但杜吴不知道自己杀的是谁，只取下了王莽身上的绶带。

有个参与兵变的校尉公宾就，据说是个义军间谍，见了绶带，知道是天子佩戴之物，忙问是从谁身上拿到的。问清楚后，立即找到了王莽尸体，割下头颅。

因为杀王莽者可得赏，一群士兵便疯了似的围上来，眨眼之间就将尸体肢解。

王莽的头被起义军悬于街市，愤怒的群众纷纷向其掷石头，还有人竟然吃了他的舌头——你上台以前说得太好听了，你上台以后又做得太差劲了。

在中国古代，皇帝死后被人吃掉舌头的，也就他一个。

王莽的结局，令人慨叹。我们第一个大帝国秦朝的皇帝，是商人扶起来的，现在商人又杀掉了一个开国皇帝，谁说商人不讲政治？

王莽的瞎胡闹，没给后世留下什么好名声，倒是他发明的特种货币"金错刀"，留给了诗人无尽的想象。东汉的大科学家、文学家张衡就有诗云："美人赠我金错刀，何以报之英琼瑶？"

金错刀，成了上佳的定情物。

后来，杜甫、韩愈也都有诗，提到过这个浪漫之极的"金错刀"。

世事变迁，到了今天，美人不可能再赠你金错刀了——要是反过来，你送她几把金错刀，倒还差不多！

第六篇

钱也有一部《三国演义》

一首关于“古怪五铢钱”的民谣

王莽把自己折腾完了，但汉朝没完，五铢钱也没完。

汉朝是怎么又活过来的呢？是江湖上草民出的力。

在王莽时代的农民大起义中，有一支劲旅，叫“绿林军”。绿林是一座山，在今湖北当阳东北，是起义军最初的大本营。绿林的“绿”，要读作“路”。

后世的所谓“绿林好汉”，就源自这个典故。

绿林好汉代代都有。时至今日，“绿林”还有，但“好汉”却没了，多半是些欺凌弱小的车匪路霸，这是题外话了。

再说王莽时代的绿林们，虽然起来维权了，但底气还不那么足，他们为表示自己继承的是汉朝的正统，拥立了一位皇族刘玄为皇帝，号称“更始帝”。这个更始帝政权，曾经铸过自己的五铢钱。

当时各地军阀割据，蜀地的地方官公孙述在成都也称了帝。

长江三峡上游入口处，有个赫赫有名的“白帝城”（三国时刘备就死在那里），就跟公孙述有关。公孙述当年在山上筑城，因城中有一口井常冒白气，宛如白龙，他便借此自号“白帝”。

这位过了皇帝瘾的公孙述，也铸过铁钱，在钱币史上留下过名字。

但上述这些人物，都不算是伟人，都是被时势推出来的过场角色，西汉末年真正的枭雄有一个，大号叫刘秀。

刘秀也是皇室后裔，是个县官的儿子，见天下动荡，也起了造反的念头，拉起人马加入了绿林军。

经过两三年的南征北战，他渐渐坐大，荡平群雄，光复了汉室，自己做了皇帝，是为汉光武帝。

他建立的这个汉朝，史称“东汉”。

因为这个王朝的首都在洛阳，位置上在老汉朝首都长安的东边，所以叫东汉。

汉光武帝做了十几年皇帝后，也开始铸五铢钱。

不管怎样，新汉朝也是汉朝，五铢钱不能废。光武帝是个少见的好皇帝，太平盛世好歹算是延续下来了。

历史上的开国皇帝一般都很英明，后代子孙就一代代地退化，这是规律。到东汉的末年，出了个混账汉灵帝。这小子运气好，因为当时皇帝死时没儿子，12岁的他，由旁支被挑选出来做了新皇帝。

他做皇帝前，父亲只是个“亭侯”，等于乡镇一级的爵位，就是个破落户。家里大概很穷，所以这小孩儿极其贪钱。

汉灵帝爱财如命，生财有道，竟然靠卖官爵来赚钱。古时权臣卖官的多的是，而皇帝亲自卖官的实在太少见。

这小皇帝赚来的钱，犹如泉水源源不断，他索性就在皇家花园里造了一个“万金堂”，专门用来装钱。后人有诗叹道：“天生一副商贾料，缘何派他秉政来？”

可惜了！中国的历史，老是这么阴差阳错。

他在执政的后期，铸造了一种很特别的五铢钱。钱背面的方孔四角上，各有一条线，与钱边的轮廓相连，好像光芒四射的样子。由此之故，这钱叫作“四出五铢”。

这种古怪的钱一投放到市场，民间莫不骇然——这是啥东西？于是就有传言：“钱有四道，京师将破坏。此钱出，散于四方乎？”（《太平御览》）

京师将破坏，就是首都就要被糟蹋。散于四方，就是皇帝的钱财终归要流散四方。

这民谣，不吉利啊！

汉灵帝在“四出五铢”之后，又铸过一种有四道短斜线的钱，叫“四缺五铢”——光芒缩回去了。

我的天！这更不吉利了。

果然没几年，就有枭雄人物张角挑起义旗，造反了！

张角自创“太平道”，经营10年，徒众达10万人，遍布青、徐、幽、冀、荆、扬、兖、豫八州，分为“三十六方”，也就是36个分部，管理得井然有序。

他懂得利用人心，到处散布“苍天已死，黄天当立，岁在甲子，天下大吉”的谶语（迷信预言），又派人在各地衙门的门上，用白土涂写“甲子”字样，制造舆论。

到起义时，三十六方揭竿而起。义军以冀州为中心，人数多如飞蛾，所以当时也有人叫他们“蛾贼”。

黄巾起义被各地军阀镇压后，军阀们互相又发生混战，这才生出一部金戈铁马的《三国演义》来。

谶语终于应验了，有什么样的民谣，就有什么样的民心，自然也就有什么样的历史结局！

东汉渐渐也走到了末路，有更大的枭雄董卓冒了出来，带兵进京，扶立了傀儡皇帝汉献帝。

董卓是个没人性的家伙，他刚一得手，就挟持老百姓迁都长安（也想开辟新天地？），把洛阳一把火给烧了，造成200里内没人烟，彻底应验了那个谶语。

董卓控制了朝政，便也想铸钱。

铸钱的铜不够用，就把民间的铜货、铜钟等铜制品都毁掉做原料。长安原来收藏着秦始皇收集天下兵器铸造的12个铜人，董卓连这个也不放过，给毁了10来个。

董卓铸钱，不是为了造福人民，而是为了以钱捞钱。他废掉通行已久的五铢钱，改铸小钱流通。政治家要想搜刮民财，最好的办法就是铸造不足值的钱。董卓虽是武夫，可也很懂得这个。

他铸的董氏小钱，简陋到连文字都没有，钱边和钱孔都没有凸起的边，在原料上能省就省。

不用问，这样铸出来的小钱，质量极差，又小又薄，根本流通不开。

钱一不值钱，就是通货膨胀，当时谷价涨到几万钱、几十万钱一石。到市场去买两箩筐米，大概就得给人家两箩筐钱！

这就没法过日子了。古时老百姓好像比较聪明一点，买不起，我就不买；钱不行了，我就不用。从此以后，“钱货不行”，又回到神农氏时代，大众实行物物交换。

看《三国演义》，好像董卓的败亡，是因为他和义子吕布争夺美女貂蝉所致。这是小说家给历史加的调料，信不信由你。实际上，除政治上的失败以外，董卓把汉末经济破坏得一塌糊涂，大失人心，也是他失败的重要原因之一。

他挟天子以令天下，得意了才四年，就被亲信吕布所杀。消息传开，长安百姓歌舞于途，置酒肉互相庆贺。董卓陈尸街市，其家族被夷灭。

史书上记载，当时天气渐热，董卓身躯肥胖，尸体油脂流满一地。守尸的官员恶作剧，制作了一个巨大的灯芯，插到董卓肚脐眼里，用火点燃，竟然燃烧了一整天。

——叫你铸钱，铸吧！

钱，是那么好玩的吗？

三国的钱，要数魏国的最“仁义”

接下来的事情，咱们大伙都熟了，那就是三国。

三国，当然是有三种货币制度，哪一国的最好？有点超出咱们的想象——是“奸臣”的儿子曹丕建立的魏国最好。其他两国，都不怎么样。

什么叫好钱？什么叫好的货币制度？相信大家看到现在，也都明白个一二了，就是钱的成色足，形制统一，不要老变。当国者，不要看到老百姓手里钱多，就坐立不安——民富则安，老百姓对你的认同感也就强，你慌什么？

这一点，魏国做得最好。魏文帝曹丕下令，恢复汉五铢钱的使用——东西还是汉朝的好！

但是仅仅过了一年，就因谷价猛涨，客观上造成货币严重贬值，最后涨得五铢钱基本不能用了。曹丕没办法，只得下令废掉五铢钱，让老百姓以谷子和纺织品为货币。

这两样东西——谷与帛，在以往很长时间里，倒也一直是作为辅助货币、时断时续地被人们用着。但是如今以老百姓自产的东西作为货币本位，问题就出来了。

问天下，谁不贪财惜财？

像颜回这样的清教徒到底是极少数。所以，人们纷纷往稻谷里掺水，把纺织品织薄，这都是跟统治者学的，一有机会就制造不足值的货币。

法不责众，而且贪婪的欲望从来不会被法律吓住。魏文帝采取了严刑峻法，也制止不了民间的货币“缩水术”。

最后他只好召集群臣讨论，决定重铸五铢钱。此后，曹魏就一直使用五铢钱，老老实实，没有起过铸大钱、将五铢钱变相贬值的念头。

曹魏的老百姓有福了，安居乐业了不少年。诸葛亮就是再用心思，也啃不动魏国的铁打江山。

这就是统治者守规矩的好处。你规矩，老百姓也就规矩了，天下自然太平，没有什么人闹事，在对外战争中也能同仇敌忾。

西汉初年有个著名的政治家、文学家，叫作贾谊，曾经提出过一个“法钱”的概念。他说，钱也要符合规矩，轻重一样，质量要有保证。反之，就是“奸钱”。这是他给当时的统治者汉景帝上的一课。贾谊反对民间随意铸劣钱，可惜汉景帝没听。

这个概念，是曹丕接过来实行了，所以三国里他治下的疆域，货币状况最稳定。

不过，魏国的五铢钱，在形制上完全模仿汉五铢钱，只有极细微的差别。怎么辨别魏五铢钱？这问题，大概就连马未都先生也很头疼。

我们再来看看《三国演义》里最“仁义”的刘备。

刘备摔孩子——收买人心。但那收买的是赵子龙的心，对老百姓，他不大在乎。

他在攻取巴蜀的时候，军用不足，就开始打老百姓腰包的主意，铸造了“直百五铢”，一钱顶一百钱。

这一下就把军用凑足了。

后来刘备在巴蜀也称了帝，自号“汉”——这已经是第三茬“汉朝”了，后世称之为“蜀汉”。蜀汉的货币，除“直百五铢”继续流通外，还有其他的货币，也是一钱顶一百钱，名目有“太平百钱”“定平一百”等，都是大钱。看它们的名称就知道，铸钱的动机压根就不怀好意。

在刘备统治地区所铸的钱中，有一种钱很有历史意义，就是“犍为五铢”。

“犍为”两字，要念成“钱为”，是四川的一个地名。犍为当时是巴蜀的商业中心。当地所铸的钱背后有一个“为”字。这是我国方孔圆钱中最早铸有地名的钱币。

这种“犍为五铢”，也是一当百的“大钱”，而且逐渐减重，越铸越轻。

铸大钱，实际上就是将正在流通的那些货币贬值。

这里给大家解释一下：比方民间的资金总量有一万钱，我刘备铸一个大钱，规定能换你老百姓一百钱，那么我只要投一点资，铸一百个大钱，就等于也拥有了一万钱。可是社会财富并没有因此而增加一万钱。

放心，我忙乎这一通，不可能是跟你们搞了一场“零和博弈”。等到我铸造的大钱全部进入流通时（兑换五铢钱或者购物），你老百姓手中的那一万钱，就等于贬值了一半。

而贬掉的价值，是不会蒸发的。到哪儿去了？到我刘玄德的腰包里来了。

这是多好的幻术！财富真就能无中生有。

刘备的“直百五铢”一开始铸得还挺大，一枚有8克以上，后来因为要节省，越铸越小，到最后竟然只有0.5克，连一铢的分量都不够了。

可是他在铸钱时，还是感到原料严重不足——小国寡民嘛，资源有限。于是下令把民间的铜床架子也都毁了，统统拿来铸钱。

咱们砸锅卖铁，也要跟姓曹的斗！

为了汉朝的复兴大业，老百姓们，你们也就出点血吧。

说完了其实并不仁义的刘备，咱们再来看东吴。

东吴就更厉害了，孙权铸的钱，叫“大泉五百”，一钱顶五百钱！当时铸钱也是铜不够用，孙权就命令民间献铜，酌量付给报酬。

后来越搞越厉害，又出了“大泉当千”“大泉二千”和“大泉五千”，老百姓满手都是大钱，找零都没法找。再说，好好的五铢钱，就换成这些“冤大头”回来，谁干？

东吴的百姓尤其是商人反应激烈，坚决抵制，就是不用你这个“大泉”。

孙权还算明智，见此情况，下诏不再铸大钱。已流入民间的大钱缴还官府，官府按比值兑换五铢钱，以此来减缓官民对立情绪。但政府有时候也会装聋作哑，实际上有很多大钱并没有被收回。

蜀、吴的领袖在铸大钱的时候，总要有个堂皇理由，不然就很显得自己太无赖了。铸大钱的理由当然有，就是小钱不值钱以后，用起来太不方便了。

经过黄巾、董卓之乱，处处经济凋敝，五铢钱随之狂贬，百姓去买一点东西，要背上一麻袋钱。

当然了，蜀、吴铸大钱的初衷，除想搜刮点民财外，可能也真的有想方便流通的一面。但是只要铸一次大钱，老百姓就要被剥一层皮，这是铁定的。

那时候的“扑满”，可能都没人用了。你存进去一百钱，放上一百天，钱没变，市场的东西也没变，可是等你取出钱来想买东西时，一百钱就只能顶一个钱用了。

越穷，就越买不起；越买不起，过一段时间就更穷。恶性循环，生生不已。

——这就是很多人认为“傻瓜才存钱”的原因。

人们宁肯把钱拿去干更傻的事，也不愿意存钱！

获得诺贝尔奖的美国经济学家米尔顿·弗里德曼（Milton Friedman），有个论断说得好：“人类应该汲取的真正教训是：政府让他们失望。货币体系的管理不当，才是引发大萧条的元凶。”

得过诺奖的，说话就是具有相当的价值。汉末的情况岂止是政府“管理不当”，而是政府在玩货币幻术，公然抢百姓的钱！

汉末以后，五铢钱可谓命运多舛，名义上还存在，其实质量大大下降，政府只是利用它以往的好名声而已。三国归晋以后，在很多时候，形形色色的“五铢钱”因为贬值，甚至没办法流通。

看出规律来没有？中央财政一危机，执政者就搞货币贬值，争铸“恶钱”，实不抵值。投入流通后，中央财政凭空增加，百姓存款无形减少，因此人民极其厌恶“恶钱”。

老百姓为了应对货币贬值，就大量使用价值比较稳定的绢，来充作代金券。绢是论匹计算的，不用剪裁。无论官府还是民间，买卖、计价、赏赐、借贷，甚至行贿受贿，大家都用绢。这好歹解决了问题，但唯一的遗憾是行贿时比较麻烦，不好藏着掖着。

看吧，历史并不都是时时刻刻在前进，有时候它会大踏步倒退。到了汉朝，又退回到神农氏时代了。封建统治者作的孽，不小啊！

《三国志》里有记载：那时候买卖人口，一个人值16匹绢；但是名贵的宠物狗，一只就值好几千匹绢。

人比狗贱，从来就不是好世道的表征，不论是在啥时候！

曹操真的很关怀贫困儿童

寂寞东汉在三大枭雄的瓜分下，演出了一场盛大的末世狂欢，终于寿终正寝，留下了一个缭绕千年的“汉”字。

这个王朝，不比西汉那样威震欧亚，但在金融信贷方面，还是有建树的。这一点，并未被历史所湮没。

说起来，东汉对贫民的赈济政策相当优惠，就这点说，它是个好王朝。

汉章帝时代，朝廷曾下令，让各个郡国招募无地农民，集中到土地肥沃的公田去耕种，官府不仅把这些公田无偿赐给他们，还贷给他们种子、口粮和农具。在税收方面，免田税五年，免人头税三年。

你们就放心种地吧——农民若不能安心种地，说出花儿来也不能算是盛世。

后面还有几位皇帝，也曾赈济过鳏寡孤独的贫民和逃荒的流民，贷给了种子和粮食。

最后，帮助皇帝做好事的，还有曹操——曹丞相。

传统戏剧舞台上的白脸奸臣曹操，在现实中也不见得是“宁我负天下人，勿使天下人负我”的狠毒角色。他在汉献帝时代，曾下令，凡是12岁以下因家贫不能养活的苦孩子，一律“随口给贷”，有一个救济一个。

这可不是蜻蜓点水式的作秀，而是按户排查，实打实地扶贫。

放贷是东汉朝廷的慈善行为，这毫无疑义。至于当时的地方政府是否可以放贷，史无明载，只是记载了有的王侯或地方官曾因贷款给贫民而遭到处罚。

这是怎么回事？究竟是根本就不准地方官放贷呢，还是因为他们收了人家的利息而被罚？专家们也搞不清了。

不过，那时候的皇帝虽然心肠软，富商们却没有那么慈悲——钱，我有很多，都放在家里。可是它们搁着不能下蛋呀，要实现利益最大化，就只有放高利贷。

东汉的高利贷，比西汉更甚。

有一位议事郎桓谭，曾上书皇帝说："如今富商大贾多放债，中产阶级子弟（中家子弟）为他们效劳，奔走犹如臣仆，从中分成，个个都像王侯一样富。"（《后汉书》）

这与西汉不同，西汉是王侯贵族帮富商牵线放债、讨债，东汉是中等之家的子弟充当了这个角色。

想想吧，为富商跑腿的，都能富比王侯，那大商人得有多富？一般人就难以想象。

东汉还有一个现象比较特殊，就是出现了"官负民债"。事情起源于朝廷向羌族开战，一打就是好多年，军费开支上百亿计。

这场战争，从开国后第六年就打，断断续续打到末代的汉灵帝。一共是155年。

羌族是古代西北地区的一个民族，分布在湟水流域及甘南、川西和青藏高原，以游牧为主，也从事农业。西汉初，羌族臣服于匈奴，与汉为敌，汉武帝派名将霍去病去讨伐，把他们基本降服了。

后来王莽篡政，用了万能的贿赂手段，彻底摆平了羌族各部首领。羌族的头儿不知为什么，独服王莽，王莽一死，就开始反叛。此后，他们据守西海（今青海湖）一带抗拒汉朝，西北从此不得安宁。

史书上，关于西北战场"杀八千""斩四千""官军死二千"之类的记载比比皆是。

战争就是烧钱，太平盛世也禁不起这么长年累月地烧，朝廷的内囊渐渐空了，就向王侯、官僚借钱。在中国历史上，第一次出现了“国债”。

借钱来打仗，也是死要面子的事。

而且借钱就像吸鸦片，尝到甜头就上瘾，当时国家举债达“数百万万钱”。皇帝想出的借钱名堂也多，一会儿向王侯借“国租”一年，一会儿向全国富户每家借一千钱，一会儿又向公卿以下所有官员借俸禄（停发工资）。

所谓“大河有水小河满”，那是自然现象。放在社会现象上，就正好是拧着的，实际上是——“大河水满，是因为小河被抽干”。

后来的几个皇帝大概是这么想的：反正王侯官僚搜刮有道，你们搂来的钱，也借给国家花花吧。

官府伸手借钱，也启发了王侯贵族，他们便也向平民借钱。在东汉第二个皇帝汉明帝时期，法令很严，贵族没有敢向民间借债的。后来法律松弛，王侯贵戚动不动就负债千万，借了就不还，成了谁也碰不得的“超级老赖”。

债主来要钱，他们还派出狗腿子殴击，甚至有把人打死的。

汉家天下，一代不如一代啦！

就这样，一场“百年战争”打完，基本上也就把东汉给拖垮了。

第七篇

南朝四百八十寺富得流油

何以解忧？唯有孔方

孔方兄自从诞生到现在，它的力量我们算是领教了，真是几人凭它上青云，几人为它落草莽！

马克思曾有一个著名的哲学概念，叫作“异化”。

这个词现在不少人在用，从新闻记者到国学大师。可惜大都理解错了，以为就是“变异”的意思。其实，马克思是说：一种由人创造出来的东西，后来强大到反过来支配了人的命运，这就叫异化。

钱，就是这个世界上最大的异化物。

它实在是一只万能的上帝之手。

各位兄弟姐妹，你们在日常生活中可能会有诸多烦恼，尤其是在人际关系方面，有万千烦恼丝扯都扯不断。

我也是，经常发牢骚、想倾诉、不满意。老想追问：究竟是世界错了，还是我错了？

忽然有一天，一位朋友点醒我：“假如你有了两千万，还会有什么问题吗？”

是啊，还会有什么问题吗？没有了。

全没有了？！

这就是本小节的题解——“何以解忧？唯有孔方”。

道理简单极了。

但是这个终极道理，长久以来被许多玄而又玄的道理给遮盖了。

那么到今天，各位，你们就可以将那些烦恼丝一刀斩断了。从现在起，就一个念头、一个目标：对待钱，就像对待一个你心仪的美女一样（女性朋友们反之亦然），去热爱她、接近她、最终控制她。

积一二十年的努力，做这样一件简单的事，不可能毫无收效。

钱，既然是人创造的，我们就不该被它驱使得这么狼狈，而是应反过来驱使它。

你要清楚，从今后你终身要做的一件事，就是如何做好“反控制”。把你的全部精力、全部才华，都冲着这位孔方兄身上使劲！

不知你注意到没有？经常可以在咖啡桌上、酒桌上，听到有年轻人侃侃而谈，什么“美联储”“摩根士丹利”“罗斯柴尔德家族”……

行了，朋友，别扯得太远了！

我们还远没到“美国打个喷嚏，中国就感冒”的程度。就算已经到了这程度，也不是你个人能控制的。

你个人需要注意的是，你的老板、你的同事、你的朋友、你的老同学、你的三姑六婆，等等——他们是如何成功的，他们有什么教训，他们在如何为生计而奋斗。

这中间，总有一个是你的榜样。

不要拒绝模仿。

别人走得通的路，你也就能走得通。

哪怕取法乎上、得乎其中，你也就算没白忙。

金钱这张网，就是再冷酷无情，也总会有一个洞可以让你钻出去。

在战术上，“一万年太久，只争朝夕”；在战略上，要有老牛的劲头打持久战。

——只要把这两者好好“相权”，朋友，我祝贺你，你基本就可以成功了，只是时间早晚而已。

赚钱的具体门道，你去读技术类的书，而读我这本书，只需要你获得这样一个信念：

钱，孔方兄——这东西不神秘，很可爱，你能掌握它！

“何以解忧？”这是连曹操也感到困惑的事，我们以往的徘徊迷茫，更不足为怪。只要看清楚了问题的所在，就等于成功了一半。

为了解惑，为了求真理，朋友，还是让我们跟着历史继续往下走吧。

散漫的晋朝连钱都懒得铸

结束三国纷乱局面的，是晋朝。司马懿的孙子司马炎，仿照曹丕篡汉的旧事，也来了一个司马氏篡魏，一统天下，建立了汉以后的统一王朝——晋。

晋这个王朝，名声有点不好，比较散漫，君不像君，臣不像臣，后来终于惹出了大麻烦。

司马炎死后，儿子司马衷即位，这就是历史上著名的痴呆皇帝——晋惠帝。

他脑子有点问题，智商不高，从小就不爱读书，只懂吃喝玩乐。司马炎在世时很发愁，担心这傻儿子会丢了江山。

有一次，司马炎为了测验一下司马衷的思维能力，特意出了几道题考他，限傻小子三天之内交卷。司马衷拿到题目以后，哪里能答上来？他妻子贾南风很聪明，一看事情不妙，立刻请来几位有学问的老先生，赶紧为司马衷代解难题。

司马炎看了答卷，觉得答得都不错啊！看来这孩子并不傻，于是放心了。

这司马衷总算哄过了老爷子，后来顺利即了位，成了晋惠帝。

虽然当了皇帝，智力也还是有问题，并且被史官记录了下来，贻笑千古。

有一年夏天，晋惠帝带领随从到御花园去玩。听见池塘里有青蛙叫，他很好奇，便问："这些呱呱乱叫的东西，是官家的还是私家的？"

这问题，就好比今天的所谓"姓社姓资"问题。

随从觉得这傻皇帝真是傻到家了，哭笑不得，可是又不敢不答，于是说："在官家里叫的，就是官家的；若在私家里叫的，就是私人的。"

这也堪称千古智慧的答案！

还有一个关于晋惠帝的典故就更有名气，那就是著名的"吃肉粥"问题。

有一年天下闹灾荒，老百姓没饭吃，到处都有饿死的人。有人向晋惠帝汇报灾情，晋惠帝虽然听明白了，但有一点想不通，就问："没有饭吃，为什么不吃肉粥呢？"

前一个"蛤蟆为谁而叫"的问题，已令人晕菜；这后一个"何不食肉糜"的问题，就更是中国史上"不朽的蠢话"了。

这孩子智力有障碍，不是他的错。可是让他当皇帝，就太不对了。

当今有人说，脑残不妨碍写时评，这话可能不错。可是晋惠帝管理的是一个大帝国，谁能不为他捏把汗？

司马炎做了27年开国皇帝，天下安然无事，可是晋惠帝上台不到两年，果然就出了大乱子。

他坐了皇位，哪里能执政？大政方针还不是一群小人说了算。社会上也乱了，"纲纪大坏，贿赂公行"，"忠贤路绝，谗邪得志"。有权有势的人仗势欺人，小人们互相援引举荐。老百姓把官场行为叫作"互市"，也就是"交易"。

那是古代中国的第一次拜金主义高潮，从官到民，全民都为钱而狂！

西晋著名的"竹林七贤"里年纪最小的一位，叫王戎。他做了官后，极其贪婪，到处收购田地、水磨，产业遍布天下。

这位竹林先生经常手拿筹码，计算自己的财产，日夜不停，以此为人生最大乐趣。

同时他又是出了名的小抠。家里有棵极好的李子树，他经常摘下李子去市场卖，每次都能卖上大价钱。可是又怕别人得到种子，他就把李子一个一个钻开，把核拿掉。

——谁能挡得住“我为钱狂”？

南阳人鲁褒有感而发，作了一篇论文《钱神论》讽刺时世，这大概是世界上第一篇关于钱的论文。

他以“有钱可使鬼”的谚语为例，说只要有钱，“危可使安，死可使活，贵可使贱，生可使杀。”

怎么样？他说的，有一定的道理吧。

可惜这位鲁先生愤世嫉俗，拒绝做官，隐身民间，世人不知其所终。

世风日下，倒也罢了，紧接着高层政治斗争又引发了一场内战。

当了皇后的贾南风，为了让自己的外戚家族掌握政权，与楚王合谋，发动禁卫军政变。此后因权力分配不均，一场司马氏诸王骨肉相残的“八王之乱”随之爆发。

八王互杀，整整闹了16年。晋惠帝最后被迫当了太上皇，实际是丢了皇位，死得很窝囊。据史书记载，是吃了一张过了保质期的饼，食物中毒死了（食饼中毒而崩）。但也有人怀疑他是被毒死的。

乱子还没彻底平息时，边疆又有异族趁乱杀进中原。堂堂的晋朝，统一之后才36年，仅传了四代皇帝，就被异族灭掉了，末代皇帝也成了俘虏。

幸亏有琅琊王在建康（今江苏南京）继承大统，把晋朝给延续了下来。刚被灭的那个晋朝，后来被称为“西晋”。新成立的这个，则叫作“东晋”。

这以后，北方就一直没消停过，不同民族一片混战，先后建立了成汉、前赵、后赵、前秦、后秦、西秦等“十六国”。

看这一段的历史年表，真是五花八门，国号把“东、南、西、北、前、后”都叫遍了。等到北方由北魏统一，东晋的末代皇帝也被迫禅位给权臣，宣告灭亡。不过这个偏安的东晋寿命倒也不短，一共苟延了103年。

西晋、东晋，史家习惯上合称“两晋”。这个两晋，在中国货币史上很特别，是唯一一个没有铸造货币的朝代。

晋朝流行玄学之风，主流意识形态很虚无，士大夫也都荒诞不经。不铸钱，究竟是因为懒，还是国事纷乱顾不上，不清楚了，反正是给中国货币史留下了100多年的空白。

那老百姓用钱怎么办？有啊，就用前朝的老货币。

西晋因为继承的是曹魏，所以用的是魏国的五铢钱。到了东晋，因为地盘在当年的东吴一带，所以就用东吴旧钱。

东吴旧钱我们知道，大的特别大，一当千、一当五千的都有，重量起码在10多克以上。东晋人也很幽默，把这种大钱叫作“比轮”——人人拿着车轮子去买东西！

国家虽然没铸钱，地方上却铸过一种五铢钱，是由一个叫沈充的人主持铸造的，民间都叫“沈郎钱”。

这沈充是何许人也，竟然能有权铸钱？

史书上说，这个沈充出身江南大族，“少习兵书”，有军事谋略，深得东晋权臣王敦的器重，被推荐做了官。沈充官职最高时做到了大都督，统率东吴一带的军事，跟周瑜差不多了。

他是在东晋建立的第三年铸的钱，民间把他铸的钱又叫作“小五铢”。这个钱质量很差，铜色发白（掺的锡太多），极薄极小，每枚只重1克，简直就是榆荚钱的翻版。

这种“沈郎钱”，到了唐代，诗人们还经常挖苦它，李贺有诗说“榆荚相催不知数，沈郎青钱夹城路”，李商隐有诗说“谢家轻絮沈郎钱”，这都是说它太不够分量了。

这个沈充后来的结局，既很悲壮，又很有点搞笑。

沈充的老上级王敦，是世代显赫的士族豪门，有兵权，有地盘，位高震主，几次逼得当朝皇帝晋明帝没办法。后来王敦得了重病，明帝趁机发兵讨伐他，王敦也就索性扯旗造反，派人马进攻建康，逼得明帝亲率六军抵抗。

明帝事先派沈充的一位老乡去劝说沈充，许诺给予“司空”的职务，让他不要依附王敦。

沈充说："司空司马的，都是万人瞩目的位子，岂是我能胜任的？且大丈夫与朋友共事，有难同当，怎么能半途变卦！"

沈充跟定了旧主子，在吴地起兵响应。

这还了得！明帝大怒，出了悬赏：有斩沈充者，可赏"三千户侯"。

就在这关键时刻，王敦病死，造反军队立刻溃散。沈充逃到老部下吴儒家里。吴儒假意收留他，把他诱骗到夹墙中关起来，笑说："三千户侯到手了！"随后砍了沈充的脑袋。

两晋时期关于铸钱的事，就这一桩。

银子是在晋朝开始吃香的

我们已经知道，贝币的单位是“朋”；黄金的单位是“斤”（相当于现在的半斤）。可是自从有了铜钱后，还没有个单位可以称呼孔方兄。古人一开始是叫“一个子儿”还是“一枚”，我还真是翻遍古籍也查不着。

老是没有货币单位是不行的，所以从晋代开始，铜钱就有了单位，小单位叫“文”，所谓“一文钱难倒英雄汉”是也！

大单位呢，叫“贯”。这个咱们大伙可能都熟，现代有个著名的昆曲剧目《十五贯》，故事取材于明代冯梦龙编辑的小说《醒世恒言》。

这十五贯，就是15大串钱。

那么“一贯”是多少？ 1000文。

看来，十五贯钱若由一个人背着，还是挺重的呢。

货币史发展到这个时候，就有点不健康了，有几个现象值得一说。

首先是私毁私铸，民间有一些豪强和不法分子，喜欢把钱毁了重新铸。这可不是为了增加GDP，而是有利可图。

这里又要普及一下铸造知识了。铜钱的主要材质，有红铜、青铜、黄铜、白铜等。红铜是纯铜，青铜是铜锡铅合金，黄铜是铜锌合金，白铜是铜锡合金。

把好好的足值铜钱熔化了，多掺进铅和锡，再缩小一点重新铸，钱就平白无故生出另外许多钱了。

这是明目张胆地掺假兑水。可是那时候没有质监局，没人管，三国时候的国家领导人刘备、孙权还带头铸不足值的钱。如此一来，官钱的减重减值和民间的私铸，两下里就真成了“朋比为奸”。

铸劣钱有利可图，谁还傻乎乎地铸好钱？这就是货币领域里“劣币驱逐良币”的定律。据说发展到今天，这个定律已经在不少单位的用人机制里起作用了。

这样日子一久，劣钱必然充斥市场，没法再流通了，因为大家都不认。

于是官方只好出面整顿，一番整顿下来，扫除了一些劣币，腾出了一定的空间。于是民间私铸又见机而起，兴起新一轮的造假高潮。

劣币就这样生生不息，越整顿越厉害。

再一个现象是，两晋的君臣太懒散，只顾着用前朝的旧钱方便，可是那旧钱，一是有外流、损耗的；二是大款们存钱越来越多，国家老是不铸钱，货币供应量就会严重不足，流通领域怎么办？

这老百姓也有法子。从晋朝时起，民间用钱有时候约定可以缺斤短两，学名叫作“短陌”，也就是不到一百文，可以当成一百文用。

第三个现象是，货币不够用，就学习三国，朝廷的赏赐和俸禄都不用钱，一律用布帛。发年薪时，大官小官都用车往家里运布帛。

两晋皇帝赏赐给臣下的布帛，一般数量都很惊人，动不动几千、几万匹。权臣桓温一次就曾得赏30万匹。那时候谁家富、谁家贫，一眼就能看出来——他总得造个仓库来装这些布帛啊！

晋朝的西北地区和当时的北方政权更是彻底，连老百姓都不用钱，就用布匹。好好的一段布，买粮食剪去一块儿，买肉剪去一块儿，基本就不能用于做衣服了。

这种浪费，连有的官员看了也心疼。北方政权后来也先后铸过铜钱，企图取代布帛，但是推广不开。

北方的“成汉”在汉兴年间（338—343）就铸过“汉兴钱”，这是中国古代首次铸造的年号钱。这种钱很有意思，“汉兴”二字有竖读、横读两种，直读的钱文是篆书，横读的钱文是隶书。

东晋所辖的南方也有一些地区不用钱了，就用粮食代钱。这些地区，当时被称为“用谷之地”。

还要说一下的是，过去在西汉的时候，黄金曾经是重要货币，一般作为赏赐或者大宗支付使用，用量很大。但在两晋时期，黄金在流通领域就不常见了。

这是因为社会上奢靡之风渐起，富豪人家都用金子来打造器物首饰，黄金在流通中的数量越来越少，后来在一些地区干脆就退出了货币序列。

黄金一减少，白银的地位便急剧上升。在两晋时期的典册上，经常会出现以白银来标明物价的情况。

白银虽然从春秋战国时就已进入货币序列，但早先的地位并不高。秦始皇还曾经规定过，白银只能作为器饰收藏，不能作为货币使用。

到了晋代，货币大哥黄金悄然退市，小兄弟白银崭露头角的时候就到了！

白银大量进入日常流通之后，老百姓称银子，使用大单位的“斤”不太方便，以“两”为单位的就多了起来。《十六国春秋》里就记载过，当时“一斗米值银半斤”“一斤肉值银一两”。

这个时期的白银货币，形式上是银饼或者银铤（银片），都是需要称重量使用的，一块银子从几两到几十两不等。

至于后来，那白银的风光就更大了，在唐、宋、明、清都是主要货币，且是硬通货，国际上都认可。从明朝的万历年间起，连外国的银元都前赴后继地到华夏来助威，那都是后话了！

当然，黄金再怎么说也是大哥，在内贸中虽然基本退休了，在外贸上人家外商还是挺欢迎的。从东汉起，咱们老祖宗与大宛、大秦、安息、龟兹等国做贸易，进口马匹、珠宝、琉璃什么的，还是黄金大哥一人独大。

我们古代的货币历史，就像古希腊神话一样，也有所谓“青铜时代”“黄金时代”“白银时代”。这几个时代一过，再往后，就该是“黑铁时代”了。

钱居然能小得像鹅眼睛

东晋结束，中国进入了南北朝时期。南北两地各有几个“朝”，走马灯似的换。

南朝的名称，还比较好记，就是宋、齐、梁、陈。

北朝就不太好记，还是“东、西、北”的一通命名，在这里介绍了也记不住，我们下面就说到哪儿算哪儿吧。

南北朝，今人对它很陌生。其实它也有169年左右的历史，够长的，得几代人才能活过来。

当时南朝的人比较幸运，战乱相对少，其中梁武帝萧衍坐皇位时间最长，几乎半个世纪。其余时间，虽然皇帝换得频繁，朝代也换得频繁，但是老百姓基本照样过日子。

我们先讲讲南朝。

南朝一稳定，经济一复苏，商业就兴旺，用钱的地区也比东晋时有所扩大。只是半壁江山的皇帝，总不像有作为的样子，货币制度上还是乱七八糟。

南朝第一朝是宋朝。为区别它和后来那个出了岳飞的宋朝，史家习惯称它“刘宋”，因为这个宋朝的皇帝姓刘。

南朝第一帝叫刘裕，原是东晋的北伐名将，因为能力强、功劳大而主持了朝政，众望所归。后来干脆废掉了东晋的末代皇帝，自己开辟了新天地。

这个刘皇帝，有点像明朝的朱元璋，是个苦出身，坐上皇位后，仍然清心寡欲，车马不加装饰，后宫不奏音乐，内府不藏财宝，甚至连床脚上的金钉也令人取下，换上铁钉。他还把当年做工时用的农具，都一直保存在身边，至死不丢。

刘裕的皇帝做到第十年，看看老百姓还是在用东吴流行的各式旧钱，不像个新朝代的样子，于是决定铸新钱。

他铸的钱，是“四铢钱”，比五铢钱略小，但质量极高。钱一好，老百姓就不盗铸了。

这是什么道理？

过去的政府短视，铸劣钱敛财。可是钱一劣，民间盗铸的成本就很低，于是大家都来铸，造成伪币盛行，与政府的劣钱争抢地盘。

现在钱的质量一好，盗铸成本高，无利可图，“故百姓不盗铸”（《宋书》）。

你看，还是那个问题。“上梁不正下梁歪”——老话！

可惜好日子才过了10年，刘宋与北魏打了一场大战，国力大损，第四任皇帝上台时再铸钱，就有点力不从心了。

新铸的钱，叫“孝建四铢”，孝建是年号。这钱在陆续铸造发行的过程中，铜料不够用，政府就采取非常措施，规定凡是犯罪者可“以铜赎刑”——拿铜来就放人。

钱也越铸越小，又轻又薄，连轮廓边都鼓不起来。这下子盗版成本降低了，民间造假者蜂起，纷纷把古钱砸碎，获取铜料，用来铸小钱。

钱一掺假就不值钱，物价随之飞涨。害得政府赶紧贴出告示，颁布了钱币质量标准。

群臣对货币政策也有争论。有的提议，民间私铸就随他私铸，不如对铸钱者征30%的税，变非法为合法。有的说，国家完全可以铸二铢钱，这样可以省好些原料。当然也有人坚决反对，说这将“贻笑百代”。二铢钱，像什么话!

反对归反对，一切还得从国力出发。终于，在永光元年(465)，二铢钱方案获通过，铸了“永光钱”，小小巧巧的。

省料了这还不好？民间不法分子乐颠了，紧跟着就仿铸，铸出来大批没轮廓的钱，老百姓称之为“荇叶”。荇叶，就是浮萍了。《诗经》第一首《关关雎鸠》里，就曾写到过它：“参差荇菜，左右流之。”

你想，钱薄到能在水上漂流，得有多轻!

这可能有点夸张，可是后来刘宋政府还是感觉铸钱吃力，便又决定开放民间铸钱，那就更不得了啦。史载“由是钱货乱败”，民间盗铸的劣钱，一贯1000个钱，叠加起来高不过三寸，老百姓挖苦地叫它“鹅眼钱”。

——这还算积了点口德，当时在北方，还有叫作“鸡眼钱”的!

鸡眼是啥？脚底板的皮肤角质层增生，叫作“鸡眼”，这叫法大概就来源这种劣钱吧，很像啊。

还有比这更劣的，是一种“綖(yán)环钱”，入水不沉，一捏就碎。这钱可咋用？数钱都没法数。夸张地说，十万钱还不够一捧呢。

人为了牟利，激发出来的才智真是匪夷所思。我在这里给大家说说，什么叫“綖环钱”。

这是指钱币的内圈被剪去，只剩下“钱肉”和外轮廓的残币，一个个像瞎眼睛似的。换言之，不法分子把五铢钱的中心剪掉，只剩下一个外圈，就叫作“綖环钱”。

剪下来的那个中心呢，也有专门术语，叫“剪边钱”或“剪边五铢”——也是可以用的哦!

有人要问了：那不是很费事，怎么剪啊？不费事，用一种空心圆凿，一凿一个，一凿一个，术语曰“錾(zàn)切”。

这就等于现在把纸币一撕两半来用，一元顶两元。

老百姓来气，都把这种圈圈钱叫作“大眼贼”“短命”。

看来货币的事，全靠利益驱动也真是不行。到后来，新接班的宋明帝见国家的面子丢大了，下了死令，严禁什么“鹅眼”“鸡眼”的流通，后来又禁止了私铸，再后来，连官铸也不铸了。

国家的造币衙门——钱署，摘牌撤销！

我们还是只用古人的钱吧。

几亿铜钱全化作了菩萨

宋之后，是齐，在钱币史上没什么可说的，基本没铸钱。

齐完了是梁，有了一点戏。这时候南方用钱的地方多了起来，出现了一个术语，叫“女钱”。

女钱，即“剪边五铢”，也就是上面说的，加工后中间剩下的那部分。一个方孔，外面有小小的一圈“肉”。

这种小小钱，可以拿来做一种游戏玩，叫“射雉戏”，射雉，是射野鸡的意思，具体拿这残钱怎么来玩，想破脑袋我也不知道。

后来在宋徽宗的那个宋朝，出了个年轻的钱币学家洪遵，写过一部《泉志》，那就是古代的《说钱》了。

《泉志》里保留了不少上自南朝、下到北宋人的钱币学理论和见闻。里面只提到过一句：“雉钱，小者至径六分，重二铢半。世有射雉戏，用此钱也。”

古人写文章，用字真是吝啬得很，就到此为止！

所以女钱也叫“雉钱”。

这钱还有一个名称，叫“五铢对文”，是指剪边剪得较多的一种，钱上的文字只剩下一半。

梁朝的开国皇帝梁武帝萧衍，还下令让钱署专门铸了一种女钱。因为这是官铸的，所以民间叫它“公式女钱”。

钱没有边，怎么就叫女钱？这我也想不出来。也可能是古代的性别歧视吧，次一等的为雌？但愿没有什么黄色的意思。

梁武帝这个人，不单在南朝皇帝里，就是在历代皇帝里，也是有特色的一个。他多才多艺，文武兼备，会作诗、懂音乐。南北朝时期中国佛教盛行，他晚年也成了虔诚的佛教徒。

信佛之后，梁武帝不近女色，不吃荤，不仅他自己这样做，还要求全国人民效仿。还要求祭祀宗庙不准再用猪牛羊，要用蔬菜代替。他吃素，要神灵也跟着吃素。

他还几次“舍身”到庙里做和尚，就是不出来管理朝政，害得大臣先后凑了四万万钱来赎他。

在货币领域里，他也有惊人之举。自宋明帝停止铸钱以后，民间都使用古钱，货币供应量严重不足，到梁朝几乎又要回到实物交易了。梁武帝决心整顿，先是禁了古钱，又禁了私铸，最后索性连铜钱也都禁了，改铸铁钱。

铸铁钱，是因为铜料实在不够用。这是中国历史上第一次大规模使用铁钱。

他也不想想，铁钱固然不缺原料，但是更能刺激私铸。果然，铁钱通行十多年后，民间真的、假的铁钱堆积如山，物价狂涨。

市场交易就更为壮观，拿钱袋子去做买卖是不行了，都用牛车一车一车地运钱。哪还有按多少文来数钱的了，都是按贯来计数。

据记载，买米一斗，要铁钱80万；买狗一只，要铁钱20万（《魏书》）。那年头，人人都能腰缠万贯。

铁钱的信誉荡然无存，等到梁朝灭亡后，铁钱也就废止了。

这个“黑铁时代”，也是南北朝政治史中比较荒唐的一幕。

梁朝为什么铜料奇缺呢？原来是跟佛教兴盛有关。

唐代诗人杜牧《江南春绝句》说：“南朝四百八十寺，多少楼台烟雨中。”其实在南朝，何止四百八十寺？梁武帝时仅建康城内，就有寺庙700多座，和尚尼姑人数过万。

有庙，就得有菩萨，那时的菩萨不全都是泥塑木雕，很多是用铜浇铸、用金涂面的，以示虔诚。还有寺庙装饰、佛教仪式用的大量法器，也都非铜不可。

这样，庙里用去的铜材，就不知能铸几万几亿钱了。此外，大臣们为梁武帝赎身用的四亿铜钱，八成也都有去无回，全变成了菩萨金身。

铜一稀缺，人们就越发珍惜，舍不得用铜钱，你收藏我也收藏，流通的铜钱越来越少，以至闹起了钱荒。

这一时期的“短陌”已成了规矩，梁朝的东一半国土上，是八十当百，叫作“东钱”；西一半国土上是七十当百，叫作“西钱”；唯有京师稍体面一点，以九十当百，叫作“长钱”。

到了梁朝快咽气的时候，铜钱已是三十五当百了。

人真是太聪明了！“短陌”，呵呵，这就相当于把纸币撕成两半用。这是民间自发的“增值法”。

梁武帝早年驰骋疆场，雄姿英发，政治上也很清明，到晚年却昏聩得无以复加。后来有个羯族人侯景作乱，以1000人起家，没几天工夫竟纠合了10万人众，打进了京师，把这个85岁的老皇帝看管起来不给饭吃，硬是给活活饿死了。

梁朝完了，接下来是陈朝。陈朝的开国皇帝陈霸先，也是一代英主，治军从政，都有雄才大略。他少年时贫寒，当过打鱼郎，后来做官也是从基层起步的，当过里长和油库的小官。

梁武帝死后，他总揽了梁朝的军国大事，几次谋划完成中原统一大业，极受百姓拥戴，最后受禅让做了新朝代的皇帝。

陈霸先登基后，政治清明，江南一片安泰。

后来的唐太宗和魏征，都很佩服他。魏征认为陈霸先功勋不下曹操、刘裕，雄豪无愧刘备、孙权。

可惜，天不怜才，他登位才三年，就病逝了。否则，后面隋唐的历史可能都要改写。

陈朝起初所用的钱，也还是乱七八糟，鹅眼钱也在流行，粮食布帛也当钱用。到第二个皇帝时，开始铸五铢钱。这是汉武帝以后罕见的好钱，相当精整，一当鹅眼钱十。

到了陈朝后期的宣帝时，大概财政有点紧张了，又铸所谓“太货六铢”，一当五铢钱十。

这是又要明明白白地抢钱了，老百姓坚决抵制。这个六铢钱上的篆文“六”，写得像一个人双手叉腰，于是就有人编出民谣来唱：“太货六铢钱，叉腰哭天子。”

这歌谣，真的就唱衰了陈朝。

宣帝一死，六铢钱也就停用。下一个皇帝是谁？是做《玉树后庭花》曲子的陈后主！

“花开花落不长久，落红满地归寂中！”

——这歌词写得太丧气，南朝也就在他这儿亡了。

最牛的钱出在北朝末代

既然是说南北朝，有南朝就有北朝。因为北朝多为“胡人”建立，在古代正统史家的潜意识里，北朝政权多少有点来路不正，后世士大夫对北朝的兴趣也不大。影响至今，实际上我们对北朝也十分陌生。

其实最后结束了南北朝分裂局面的隋唐，严格意义上都属于“北朝”，可是因为这两个大王朝都是正统，印象中这又天经地义是“我们”的了。古代的“华夷之辨”，就是这么矛盾。

好，我们来看北朝的第一王朝——北魏。

这是个鲜卑族政权，疆域辽阔，黄河流域尽为其所有。后来它又出了个极为倾慕汉文化的孝文帝，把都城从原来的平城（今山西大同）迁到了洛阳，禁止胡服胡语，彻底汉化，可以说成了“我们”的北方大帝国。

在前面我说过，北方有很多地方不用钱。北魏铸钱也很迟，在孝文帝太和十九年（495）时才开始铸钱，称“太和五铢”。不过这钱的品质极其低劣，只在京师地方流通，出了京师，人家不认。

15年后，北魏又铸了一次五铢钱，质量就好得多了。

尽管国家有了自己的钱，但到了北魏后期的孝明帝时，仍有许多地区不用钱。

当时的尚书令王元澄汇报说，民间用布帛粮食代钱，多有不便："用布帛不能一尺一寸地剪开，用粮食则给百姓增加负担。"人民之所以不用钱，是因为钱币的供应量不足。他建议，应该准许民间放开使用前代的古钱、旧钱。

他这用心是好的，但是没有估计到效果——只要是个钱就能用，那钱制就太杂了。钱一杂，老百姓不好辨认，不法分子就该乐了，又是私铸的好时机来了！

这之后，私铸果然如烈火燎原。史书记载，当时私铸的劣钱，"徒有五铢之名，连二铢都不到，薄得比榆荚还甚，一穿绳子就破，放在水上，几乎不沉。"

民间把这样的钱叫什么？叫"风飘""水浮"！（《魏书》）

还有从南朝流过来的劣钱，像"鸡眼""綖环"之类，也都跟着凑热闹，就是法令也不能禁止。

北魏的一部分后来东迁，把都城迁到了邺（今河北临漳），改称"东魏"，不久就被"北齐"取代。

北齐的都城仍在邺，开国后铸过一种"常平五铢"，分量很足，是北朝难得的好五铢钱。

可是到了北齐第二代皇帝，私铸就又猖獗了，仅在邺城使用的"常平五铢"，就有四种颜色，这中间有三种肯定是伪币。河南一带就更甚，过量掺铅掺锡的假钱公然流行。

北魏还有另一支留下来没有迁移，也成立了新政权，改叫"西魏"，不过只传了三代，就被新起的"北周"给灭掉了。

北周的气势比较猛，铸起钱来，下手一次比一次狠。一开始它铸的货币，叫"布泉"，价值是一个当五铢钱5个。

流通16年后，又铸"五行大布"，一当布泉十，也就是一个当五铢钱50个。

后来又把布泉废除了，5年后又铸"永通万国"，一当五行大布十，也就是一个当五铢钱500个。

——都是一个规律，一开始还有所收敛，让你扑腾个十多年，养肥了，就开始狠狠抽你的血！

不过，北周的皇帝和钱署署长，大概都是极富审美意识的人，铸的钱非常精美。

它这三种钱，就是现代收藏界有口皆碑的“北周三品”。其中的布泉和王莽铸的布泉同名，但是很好区分。想收藏的哥们儿可以记住：王莽的布泉略大一些，篆体“泉”字中间的一竖是断开的。

“永通万国”就更牛，被公认是魏晋以来各种钱中“最牛”的钱。它的外廓非常突出，钱肉很厚，钱文是一种“玉箸篆”字体，但是又有一点“铁线篆”的味道，堪称钱文书法中的极品。

这枚罕见的古代好钱，在当今的收藏市场被爆炒，有价无市。有生之年你要是能目睹一枚，那就烧高香了。

但是，钱的质量好，这只能是后世收藏家的福气。钱大而不足值，则是当时人民之祸。这个，我想大家都能分得清了。

把钱命名为“永通万国”，从北周的本意来说，是想让这钱不仅能永远流通，而且能在许多国家都流通。

想得美呀！可是人算不如天算，就在“永通万国”铸造的第二年（580），铸造这个“全球货币”的宣帝宇文赟，就因荒淫过度一命呜呼了，年纪才22岁。

继位的静帝年幼，才8岁，大权落在皇后杨氏之父杨坚手里。一年后，杨坚老爷子一脚踹掉了皇位上的外孙，代周称帝。

这就是赫赫有名的隋文帝了，一个统一的大隋朝就此建立。

南北朝，完了。

古代的和尚也是金融工作者

下面再来看看南北朝的信贷事业，这一时期的信贷工作，是相当有创造性的。

从史籍上来看，总体还是南朝为老百姓赈贷和免债的记录比北朝多，尤其免债的次数相当多。北朝的情况，也许是史官没有尽职，反正看起来很一般。

南朝刘宋的第三个皇帝，是宋文帝刘义隆。这也是一位少见的好皇帝，他在位期间，提倡文化，整顿吏治，清理户籍，尤其重视农业生产。元嘉十七年（440）、二十一年（444）两次下令，减轻或免除农民积欠政府的"逋债"。

逋（b$），就是拖欠之意。

不是还不起钱吗？免！

史家称他的统治时期为"元嘉之治"——难得呀！

后来宋、魏爆发大战，老百姓被殃及池鱼，损失惨重。宋文帝又下令优厚贷给百姓钱粮，以恢复家园。

梁武帝在这方面也很不错，早年曾下诏，要求各级官府对缺少粮食、种子的农民，要赈贷抚恤，务必到户。晚年他虽然有点胡闹了，但对老百姓还是很同情的。在大同七年（541）十一月九日这一天宣布，当天天亮以前的所有民欠官债，无论多少，一律免除。

这方面的记载多了，没法全部引用。至于衙役催租讨债、猛如虎狼的情况，那大约也有。“封建社会”嘛，那是免不了的。但是自从孔夫子说了“苛政猛于虎”的话以后，君主敢厚着脸皮做猛虎的，也不是特别多。

起码那时候，良民在家中坐，没做过亏心事，就不用担心有人来强行拆房子揭瓦。

再看北朝这边呢，虽然较少有赈贷，但遇到荒年也会开仓赈济，发放粮食布匹给灾民。北魏时有一次遇到旱灾，宣武帝曾经责令天下的有粮之家，除留出一年的口粮外，存粮都要拿出来借给饥民。

这是一次史上比较少见的全民赈灾，而一般情况下，赈灾是国家天经地义的责任。

南朝的刘宋也有过一次信贷上的创举，在宋、魏大战时，军费不够，文帝刘义隆下令，江南四州凡是家产满50万的富户和财产满20万的僧尼，都要把家产的四分之一借给政府打仗用。

——你们富裕了，也为国家尽点责吧！朕就拿江山作担保，总可以吧？

当然，那时候的王朝毕竟是“地主阶级代表”，不可能都是菩萨心肠。在高利贷方面，王侯、官僚对百姓盘剥得很厉害。

宋文帝有个儿子在荆州，用短钱一百借给平民，收回时要偿还最好的白米一石，值一千钱，而且只折成钱收回，不收米。那不是1000%的利率？吓死人！

还有北齐的末代幼主，向民间征用物品都是早上要、晚上就要收齐。经办的官员就趁机敲诈，借钱给人民去火急置办东西。但借给你的钱，注意烫手——都是借一还十，也是1000%的利！

百姓之苦，有时连皇帝都看不下去了，北魏孝庄帝就曾下诏，免去所有的民欠官债，无论是一钱，还是上万，都一笔勾销。可是他只能免去官债，对民间的债务就无权干预了。

南北朝在信用事业上还有一大创举，那就是人们终于有个机构可以贷款和存钱了。

在汉朝，民间的借贷都是个人之间的事，放款业务也是商人的行为，没有哪个机构愿意揽下这个事。

存款业务更是没影儿，都用扑满。大富豪的钱多，一百个扑满也装不下，就挖地窖，用窖藏。

至于两晋时期，国家连钱都懒得铸，信用事业当然也就没什么起色。

而到了南北朝，一切不同了。一个前所未有的信用机构产生了，这就是寺庙。

佛教在传入中土后，运气特别好，深得皇室和官僚阶层的青睐，小老百姓对它也很痴迷——大家都要有个信仰嘛。所以寺庙享有许多特权，比如免税、免役，经济上的负担比任何人都轻。

寺庙不仅花得少，收入也多。上至皇帝下至地主、商人，为了表示虔诚，无不争相向寺庙施舍土地和财物。这些土地，又可以转让或出租食利，正符合了“富者更富”的马太效应。

当时寺庙长年累月就这么只进不出，当然都富得流油。和尚们过得再奢侈，因为受到教规的约束，消费还是很有限的。

这大量的钱白白窖藏起来，不是极大的浪费吗？怎么办，放债！于是寺庙作为一种中介性质的组织机构，就开始面向社会，进行规模化的放贷。

资金要盘活，和尚们要富起来，他们自己就兼做银行职员。

——佛当然是慈悲的，但那时候佛的信徒不一定事事都讲慈悲。

在我过去的印象里，古代应该是寺庙向社会施舍才对，但实际情况正好就是倒过来的。南北朝的寺庙放贷，一开始还带有赈济性质，扶贫济困什么的，到后来抵挡不住利益的诱惑，基本上成了放高利贷，重在取利，而不是行善。

他们言与行之间的矛盾之处，当时的人并不以为有什么荒谬。

寺庙是一个有组织的团体，办理贷款业务当然比私人方便，渐渐地就有了信誉，客户网络也遍及各处。有的地主、官僚、王侯也有钱多了没处用的苦恼，于是也来委托寺庙放款，寺庙从中收取一定的管理费。

这么一来，寺庙就具有了储蓄的功能。钱多，就请往我这儿放，信誉可靠，还能生利。

据记载，南齐的招提寺和南梁的长沙寺，都有一个叫作“典质”的部门，又称“质库”，专管放款。不过这个典质，究竟是当地士绅充当法人呢，还是寺庙本身就是法人？弄不清楚，反正是由寺庙在经营管理。

典质开展的业务分为两种：抵押贷款和质押贷款。

这里要给大家形象地解释一下，两种业务的区别——

抵押主要是针对不动产，比如有人要想寺庙借款，就把自己的房子作为债权的担保，一旦还不上款，房子要归债权人（寺庙）所有。在借款和还款的过程中，借款人的房子产权是不用改变的。

这跟现代银行的抵押贷款一模一样。

可是质押不同，质押是针对动产的。比如借款人把自己的一床被子交给债权人（寺庙），作为债权的担保。要是还不上钱，这床被子就甭想拿回去了，寺庙愿怎么处理就怎么处理。

这一说，大家就明白了：质押原来就是典当，质库就是最早的当铺。

在南北朝时，有很多东西都可以拿来质押，比如黄金、衣服、首饰、牲畜等；要想借小钱的，拿一束麻来也行。

我们说过，在南北朝粮食布匹也是货币，所以谷帛也可以放贷。当然在还贷的时候，寺庙是一定要“多收三五斗”的。

整个南北朝期间，信用机构仅有佛教寺庙一家，别无分店，政府也没来插一手。

寺庙放贷虽然图的是牟利，但有了典质，毕竟是大大方便了群众——谁没有急着用钱的时候呢？把自己的东西拿去庙里典点钱出来，总比向亲朋借钱看白眼强吧？

有了寺庙这个融资中介机构，古代中国的金融业，到此就已基本完备。

读史时我常有这种感觉：佛教传入中国之后，在社会生活中表现出的种种活力，真是令人惊叹！

第八篇

且看大唐『元宝』究竟是何物

隋朝末年竟然糊纸壳当钱

假如我要问你，中国历史上最狠心的皇帝是谁？你大概要说是秦始皇。

秦始皇固然狠辣，但是他还不至于对亲戚下黑手。

告诉你，这方面做得最绝的，是开了历史新篇的隋朝第一个皇帝——隋文帝杨坚。

起初，杨坚是以外戚身份任宰相，又晋封为隋王的。他的皇帝女婿死后，他的小外孙把皇位“禅让”给了他。这个禅让，说起来好听，骨子里……嘿嘿，怎么能让天下人心服？

他心里毕竟发虚，坐稳帝位后，竟然把自己女婿的家族、也就是北周皇室统统杀了个干净。

这样的老岳父，也着实可怕！

不过作为新的一朝开国皇帝，他的功劳就太大了。

他于开皇九年（589）灭陈，统一了中国，结束了西晋末年以来近300年的分裂。仅这一条，“杨坚”这两个字就该在史书上大写。

他上台的路子，相信大伙都看得很清楚，走的是王莽、曹操、司马懿的路子。尤其和王莽一模一样，以外戚身份掌兵权，趁着皇帝年幼，改旗易帜。正因为如此，他生怕后世留下骂名，皇帝当得相当勤勉。

他不仅自己节俭，不乱花公费，对百姓也能“薄赋敛”。这是什么意思？就是少收税费，千方百计减轻群众负担。

开皇十四年（594），关中闹饥荒，他赶忙派人去了解百姓吃的是什么。得知灾民吃的是豆粉拌糠时，他坐不住了。

上朝时，隋文帝把这些食物出示给群臣看，流着眼泪责备自己无能，下令撤销了自己日常的高级膳食，不饮酒，不吃肉。

最令人惊讶的，他还以皇帝之尊，亲自率领饥民到较为富庶的洛阳就食。在迁移的途中，他命令侍卫不准威吓老百姓。遇见扶老携幼的，他就打马让路，善言抚慰。遇到路难走的地方，他就命令左右侍从，帮助挑担的灾民通过。

这样的皇帝，与我们头脑中长期以来的“地主阶级头子”的概念，相距太远了！

史书记载，隋文帝执政24年，百姓安然，物产丰富，四夷宾服，朝野欢娱（《隋书》）。

——这就是古代的和谐景象。好皇帝呀！

至于他生了个不肖之子杨广，后来断送了他的江山，那就不是他能左右得了的了。

隋文帝还非常重视整顿纪律。一上台，就开始着手货币的规范化，由国家统一铸钱。

他铸的钱，还是五铢钱，不过比过去的五铢钱要重得多，因为隋朝的重量单位，是古制的3倍还多。

新币发行后，出现了新的情况：因为隋朝的境内，用了这种足值而又分量超重的好钱，所以过去散失在境外的旧五铢钱，有时就会倒流回来，掺在新钱里面用。

为了防止这种取巧，隋文帝就下令在全国各个关口都放上100枚新铸钱，作为样板。凡是入关者，都要把随身带的钱拿来检验，不合规格的就没收，熔化了铸新钱。

以后，他又连续下诏，禁旧钱、恶钱和私铸。在各州的商店里，都贴了官府通告，并且摆放了新钱的样品。

可是这样的禁令，并没生效，私铸还是屡禁不止。隋文帝火气大了，我的话起码一句能顶一句，现在怎么说了跟没说一样。他命令各州县派人直接到店铺里去查，只要不是官铸的钱，就一律没收销毁。

得了圣旨，各州县行动果然厉害，一阵清查过后，私铸钱终于绝迹。

对比前一个统一大帝国晋朝的嬉皮爷们儿，杨坚的确是个干事的人。这种做什么事都脚踏实地的风范，才是大国风范。

他登基后下令修建的西京，就是后来大唐的长安城，是那时候的“世界第一城”。西京的设计思路和布局模式，不仅影响到当时日本、朝鲜的都市建设，甚至一直影响到后世。

可惜，他的接班人问题没解决好，晚年被自己的次子杨广谋杀，死得比王莽还不值！

隋文帝为人俭朴，但有个毛病，就是太宠儿子，国家统一铸币，他也不忘让儿子沾利，给杨广等几位皇子都赐了铸钱炉，让他们也玩玩钱币制造。

这一宠，就出了大问题。

二儿子杨广一受宠，野心就大了，伪装忠厚老成，阴谋夺取了他哥哥杨勇的太子位。隋文帝病重之后，据说杨广也装得不耐烦了，趁着照顾老爹之机，想非礼隋文帝宠爱的宣华夫人。

这宣华夫人不是别人，就是亡国之君陈后主的妹妹！

陈夫人当然不从，挣脱出来，跑去向隋文帝哭诉。隋文帝气得直拍床，叫人去传大儿子杨勇，要立刻废了杨广的太子身份。

杨广慌了神，连忙勾结权臣杨素，发动了宫廷政变，用自己的卫兵调换了隋文帝的侍卫，把隋文帝的身边的嫔妃全部关进了小黑屋。当天，隋文帝就蹊跷地死了，外界都怀疑是杨广下的毒手。

这大概是中国历史上后果最严重的一次性骚扰事件。

这位阴谋夺得帝位的好色之徒，就是著名的隋炀帝。此人志大才疏，搞大工程可以，搞扎实的行政工作就不行。他上台以后，吏治大坏，钱币私铸死灰复燃，且偷工减料很厉害。不用说，这又是一轮通货膨胀，谷米涨到了每石三万钱。

隋朝的物价指数，涨得老百姓吐血都跟不上，货币哪里能够用？到后来，堂堂大隋朝，人们竟然剪铁皮、裁皮革、糊纸壳（硬纸板）当钱！

纸壳子当钱，全世界仅有一例吧。

败家子啊，杨广！

他上台后，声色无度，到处游玩（巡幸），三次征高丽，也跟秦始皇似的，把帝国的油门给踩到了极限。

执政第8年时，山东大旱加上大疫，他却密诏江淮地方官给他物色民间女童。

他驱使男女民工百万人开凿大运河，又三次坐龙舟到扬州去玩耍。据《隋书》等史籍的记载，南下扬州的船队绵延有200里，船只5000艘，两岸有骑兵护卫，还要500里内的州县为这支队伍“献食”，一个州就要运送美食100车。

不过专家指出，事实上并没有这么奢华，这是后世之人恨他，做了夸张，但他每次南行都带上满朝文武却是事实。

即便如此，隋炀帝的南巡，也是7世纪世界上绝无仅有的豪华之旅。

横征暴敛，再加上刑法严苛，这简直就是要逼草民造反了。

到他执政13年时，果然就爆发了烈火燎原似的民变。闹了两年，直闹得遍地义军、群雄蜂起，在扬州游玩的隋炀帝被困住了，最终被部下所杀。

玩吧，把脑袋玩丢了，就痛快了！

已打好百年大业基础的大隋，也是命太不好，遇到这样的主儿，忽一下就塌了。

说到隋朝，它在金融制度方面有一个创举，在这儿要说说，那就是“公廨钱”。

隋文帝开皇初年，朝廷发给京官与各地官员一笔钱，让他们投资商业生利，用赚来的钱作办公经费。

这就是“公廨钱”，是朝廷发给各级官员的资本金，官员可以用它投资，也可以放贷。

这个想法的初衷很好，办公经费自己筹，不用人民的纳税钱。但是实行起来，却大有问题。

官员不是圣人，官场沾不得钱，这是被无数先例所证明了的。你再怎么是开皇盛世，也挡不住官员大多都姓“贪”。

实行8年之后，工部尚书苏孝慈看不下去了，上书说：公廨钱发下去之后，各级官员就一个心眼放高利贷，“惟利是求，烦劳百姓，败损风俗。”（《隋书》）

这话的意思，咱们都能领会，说得还是相当克制的。什么叫“败损风俗”？是当官的家里，窖藏不知又增加了多少吧？

隋文帝没有马上采取行动，又观察了3年，发觉确实不行，才下诏禁止用公廨钱放贷取利，而投资经商还是允许的。

总体来说，大隋朝的开国气象很恢宏，给咱们民族争了气。虽然它很短命，白白给后来的大唐做了一套嫁衣裳，但它的功劳、它的教训，我们都应该记住。

开一个国，不容易，要死很多人；但败掉一个国，却很容易，而且会死更多的人。

葱岭之下有一个神秘古国

在结束隋朝、开讲唐朝之前，咱们还要交代一个不能忽略的国家——高昌国。

这是个西域古国，也是咱们古代华夏大家庭中的一员。

对于这个国家，大家不免有点陌生，其实它和中原渊源甚深。它的位置，就在今天新疆的吐鲁番东南、著名的火焰山下。这里是古代西域的一个交通枢纽，也是出葡萄美酒的地方。

这个“高昌”，与汉朝大有关系。西汉宣帝时，朝廷派了士卒，携带家属前往那个地方屯田，且耕且守，算是古代的“生产建设兵团”吧。

汉元帝时，又在当地修建了军事壁垒，成为汉朝在西域的政治中心。因为那地方“地势高敞，人庶昌盛”，所以称作高昌壁，又叫高昌垒(《北史・西域传》)。

高昌之名，由此而来。

西晋的时候，高昌升格为郡。后来北方闹起了十六国，高昌也还是郡，先后属于其中的五国。到公元460年，一个叫柔然的民族攻破了高昌，立了一个当地人为王，这才建立了高昌国。

后来高昌国更换了四个政权，其中有三个王族都是汉族人，最后一个叫麴氏高昌。

高昌是个小国，在几股强大势力的夹缝中生存。麴氏高昌原先是依附突厥的，隋朝一建立，它就感到亲近，立刻投向了隋朝。

当时的国王鞠伯雅，曾两次入隋朝贡，他的儿子鞠文泰随父第一次入隋后，就留在了洛阳和长安没回去，算是留学吧。

高昌国跟隋炀帝的关系很铁，还出兵协助过隋炀帝攻打高丽。

在出土的吐鲁番文书上，就记载着高昌国在金融方面的情况。

高昌国人所使用的货币，包括金钱、银钱和铜钱三大类。麴氏高昌自己也铸了钱，叫作“高昌吉利”钱，和中原、西域的其他钱币一起流通。

这种“高昌吉利”钱，有大、中、小等多种版别，钱质上有红铜和青铜两种，钱体厚重，钱文为隶书，顺序为旋读，背面无文，铸造水平相当高超。此钱于1928年曾在吐鲁番出土一枚，迄今存世大概也就两枚，堪称火星级珍宝。我等小民，不说它了也罢。

高昌国所用的银钱，比较有特色，最轻的是半文，最重的有好几百文。

在出土文书中，还有一些随葬的财物清单，看那上面记载，有的随葬品竟然有金钱万文、银钱百万文。——这高昌国难道个个都是超级富豪？

先不用惊讶。

据专家考证，这不可能是真的。谁也不会把钱这么糟蹋，估计是象征性的数字，数字的大小，可能与墓主生前的富裕程度有关。

高昌国人确实很聪明，这一点超过了现代人。为了表示对已逝亲人的孝敬，往清单上填点大数，就成了，连纸糊的别墅、小车和美女都全免了。

填写几个数字，就表示财富。这种做法，当今“金融资本”运作深得其精髓。

出土文书里还有一些借据，从中能看出，高昌国通行的借款利率，是月息10分，也就是100‰。

这些借据，所列条款就跟今天的借款协议一样，甚至还要详细些，有的甚至写明：一旦签字，“各不得反悔，悔者一罚二”。也就是反悔的话，要加倍赔偿对方的经济损失。

隋灭以后，高昌国不知怎么的，跟唐太宗不大对脾气，与突厥又搞到了一起，严重威胁丝绸之路的安全。唐太宗哪里吃你这套，于贞观十四年（640）派大军灭了高昌国，在那儿设置了高昌县。

此前，玄奘西行取经就曾路过高昌。

当年玄奘走到相当于今天的哈密一带，高昌国王专门派人把他接了过去。高昌原不在玄奘的计划行程中，但高昌国王却执意邀请他去。

这是为什么？

因为这个国王，就是当年在洛阳留学的王子鞠文泰。鞠文泰虔信佛教，见到玄奘后，感觉相见恨晚，立刻与玄奘结拜为兄弟，还要把玄奘留在高昌，做他的精神导师。

国王的态度非常坚决，说："虽葱山可转，此意无移。"

葱山是什么山？就是今天的帕米尔高原！

可见鞠文泰是何等真诚。

这可给玄奘出了大难题，取经大业难道就这么半道泡汤了？他一连三天绝食抗争，到第四天上，鞠文泰只好答应放行。

这位颇有性情的高昌国王，还为玄奘提供了数量惊人的物资，足够在往返路上用20年的！这些物资里，就有西域一带通用的货币，计有黄金一百两、银钱三万钱，还有绫绢等五百匹。

最重要的，是高昌国王还给西域各国的国王写了介绍信，说要去西方取经的，是我的弟弟，请多照顾。

——玄奘的取经路，从此之后就走上了坦途。看来《西游记》里说唐僧过火焰山一节，还真不是完全瞎掰。

这个消失了的高昌古国，太令人神往了！《全唐诗》第878卷收录的第二首诗，就是一首《高昌童谣》，全文是：

"高昌兵马如霜雪，汉家兵马如日月。日月照霜雪，回首自消灭。"

言为心声。

这高昌国的人，还是挺有自知之明的嘛！

华夏人从来就是天才的商业民族

我们终于到可以扬眉吐气一回的时候了。因为接下来要讲的，是大唐。

魏晋以来，中原打仗像走马，好端端的国土被践踏了一遍又一遍，一直闹到隋末。老百姓苦哇！

大唐名臣魏征是亲历过战乱的，曾感慨地说：“宁为太平犬，不为乱世人！”

现在的愤青们，喜欢喊打喊杀，不过喊喊也就算了。真正经历了战乱的人，不伤心到极点，一个大活人怎愿意去做狗！

兵火一来，实际上是没有人可以幸免的。不仅百姓狼狈逃命，精英也奔窜如狗。《三国志》上记载：“当今千里无烟，遗民困苦。”《晋书》上记载，“流尸满河，白骨蔽野”，“千里无烟爨之气，华夏无冠戴之人”。

这样的史书，真是一卷读罢头飞雪！

无辜百姓，招谁惹谁了？

当然，南北朝的百余年间，北魏、南梁也曾有过几十年的稳定期，堪称难得。

不知你发现没有？我们这个民族，不仅讲究诗书礼乐，而且骨子里也是个优秀的商业民族。

一旦稳定，北魏的洛阳，立刻就成了世界贸易中心，“百国千城，莫不款附。商胡贾贩，日奔塞下”(《洛阳伽蓝记》)。

南梁的建康城，更是后来居上，有人口百万，商贩云集。商业繁华程度不仅超过了北方，也远胜于前代。

这种超强的经济自我恢复能力，在隋朝时也创出了奇迹，但隋炀帝却将经济繁荣视为自己天大的功劳，任意挥霍，不知爱惜，终于将百姓陷于水火。

我曾经读到过后世文人描写的隋末惨象，那真是字字惊心：

“百姓存者无几，子弟死于兵役，老弱困于蓬蒿。……兵尸如岳，饿殍盈郭。狗彘厌人之肉，乌鸢食人之余，闻臭千里，骨积如山。目断平原，千里无烟。残民削落，莫保朝昏，父遗幼子，妻号故夫，孤苦何多，饥荒尤甚！”(《海山记》)

相信稍微懂一点古文的朋友，看了都不会无动于衷。

所以，何谓好皇帝？

能给百姓以和平，能给百姓以安宁的，就是好皇帝——只这两条，再不用别的。

唐朝人民之所以有福，是因为奠定初唐格局的唐太宗，是亲眼见过隋朝崩溃的人，他不敢不爱惜民力。爱惜民力，是害怕江山顷刻间也会同样倾覆。

他又是靠政变登上皇位的人，所以必须做得勤勉谨慎。勤勉谨慎，是要以英名掩盖自己的不清白。

“封建社会”，最大的道理是什么？是秩序——君臣、父子、夫妻。

李世民是破坏了秩序的人，在古代是大逆不道。他必须用一个更大的道理，来取得统治的合法性，并塞住后人的口。

哪儿还会还有更大的道理？

有，就是孟子的思想：“民为贵，社稷次之，君为轻。”

孟子的思想又来自更早的《尚书》，这是中国儒家经典“五经”中最重要的一部。

《尚书》里说：“民惟邦本。”

不错，一点也不错!

我们要感谢儒家给我们留下的这个终极真理：民为国家之本。

——它能使帝王敬畏!

唐太宗就很敬畏，他的勤政为民做得相当的好。此后，这个接力棒又由武则天、唐玄宗接了过去，因此就有了赫赫盛唐。

我们这个民族，只要上天给我们50年到100年的和平，就总能做到经济上的全世界“最牛”。

这种经济奇迹，是好皇帝和百姓共同创造的。只可惜，百姓永远都是“最牛”的百姓，而皇帝却不都是好的皇帝。

要说唐朝的经济，跟它的政治、文化一样，可以分为前后两期。一个“安史之乱”，把大唐一刀砍成两半，前期和后期的景象很不同。

唐玄宗李隆基，一开始皇帝做得还很谨慎，重用了两个好宰相姚崇和宋璟，把大唐的经济推到了顶峰。

那时候全国哪儿最繁荣？现在的人恐怕很难猜到。告诉你：一是扬州，二是益州。

那时的扬州，确切地说，还不单是指现在江北的那个扬州，而是相当于今天的南京一带。益州，在唐代叫剑南道，也就是今天的四川。

这是大唐市场经济最发达的两个地方。

当时两地在天下有美名，号称“扬一益二”，那该是古代的上海、深圳了吧。

说到商业，我们有必要先了解一下唐代的集市贸易。它在初期并不是完全自由的，而是要在政府指定的地点进行，这个地点就叫“市”。商人只能在“市”内开店做生意。与“市”相对的，是“里坊”，也就是居民小区。两下里是不能互相渗透的。

交易的时间，也有规定。中午时击鼓三百声，买卖双方进场，开始交易。到日落之前，摇铃三百声，大家散场。

当时长安城里，有东西两个“市”，各有“二百二十行，四面立邸，四方珍奇，皆所积集”（《唐两京城坊考》）。

巍巍长安，以其繁荣在海内外声名远播，引来了众多“胡商”，城内常年居住着大量侨民。这些“外商”在城中从事200多种不同行业，开的店铺有好几千家。

所谓“长安百万家”，这已经是令人惊叹了，再加上往来商旅川流不息，更使长安成了世界头号贸易中心，周边国家人人向往之。

后来经济越来越发达，“市”和“坊”的界限也就逐渐被突破，小区里也可以开店了，城市周边甚至出现了自发形成的“草市”。

交易时间上也不大听官府的了。现在的人很少知道，初唐时政府曾实行过严格的“夜禁”制度，小区的“坊门”日暮而闭，凌晨五更才开启。晚上任何人出来活动，都是“犯夜”，抓住了要挨20下鞭子。

可是经济一发达，老百姓过夜生活就禁不住了，扬州和汴州都出现了热热闹闹的夜市，可谓“昼夜喧呼，灯火不灭”。

唐代的经济繁荣，不仅从发达城市向边缘地区辐射，同时也向周边国家辐射，跟咱们现在的情况很相似。当时从中原到高丽、西域、南海、天竺（古印度）等地，共有七条贸易通道，与远在欧洲的大秦（罗马帝国）也有贸易往来。

水上交通运输也极为壮观。《旧唐书》记载，三江五湖，千帆万船，都是商人在奔走。因为造船业发达，到后来，主要外贸通道也渐渐从西北陆路转移到了东南沿海。

这种经济上空前繁盛的原因，没有别的，就是唐朝从贞观之治起有了一百多年的太平日子。

日子一太平，农民能安心种田，创造出了世界一流水平的育秧和水利技术，老天爷只要稍微照顾一下，就是一派“稻米流脂粟米白”的丰收景象。

农业的发达，为商业繁荣提供了根本性的基础。有人在创造财富，有人在使财富流动、增值，这就是和谐。

所以古人往往说“太平盛世”，不太平，哪有盛世?

顺便在这里提一下我研究历史的一个发现：

中国古代的统治者，对商人的活动大多有一种本能的戒备，经常进行过分的限制。原因何在？专家们没给出过清晰的答案。

我认为原因有二：

一是，商朝被周朝灭掉后，很多商朝遗民做起了生意，牵着牛车走四方。据说，中国古代做买卖的人之所以被称为“商人”，就是因为这个群体最早是由殷商遗民组成的。周朝统治者对他们怀有本能的警惕，这种怀疑心后来就变成了思维定式。

二是，自从儒学成了意识形态老祖宗之后，孔夫子所说的“小人喻于利”“唯女子与小人难养也”，也潜移默化影响到了历代统治者。

这两条文化传承汇集起来，就使得统治者始终有偏见，认为一门心思钻钱眼儿的商人是异类，有点来路不正的意思。

可是，商人的活动能量实在太大了，他们借助经济手段，不断向社会生活渗透。而且每拓展一步，都是以“犯禁”的形式出现的。

商人的思维、商业的概念，在几千年中一点点地往正统观念里面挤。就拿“市”这个概念来说，起先它就是市场的意思，与“街”相对应。古汉语里的“市井”“市肆”“互市”“闹市”“市声”，无一不是指市场，且有世俗之意。

到了近代，“市”不知怎么扩大了外延，跟“城”是一个意思了。

民国以后，取消了“州”“府”“道”之类的行政区域名称，而把大型城市叫作“市”，这实际上就是商人在文化上的一大胜利。

老百姓闹不清“开元通宝”怎么念

咱们还是来说大唐的货币。

大唐一开国，就有长治久安的气象，开国皇帝唐高祖李渊登基四年后，就下令进行币制改革。钱，是国家经济秩序的象征，币制乱七八糟、币值暴涨暴跌的，还有什么国家权威？

从他开始，彻底结束了五铢钱流通700年的历史。

他铸的是一种新钱，钱文是“开元通宝”。

这个创新体制的“开元通宝”，值得说的实在太多。

首先说这“开元”是什么意思。这是指从唐高祖开始，要扫荡以往币制的积弊，开辟新纪元。

那么“通宝”呢，就是新钱的名称，与“五铢”有别。通，是指流通；宝，就是“宝贝”，钱的意思。

这本没有任何异议。可是大唐的财政部——户部，在镌刻模具的钱文时，没有考虑到一个问题。在此之前，无论五铢还是几铢，钱文都只有两个字，一左一右，读起来不会有问题。个别特殊的，还有一上一下的，叫竖读，也不会有问题。

而“开元通宝”是四个字，这就有潜在的麻烦了。按照古汉语的书写习惯，在排列上是“开元”从上至下读，“通宝”从右至左读。

这个顺序太复杂了！

老百姓没那么有学问，拿到新钱，都顺时针来读（旋读），于是就读成了“开通元宝”。

群众是创造历史的主要力量。老百姓这一错，就错出了道理。从此人人都把这新钱叫作“元宝”。

到了后来，皇家也不得不承认既成事实。玄宗时史思明发动叛乱，在占领区铸新钱，钱文干脆就是“某某元宝”。唐代宗时也铸过“大历元宝”，此后到宋、到清，都有各种“元宝”钱。从政府到民间，对这个概念都认可了！

至于后世把金锭、银锭叫作“金元宝”“银元宝”，也都是从这儿演变出来的。

所以说，元宝这个词，是群众误打误撞发明出来的。

百姓是百姓，咱们在这儿还得按照标准叫法，接着说这个通宝钱。

唐高祖李渊创立的这个通宝钱，是一个全新的货币体系。在开元通宝之后，历朝历代的皇帝，基本都用年号作为钱文标志，通称为年号钱。

“开元”虽然不是李渊的年号，但金融学界都公认它是年号钱系列的开端。

虽然说在南北朝的成汉国，就有过一种叫“汉兴钱”的五铢钱，才是最早的年号钱，但那只是个偶然现象，而且流通的时间很短，没有形成影响。

那么，李渊为什么要取消钱文上的重量标注，而代以“通宝”二字呢?

这是因为，在过去标注了重量的钱经常会减重，钱名与实际币重有时差了十万八千里，影响不太好。

政府发行的铜钱，币值大于实际重量，这就是造假。可是政府造假也是不得已啊。

现在采用“通宝”来命名，就可以掩盖这个矛盾。减重不减重的，你老百姓今后就不要再嘀嘀咕咕了。

再一个原因是，铜钱到了这时候，与称量货币已脱钩。它的流通职能大大加强，而它本身的实物价值已微不足道，基本成了一个抽象的交易媒介物。

唐朝的这个通宝钱，形制与五铢钱一样，也是外圆内方。钱肉极好，有很宽的外廓边，非常大气。直径为2.4厘米，币材是铜、锡、铅合金，一枚大概重4克。

当时政府立了法，一枚开元通宝重量为2.4铢，十文钱恰好重一两。

后来唐人在使用重量标准时，嫌一两重24铢算起来太麻烦，还不如一两是十个“钱”好换算。于是，群众又开始创造了，“钱”正式成为重量单位，一两从此等于十钱，“铢”被彻底淘汰。

“开元钱”是继汉武帝五铢钱之后的又一种好钱，其地位名副其实，对后世影响极大。后来宋元明清各朝铸钱，大小轻重都以开元钱为标准。

另外，“钱”这一重量单位也就一直沿用到了现代。

只不过现代的国人财大气粗，称重量算到“两”就已很不耐烦，看样子“钱”这个重量单位，差不多已经被群众淘汰了。

这不是说笑话。财大气粗的群众，也是群众啊！

大唐的开国皇帝李渊，也是个宠儿子的皇帝，他也给几个儿子赐了铸钱炉。他这一宠，儿子就有野心，互相嫉妒，最后闹出一场骨肉相残的“玄武门之变”来，老爷子本人也被迫退位当了太上皇。

这个李渊，做皇帝做得一般，但是在中国货币史上，地位却无人可及。他创制的“通宝钱”模式，从武德四年（621）起，一直沿用到清朝末年，共流通了1290年！

在他确定了通宝钱一枚的重量为一钱、十枚重一两以后，千年间无论怎样改朝换代，铜钱的法定重量都没再变过。

自此以后，中国古代的重量单位（衡法），两以下就改为钱、分、厘的十进位制了。

自此以后，钱币也再不以重量单位作为名称，而以“宝”“通宝”“元宝”作为钱币的名称。

因此，在中国钱币史上，李渊是个里程碑。

关于通宝钱的铭文书法和图案标记，那也有得一说，艺术性相当之高。

过去五铢钱的钱文，大多是篆书，到了李渊创制通宝钱，改钱文为隶书。“开元通宝”这四个字，就是“八分书”隶体，出自初唐书法名家欧阳询的手笔，非常厚重。

最有意思的是，开元通宝上面还铸有星、月、日、双月、莲纹等图案。

有一种开元钱，在穿孔的上面有“仰月如文”，也有“俯月如文”的纹样。这个痕迹，就叫作“月文”。

关于它的来源，说法不一。有人说是财政大臣在向皇帝进呈钱模蜡样时，被皇后掐了一指甲印，铸钱时不敢改动，就遗留在了钱背上；也有人说这“月文”是杨贵妃的指甲痕。

后来金朝有人曾写过“金钗坠后无因见，藏得开元一捻痕”的诗句，说的就是唐玄宗怀念杨贵妃、睹钱思人的情景。

这都是传说了。比较严肃的说法，还是来自一些专家的观点，说这是受到西域钱币上铸日、月、星图案的影响，以此作为钱币的一种特殊标记。我认为此说甚有道理。

这样的标记，历经千年，至今仍保存在我们的钱币上。

各位看官若不信，请你们立刻打开钱包，掏出一张2005年版的50元或100元人民币来，观察一下它的图案构成。

看清了没有，在这张大面值的票面上，除了国徽、头像、面值、编号、水印暗记之外，还有什么特殊标记？

如果你一无发现，那么抱歉了，你肯定不具备做侦察兵的素质。

我来给你提示：在这张纸币正面的左侧中心、背面的右侧中心，各有一个圆形标记，里面是带有神秘意味的抽象几何图案。

这是什么？

这就是中国钱币的“古老密码”。

它是一个绝妙的图案。我不说，基本无人知晓。

这个小小的圆环，就是一个高度抽象化的“日月星”标记，而且奇妙的是，它同时也是一个极为艺术化的方孔圆钱图案。此外，在圆环中，还能看出一个半隐半显的“中”字，其意义是“中国钱币”。

你看，开元通宝的影响，到今天都还在吧？这就是传统文化的生命力，小瞧了它行吗？

开元通宝的至尊地位，在唐代无人能够摇撼，只有两次例外。

第一次向开元钱发起挑战的，是唐太宗的儿子唐高宗，他的皇后就是武则天。

他在乾封元年（666）铸过一种“乾封泉宝”，比开元钱略重一点，当开元钱十。这是大唐第一个正式的年号钱。

发行这个新钱，是唐高宗和武则天去泰山封禅之后干的事，估计是活动花费太大了，想通过铸大钱从民间捞一点油水，补补亏空。

而且，这次不光是铸大钱，而且是修改了币制，连货币的名称都改了，估计也是不安分的武则天出的主意。

为了确保新钱流通，高宗还下诏严禁私铸，违者立判死刑！

哪知道新钱出来，商人拒绝使用，根本流通不了。而且民间一见大钱出来了，知道是货币马上要贬值，物价立刻狂涨，闹得家家排队买米买油，不得安生。

这下唐高宗和武则天也没了办法。他们清洗政敌绝不手软，而对付商人——没辙了。第二年就只好下诏把这大钱废了，并昭告天下：开元通宝为“万世之法”，今后再不敢打货币改制的主意。

“乾封泉宝”禁止流通后，仍然有储值功能，可以兑换。

这次货币改制引起混乱的原因，一是新币减重（币值超过实际重量），等于掠夺民间财产，引起商人抵制；二是新钱出来后，与老钱并行，等于实行了“复本位制”，两种钱以哪个为根本，不清楚了，造成币制紊乱。

前一节咱们说过，唐代经济处在腾飞状态，商业一发达，货币用量就猛增，初唐至盛唐各代皇帝都拼命铸钱，以供应市场。其中唐玄宗的天宝年间，铸得最多，一共是32.7万贯。

但是，就这么猛铸，也满足不了市场需求。民间没有法子，还是老办法——用“恶钱”。

从初唐开始，恶钱（非法货币）就屡禁不止，其中包括：掺铁掺锡的假钱、“大眼贼”（綖环钱）、古钱。

武则天当皇帝的时候，继续在铸“开元通宝”，但是民间私铸仍如火如荼。荆州、潭州一带（今湖北、湖南）最厉害。私铸者组织了水上游击队，在芦苇荡里开炉，官府拿他们没办法。

为了禁恶钱，武则天下令在市场上放置官铸钱样，让老百姓对照着使用。可是假钱实在太多，无论官府还是商家，筛选起来非常麻烦，导致交易停滞。

后来只得放低标准，伪造得差不多的，都可以使用，只有实在不像样的，比如“大眼贼”、铁锡、铜荡（镀铜的假钱）、穿穴（被钻孔偷铜）等，才不许使用。

这一来，不是等于盗铸合法？

好时代又来了！铸钱业转眼间又是遍地好汉，江淮一带的黑户，都藏在湖边、山中、人迹罕见之处，大铸特铸。

到武则天晚年的神龙年间，连长安、洛阳这两个京城的用钱也十分低劣了。那时候，在湖南的郴州、衡州，还有人专门铸小钱，小到什么程度？空前绝后——只有一个轮廓！

还有人更发明了快速造钱法，买来大块锡锭，在火上烤一烤，待到略软，用钱模一夹一个、一夹一个……千百文劣币顷刻可得，携往市场使用便是！

到了唐玄宗，名臣宋璟当了宰相，他看不下去了，请求再次禁恶钱，所有劣钱一律销毁重铸。获玄宗批准后，宋璟委派监察御史（纪检官员）萧隐之，前往江淮，监督地方上挨户检查，力求除恶务尽。

因为检查力度过大，引起民间骚动，物价飞涨。消息传到京师，舆论哗然。

结果，宋璟和萧隐之都被罢了官。朝廷又放出话说，暂时不查了。民间这才安定下来。

百姓过不好，宰相要负责，这是“封建社会”的惯例。查恶钱之事，自然不了了之。

在历史上，官家禁一样东西禁不了的比较少见，秦始皇连思想都能禁得住，可是对钱，天王老子也束手无策。

这说明，商业规律是不能违反的。你的货币供应不足，人家就只能用假钱。尽管这不是法定货币，但市场认可就行。

由于铜钱不够用，唐朝就将布匹作为合法货币，准许流通，不再像魏晋南北朝那样是权宜之计了。唐玄宗还亲自下诏说，市场交易不一定必须见钱，布匹可以和钱兼用，不接受的要依法惩处。

后来，又有一位名臣张九龄请求准许民间私铸。这又是走另一个极端了，幸亏遭到强烈反对，没能实行。

好钱和坏钱并用的一个结果是，好钱不断被人收藏（为了保值），坏钱越来越多。

不法商人还嫌这不够，把京师的恶钱一船一船运往江淮，每一枚可换当地新铸的恶钱五枚（质量更恶）。再运回京师，谎称是新铸官钱，投放市场，大赚特赚。

铜料不足，一直是铜质钱币发展史上的一个阴影，到唐代已形成不可疗救的绝症。

几代皇帝绞尽脑汁，什么办法都想到了，比如限制商人汇兑（不许钱币出州县境）、鼓励州县官府铸钱、认可民间“短陌”八百为一贯等办法。

为了保障铸钱原料，玄宗开元年间还禁止买卖铜料、禁止制作铜器。估计那时候新出的香炉、锁头、锣、唢呐、水盆、镜子之类的，都是铁做的。

这情形，相当绝望。

——拿什么拯救你，我的通宝？

货币改革改得饿死了人

大唐的厄运，起于安史之乱。唐玄宗的“长恨歌”故事，我就不在这儿重复了，那基本是家喻户晓的段子。单说玄宗这个人，前期的政绩可圈可点，亲手缔造了“开元盛世”，原本不是个糊涂人，可是一宠杨贵妃，整个就昏了头。

他安排给贵妃的服务人员，就有700多人。不知这杨贵妃是长了千手千眼还是怎么的，要这么多人来伺候？

杨贵妃喜欢吃荔枝，但荔枝生于岭南，摘下后五天内就会变味儿，玄宗就下令开辟了从岭南到长安好几千里的贡道，专用快马运送荔枝到长安。

为了博得美人一笑——要什么你就说吧，普天之下，没有办不到的！

杨贵妃的哥哥杨国忠也跟着借了光，一步登天，当上了唐朝的宰相。这个人年轻时喜欢喝酒赌博，日子过得穷困潦倒，30岁后当过一阵兵，也没干出什么名堂。他当宰相，能怎么样可想而知——行政能力一点没有，专会排斥异己，逢迎玄宗。

一次暴雨成灾，玄宗询问民间灾情，杨国忠却不知从哪儿找来一个大谷穗子，给玄宗看，说雨虽大并没影响收成。有官员如实汇报灾情，玄宗还大发雷霆，要惩治人家。

这样的昏君与奸臣组合，不闹出大乱子来才怪。

封建社会的皇帝不是民选的，但是在历史关键时刻，老百姓也能选皇帝。安史之乱爆发后，唐玄宗仓皇出逃。半路走到陕西马嵬驿，警卫队哗变，乱刀砍死杨国忠，又逼迫唐玄宗命令杨贵妃自缢。

接着走了不多远，太子李亨又被百姓截留，北上宁夏灵武领导全国平叛，被臣下拥立为帝，成了唐肃宗。

军民一条心，把唐玄宗给选下去了。昔日的英明之主，只能躲在蜀地做一个闷闷不乐的太上皇，最后郁闷而死。

——英明的人要是天天说自己英明，也就快要不英明了。

唐玄宗骄傲自满的恶例，咱们大家都不要学。要想做个成功者，就永远都要虚怀若谷，不要老听人家唱赞歌。

盛唐本来很有钱，但是治国就像治家一样，你不想着怎么去积攒，只想着怎么胡花，再多的钱也禁不住糟蹋。

那几年，正好赶上唐朝全国税收锐减，据说是土地集中到大户手里了，税收反而少了。杨贵妃再这么一糟蹋，朝廷的钱袋子就有点瘪。

现在唐肃宗出来指挥全国平叛，第一个问题就是没钱！

前面我们曾经说到过一个不相信真理的第五琦（“第五”是复姓），就是在这个时候蹦出来的。

当时第五琦正做着户部侍郎，专管财政金融，他建议肃宗铸造一当十的“乾元重宝”，搜刮一点民间财富，好给政府用。

肃宗也是实在没办法了，只好同意。

这是第二次向“开元钱”的本位币地位挑战。

大钱放出去，自然有不花本钱的财源滚滚而来。第五琦因此又升了宰相，建议再铸一当五十的“重轮乾元重宝”。什么叫“重轮”？就是钱的背面外圈是两道轮廓。

这种钱的形制，相当独特，但是一当五十，也真是要了老百姓的命！

这两个“重宝”流通后，后果想都不用想——物价立刻暴涨，一斗米涨到了7000钱。穷人买不起米，就只有饿死。

史书上说当时是“饿馑者相枕于道”，翻译成今天的语言，就是你走一路，到哪儿都能看到饿死鬼挨着饿死鬼躺在路上。

政府铸了大钱，当然又刺激了民间盗铸，长安城里寺庙、道观的铜像铜钟，都被人毁了用来铸“山寨版”大钱。那一时期，因为私铸而被杖死的铸钱黑户有800多人，但就这样也禁不住。

经济秩序全乱了，第五琦被问责，当年年底就被贬到忠州（今重庆万州）去了。走到半道，又有人诬告他曾经受贿黄金200两，最后竟被判流放。

这大概是史上唯一的一个为货币改革而丢官的宰相。

不过第五琦虽然狼狈，比起王莽为货币改革付出了一颗脑袋的代价来，还算是万幸的。

大钱流通了两年后，为了平息百姓的怒气，朝廷又出了新招，把双轮廓的重宝贬了值，改为一当三十；把唐初的老开元钱升了值，为一当十，跟普通重宝一样用了。

按照第五琦的理论，钱从这个时候开始，就有了实钱和虚钱之分，“重宝”不过是虚钱，它的作用，表面上说是为了方便流通（省得小钱多了携带不便），实质上还是政府有计划地把民间的钱贬值。

实施的效果好不好是另一回事，虚钱的意义与作用，起码那时的理财家们都已经很清楚了。

有的东西，看起来好像是钱；但它的作用，只是把你手中真正的钱贬值、变虚。轻易还是不要去碰它。自己手上的钱，数量可能有限，但老老实实别折腾，会踏实得跟老夫老妻似的。

在看不清形势的时候，在没出现可怕的通货膨胀时，攥住手中的钱，比什么都强。

金融界也有游戏，各位，不可不察。

钱界难得一见的“华南虎”——“得壹钱”

唐代还有一种“伪政权货币”，就是史思明铸的两种钱——“得壹元宝”和“顺天元宝”。

我们知道，制造安史之乱的两大枭雄是安禄山和史思明。叛军的“大哥”安禄山比较厉害，攻入洛阳后，自封为“大燕皇帝”。其志向看起来不小，可惜不久因为残暴多疑，被自己的儿子安庆绪给杀死了。

紧接着“二哥”史思明也在范阳（今北京）自称“大燕皇帝”，开始铸“得壹元宝”，当开元钱一百用。

但这是一种极为短命的钱，只流通了几个月。据《新唐书》记载，史思明铸了钱后，“既而又恶‘得壹’非长祚之兆，改其文曰‘顺天元宝’。”

就是说，他嫌“得壹”二字是预示他的统治长不了。这也不知是哪位通古博今的先生给他上了一课。

原来，所谓“得一”，是有典故的。

话说晋朝开国皇帝司马炎在登基时，曾求神问卜，想知道本朝能传多少代。结果竹签上的数字竟是一个“一”字，表示只能一世而终。

司马炎见了，吓得浑身发抖，朝臣们也面面相觑。只有大臣裴楷引经据典地说，老子说过，“天得一以清，地得一以宁，王侯得一以为天下贞。”这是好话，你们怕的什么？

尽管如此，“得一”终究不大吉利，司马炎的傻儿子也确实险些把晋朝给弄垮了。

史思明的钱，写的虽然是“得壹”，但看了还是心里堵得慌。于是在他进入洛阳后，趁着建年号为“顺天”，就把“得壹钱”给废了，又铸了“顺天钱”。

这个短命的得壹钱发行量既少，流通时间又短，当然就成了后世收藏家眼中的极品。

史思明虽然是叛贼，这钱可是铸得一点不含糊。得壹钱制作精整，钱文凸显，铜色红润。“得壹元宝”四个字是隶书，写得遒劲有力，霸气十足。

钱的背面，大多都铸有“月文”。其中有一种，在穿孔的上、下、左、右都有“月文”，那就更是极品中的极品了。

比较有意思的是，“得壹元宝”和“顺天元宝”，钱文中是第一次出现“元宝”这个约定俗成的名称，且钱文顺序是顺时针排列（旋读），老百姓一念，就念得通了。

历来钱币收藏界就有一句话，叫作“顺天易得，得壹难求”。

清代有一本叫《古泉丛话》的书，里面讲了一个小故事。说是有个人急着用钱，就把一枚得壹钱质押给了一个山西人。山西人很识货，看到古钱大喜，当即答应借给那人三万钱。

山西人事后对人说，我愿意借给他三万这个大数，就是让他以后别想来赎回。

借了钱那家伙呢，事后也对人说，三万，这哪里值一枚得壹钱的价！我之所以只借三万，就是为了以后能赎回来。

可见这个得壹钱身价何等不凡！

到今天，在收藏界，得壹钱更是有价无市、难觅芳踪。这么说吧，你这辈子也许能亲眼见到华南虎，但不一定能见到得壹钱。

史思明后来也被他儿子给杀了，没得好死。他铸钱的时候，因为铜料不足，就把洛阳的铜佛都毁了，用来铸钱。据清代的《钱录》里记载，叛贼败亡之后，伪钱没有地方用了，大伙就又送回去铸佛。

世界上白闹一场的事，太多了！不过这史思明闹得也忒短了点儿。

第九篇

唐朝皇帝为何禁止百姓存钱

中唐的铜钱多被熔化铸了夜壶

一个王朝，新建之初大都朝气蓬勃，中间有的皇帝骄傲了，胡闹一气，惹出乱子来，即便平息下去也是元气大伤。

唐朝就是这样。安史之乱后，月亮还是那个月亮，唐朝可不是那个唐朝了。

玄宗以前，皇权相当巩固，国家是一个整体。唐中期以后，皇权就得了软骨病，藩镇军阀崛起，各霸一方，不怎么听招呼了。

中央的问题也很严重，宦官开始专权，到后来居然能够决定皇帝的废立，重演了西汉末年故事。

在钱币的问题上，也是积重难返，关键就是货币数量不够用。

唐德宗建中元年（780）时，国家调整了税收方法，开始实施“两税法”（夏秋两次收税），收税按户收取钱币，不再直接收稻谷和绢了。

本来铜料不足，钱币发行就不足，官家这一收钱，钱又都跑到国库里去了，民间流通的钱币就更短缺。

由于货币长期供应不足，就造成了单旗先生所说的“钱重物轻”，尤其农产品卖不起价钱。

按理说，通货紧缩之后东西便宜，商家不大高兴，但老百姓能得到一点好处。但是政府收税不按实物计算，而要按照市价折成铜钱来计算。这一来，农民生产的东西就越来越不值钱。

刚刚实行两税法时，一匹绢能折3300文钱，实施了14年后，一匹绢最多才能折到1600文。绢价跌了一半，就等于税率上涨了一倍。等到两税法实施40年后，绢价更跌得惨，跌去了四分之三！

百姓血汗创造的价值，这么一折成铜钱，就蒸发得差不多了——国家和老百姓进行经济博弈，国家没有不赢的！

中唐以后有几个著名的贤臣，如陆贽、韩愈、白居易、元祯等，都曾经上书反对两税征钱。他们说，既然农民是生产谷子和布匹的，国家就直接征收实物好了；无论你是折成钱算，还是让他们把东西卖了再交钱，无疑都是多剥了人家一层皮。

道理是简单得连傻瓜都懂，但皇帝有时候就装不懂。贤臣们的大实话，没人听。

不过皇帝也有他的苦恼：钱币越来越少，可绝不是我私吞了啊！像这样钱重物轻越来越甚，你要是让国家征税收取实物，没两天皇家就会穷死。

那么，钱是怎么越来越少的呢？

原来这是货币流通的规律——它有损耗。铜质货币就更是流失严重。

唐穆宗时有一位户部尚书杨於陵，对此有过分析。他说，过去钱是在四方流通，现在官府存的钱太多；过去是猛劲铸钱以供应用，现在是减少炉子"自废武功"；过去钱只流通于中原，现在有不少都流到外国去了。再加上市井百姓习惯在送终仪式上，让死人嘴里含钱，还有商人要存钱准备放贷，商旅翻车翻船又遗落了不少，所以钱币怎么能不少？

有人还向皇帝揭发了铜钱大量流失的一个猫腻：原来是黑心商人把铜钱熔化了，铸成铜器，卖价是等量铜钱的三倍半！

如此厚利，傻瓜才不干。什么香炉、帐钩、镜子、夜壶，什么好卖就铸什么吧。

为了遏制铜钱大批退出流通，皇帝也是想疼了脑瓜仁儿，中晚唐时期，朝廷几次下令禁止铸铜器，但这种官样文章的法令大概没啥效力。

到了唐宪宗，索性禁止民间存钱，要求富户把所有的存钱都拿出来，投入流通。

他发现只下诏令没有用，就正式颁布了《禁蓄钱令》，规定私藏钱不得超过5000贯，超过的部分，限期一个月内全部购买物品来储存，违者按照官职大小，定不同的罪。平民就更不能饶，要杖死，杖死就是打板子致死。

法令实施14年后，下一个皇帝唐文宗又稍稍放宽了限制，规定存钱不得超过7000贯。凡是超过10000贯的，一年内必须花完；对拥有10万贯家产以上的大富豪，特别开恩，允许两年内处理完毕。

这样的法令，实际上是掩耳盗铃，怎么可能有效用？

货币本身就有储值功能，人家是合法收入，你怎能挡得住人家不花钱？大唐又不是秦始皇暴政，我就不花钱，你还能派侦缉队挨家挨户搜吗？

经过40多年的官民角力，政府终于让了步。唐穆宗听取了户部尚书杨於陵的建议，百姓上税、国税上交和地税截留都用实物计算，仅仅保留盐、酒两项专卖仍用钱计算。这等于承认了实物货币的存在。

有专家指出，唐朝之所以不能把官铸铜币贯彻到底，是因为当时的市场经济还不够发达，很多农民生活在自然经济状态中，与商品社会不接轨，所以实物货币还不能完全废止。

不过，这个缺铜钱的大问题，到了晚唐的唐武宗，差一点得到全面解决。

唐武宗是晚唐很有性格的一位皇帝。他是前一位皇帝唐文宗的弟弟，本来这皇位不属于他，可是宦官仇士良等人贪图拥立之功，把他给推上了台。

武宗身材高大，性情豪爽，即位之年已是27岁了。他多年来迷信道教，身边有一大批道士朋友，因不是在深宫中长大，对社会比较了解。

他还喜欢骑马游乐，常带着邯郸舞伎出身的爱妃到教坊饮酒作乐，好似寻常人家的家宴一般。

不过玩是玩，国家大事却没有耽误，唐武宗能够重用贤才，管理国家也没有什么书生气。如果做错了事，还能够虚心向宰相道歉。

他最重用的大臣是宰相李德裕，君臣俩相当默契。

武帝在位时间只有短短的5年，却干了一件名垂青史的大事，那就是“灭佛”。

灭佛是从他上台的第二年开始的。也就是从会昌二年（842）起，逐年加大打击力度。到会昌五年达到顶峰，在全国开始大规模扫荡寺院。

这次灭佛，史称“会昌法难”，后世将其与北魏太武帝、北周武帝的灭佛合称为“三武之厄”。

这一年，全国共计拆毁寺庙4600多座，拆毁游方和尚招待所（招提）、修道院（兰若）4万多个，强令僧尼26万多人还俗，寺院奴婢15万人遣散。这些人回归社会之后，因自食其力，也就变成了必须给国家纳税的“两税户”。

武宗灭佛，显然是受了他的那帮道教朋友的鼓动，但是客观上却有力地打击了畸形的寺院经济，增加了纳税人口，还是让国家受了益。

他拆完庙后，把庙里的钟、磬、香炉、铜像等等搜罗一空，都拿来铸开元通宝——当年梁武帝白给你们的，今天我唐武宗也要白拿回来！

当时铸钱，是下令让各州分头铸的，在钱的背面或铸一个“昌”字，或铸一个州名作为标志。这批钱，俗称“会昌开元”，是唐朝最后一批合乎标准的钱。

这次铸钱，力度很大，基本解决了缺钱的问题。本来武宗准备在第二年停用其他所有的钱，全国只用“会昌钱”，可是第二年他忽然死掉，这个计划也就泡了汤。

就从他这种平时嘻哈、临事果断的性格看，是个能成大事的人，要是再多活几年，没准儿唐朝也能多存活几年。

武宗死得可惜，是吃了太多道教朋友给他的丹药死的，于是他成了唐朝自太宗以来第四个死于吃丹药的皇帝。

想长命，结果偏偏短命。历史上很多人、很多事，都是这样。

泥巴捏的钱也可以用来买东西

到了唐朝倒数第二个皇帝唐昭宗时，中国钱币史上又出了一件搞怪的事。

有人用泥巴做钱，而且还正式进入了流通！

干这个事的，是卢龙节度使刘仁恭。这个人是武将出身，早年在一场攻城战役中，用挖地道的方法攻下城池，因此军中都叫他“刘窟头”。

他当的这个卢龙节度使，是他用武力抢来的，唐朝廷是没办法，事后给予追认。他的辖区，就在幽州一带（今北京）。

唐末的藩镇，实际上就是地方军阀，中央奈何不得他们。刘仁恭能在群雄争霸中夺得一块地盘，便啸傲蓟门，志得意满，渐渐地骄傲起来。当官的要是骄傲，有一个普遍标志，就是生活腐败，具体说是讲究奢侈，荒淫无度。

刘仁恭在幽州，就是老大，你皇帝享什么福，我也要享什么福。

他嫌幽州城不够牢固，就在附近的大安山上，依绝壁筑起一座“别馆”，不仅有险可守，而且极其堂皇，酷似皇宫。

他又选了许多美女到“宫中”来服务，自己就待在这小天堂里，和道士们伙在一起炼丹药，以求长生不死。

这样的好日子，真的想再活500年啊！

我们读史读多了，能发现一条规律，凡有在上者穷奢极欲的时候，在下者的日子都不会好过。当时的幽州人民，连饭都吃不饱，只能吃黏土、食人肉，饿死的穷百姓无计其数。

就这样奢靡还嫌不满足，最令人瞠目的是，刘仁恭下令将民间的铜钱全部收缴上来，组织工匠在大安山顶挖洞穴（有地道战情结），把钱全部藏起来（有窖藏情结）。

就这也罢了，他还怕藏钱的工匠泄露了秘密，竟把他们全部杀死灭口。

钱都上缴干净了，民间怎么办？

亏得刘仁恭想得出，他让幽州人民用黏土造钱，在幽州境内强制流通（《新五代史》）。

这种泥钱什么样？不好想象。但我知道，它可不是橡皮泥那样软乎乎的，而是要经过烘烤，烤好后质地相当坚硬，不至于龟裂或者掉渣儿。

古代的时候，人死了后，家属要在墓中埋一些陪葬品。其中一种陪葬就是泥钱，这不过是一种象征而已，就像今日流行陪葬纸糊的汽车、电视机一样，算是儿女替长辈圆了生前的心愿。

刘仁恭竟然就把这样的“地府钱”，作为了正式的货币！

吾土吾民，勤劳勇敢智慧是没的说了；但是这智慧，有时候也会在坏的方向上达到极致。

泥钱当然保留不下来，所以今天已经无法考证它是什么形制，镌有什么钱文，币值是多少。

隋末有纸糊的钱，唐末又出了泥捏的钱，都说末世必有妖孽出，真不假！

到了民国年间，又有钱币学家考证出来，当年刘仁恭不仅藏了铜钱，捏了泥钱，还铸过新钱。现在人们所能见到的，一共有四类：

铁永安钱。共有三种，即铁永安一十，铁永安一百，铁永安一千。这三种钱，也有铜质的，存世数量都不超过10枚。这种钱，形制厚重，钱文粗拙，在钱币史上别具一格。

铁货布。背面铸有钱文三百，其制式不是圆钱，竟然是仿照王莽的货布模式。

铁顺天元宝。也有三种，背面的钱文分别为：上月下十，上月下百，上月下千。其中的上月下百，是拿史思明的顺天钱作模本，上月下十、上月下千则是刘仁恭自创的模式，钱文字体近于隶书。后两种钱现在存世各有一枚铜品，那就比华南虎还要珍贵了。

铁五铢。此钱用的是隋朝五铢钱的模本。

这些钱，都使用了唐中期以后才有的翻砂技术，但是铸工不精，砂眼较多。

从钱形上看，刘仁恭是个怀旧派，连五铢钱、货布都弄出来了。从币值上看，他铸铁钱的目的，也是为了搜刮民间财富，因为全是大钱。

刘仁恭作恶多端，囤积了好几山洞的铜钱（不知留作何用），没想到现世现报，先是他儿子刘守光给他戴了绿帽子，睡了他的爱妾，父子俩为一个红颜闹翻。

这还了得，还有没有上下尊卑了？老子把儿子叫去，狠狠教训了一顿。

有其父必有其子，刘守光哪里吃这一套？什么上下尊卑，这年头还不是武力说话？他找了个机会派兵攻破大安山，把老爸给囚禁了起来。

这下子，美人就得交出来了吧？

在这之后，刘守光趁乱索性在幽州称了帝，按理说刘仁恭也就成了“皇帝的老爸”，可是这个尊贵的老爸，却仍然是个囚徒。

后来幽州被刘仁恭的死对头——李克用的儿子李存勖攻陷。李存勖将刘仁恭逮住，以刀猛刺其心，用他的血作祭奠，然后斩首。

——那几个山洞里的钱，究竟藏在何处，也就成了一个天大的谜。

还有一种说法是，上述的永安铁钱，是刘仁恭之子刘守光在幽州称帝之后才铸的。

永安钱流通时间甚短，在后来的1000年中，人们甚至不知它是何人所铸，在哪里使用过。加之存世数量绝少，就显得更为神秘。直到民国时，人们才基本搞清了它的来龙去脉。

刘仁恭，算是中国钱币史上最恶的一个恶人了吧。

他发明的泥钱，还有一个后话，也值得一说。

唐亡后，紧跟着的是五代十国，五代里面有个“后唐”政权，就是杀刘仁恭的那位李存勖建立的。

李存勖在战场上是一员勇将，治国却极为昏聩，常常面涂粉墨，穿上戏装，登台表演，朝政什么的干脆就不管啦；他还用伶人做耳目，去刺探群臣的言行，引起朝野怨恨。

李克用的养子李嗣源深孚众望，对这个戏子皇帝实在不能再忍了，就发兵攻击李存勖。在混战中，李存勖被哗变的亲军杀死，李嗣源在群臣拥戴下称帝，这就是后唐的明宗。

明宗是整个五代里最贤明的一个君主。他即位后决定铸新钱，便叫臣下呈送一个前朝钱币的清单上来，好做参考。

负责拟清单的鸿胪少卿郭在徽，在清单上竟然列入了刘仁恭的泥钱和铁钱。

明宗一见，动了肝火：你这是在咒我！刘仁恭是什么人，他造泥钱，绝不是搞经济建设，而是害人！

骂完了，又把郭在徽降了职。

可是这位后唐明宗，也没有忘记刘仁恭藏的那笔钱，曾大张旗鼓地在大安山掘宝。《旧五代史》上记载，当时幽州有个衙将潘杲，上书说他知道刘仁恭在大安山的藏钱之所，枢密院（国防部）立刻派了人去监督发掘，结果“竟无所得”。

大安山，就在北京房山西北80多里的地方。藏宝处，就在山上。

不过，喜欢看《盗墓笔记》的朋友们，且慢高兴。

因为这宝藏，已经在1000多年前的辽代，被辽圣宗派人去给挖出来了，所有掘出的铜钱，都拿去铸了新钱！

至于还有没有残留的，不详。有不死心的朋友，不妨也可以去探访一下。

老百姓就用鸡鱼鸭鹅做“货币”

刘仁恭死于非命，这是上天惩罚他。但是我们后世有玩钱币的人（雅号“泉界发烧友”），可能还是会感谢他为唐朝钱币史添了点花絮。

唐代的货币，除上面所说的那些之外，还有一些也要交代一下。

在晚唐，西域地区唐朝的管辖区内，曾经铸过两种“通宝”，一种是“大历元宝”，一种是“建中通宝”，这算是地方钱币了，主要就在当地流通。

当时西域还有一个突骑施国，是游牧民族政权，以前经常活动在碎叶城（今吉尔吉斯斯坦的托克玛克），也就是李白的故乡。在武则天去世后，这个小国正式从属于唐朝，为唐朝守卫西部边境。唐中宗封他们的首领为“怀德郡王”。

这个突骑施国，铸过一种独特的方孔圆钱，与开元钱的形制一样，但钱文是粟特文。

这个粟特文，是中古伊朗东部的一种文字。现代中国能懂得这种语言文字的人，那就等于学界的“华南虎”了，大概就只有陈寅恪、季羡林、周一良等几位大师而已。

另外，在已经灭亡的高昌国旧地，唐朝时还活动着一支“西州回鹘”，也是游牧民族。他们也铸了一种仿开元钱，钱文是回鹘文。

回鹘，在唐朝前期叫“回纥”，后来又改名叫“畏兀儿”——这名字有点眼熟吧？对了，他们就是今天维吾尔族人的祖先。

这两种少数民族文字的铜钱，意义可谓重大，从中可以看出，华夏文化当时对西域的影响是何等之深！

除这些钱币之外，唐朝的货币种类其实相当丰富。由于唐朝从头到尾都没摆脱“缺钱”的困扰，因此，唐中央政府特别提倡谷帛货币化。唐文宗甚至规定，在交易中凡是金额超过100贯的，所用货币，粮食或布匹要占一半才行。

到了灭佛皇帝唐武宗时，那就更厉害，他规定，交易超过5贯的，就要有一半的货币是谷帛。

在一些边远地区，因为流通的铜钱太少，那么不用政府提倡，老百姓也会自动用实物代替钱币。

那时候巴地的边缘地区，就是用盐和布匹充当货币的。巫峡一带，则用水银、朱砂、象齿、彩绸、头巾等充作货币（《唐会要》）。

汉中一带的风俗，就更具有乡土气息，不但现钱极少用，布帛也很少用。老百姓到市场，都是物物交换，比如要买盐的话，拿一斤麻或一两丝去换，再不然鸡鱼鸭鹅也都行。

这样的“原始贸易”，虽然看上去换算好像很复杂，但老百姓却觉得很方便（《元稹集·钱货议状》）。

——百姓们过的就是油盐柴米的日子，你政府解决不了的事情，他们自然有办法对付。

本书最前面曾特别提到过云南地区，在唐代那个地方叫作“南诏国”，也就是金庸小说《天龙八部》里“小王子”段誉的家乡。南诏国就一直不用金属货币，用的是贝币和绢帛。

虽然大唐的货币五花八门，但是政府却没把金银正式算在货币序列里。中唐元和三年（808），还曾一度下诏禁止开采银矿。

可是金银即便不再是法定货币了，它们在民间还是具有货币的功能。在岭南，因为外贸发达，人们甚至只把金银看作货币。

晚唐诗人韦庄写的著名诗篇《秦妇吟》，也说黄巢起义时，长安城里“一斗黄金一升粟”。看来在特殊情况下，黄金也可以用作支付。

这没有疑问：金和银，永远是和“财宝”连在一块儿的。

古今都一样！

有的东西，虽然号称是财富，但是很虚。比如股票、基金、期货、股指期货，那只不过是账面数字，你把钱投进去，它要是给你“虚”掉了，你是无论如何也搞不懂是怎么被“虚”掉的。

可是你买银行的金银币，即便价格再跌，也没有一种是跌到面值以下的。

如若不信，你今天就可以到银行去确认。

不是有一首歌说“太阳是一把金梭，月亮是一把银梭”吗？那我们不妨也可以这样理解：金银之价值，就如日月之永恒。

在古老的钱币上，铸有日与月的标记，其意义也在于此。

这是古人在向你暗示一个真理——

钱，永恒也！

五代的货币政策各有高招儿

我们该向辉煌大唐挥手说再见了。读史，这大概是最不忍释卷的时刻。

华夏民族古代的面子，全都在大唐这里。

各位读者即使没到过日本、韩国，总该吃过日本料理或韩国料理吧？看到那种精致、那种彬彬有礼，我就能感受到大唐之风。

就更不要说那些衣袂飘飘的女性服装、那些白墙黑瓦的清雅宫殿了。

这本来都是咱们的！

“礼失求诸野”，我们现在还能说什么？

好好的大唐，被无数的野心家你一榔头我一榔头，给敲打完了。

毁坏自己的国家，就像毁坏无主财产似的，不知这些人脑袋是怎么长的？难道他们以为，自己的子孙后代都可以到火星上去生活？

唐一亡，果然就是乱纷纷的五代十国。就算是霸主、枭雄、草头王，也免不了人头滚滚，直闹腾了半个世纪。

其间出了无数的皇帝与“国主”，但没几个是雄才大略的，都是能玩一天算一天。

华夏这个经济上的务实民族，在政治上为何又如此虚无？还真是值得研究。

现在，我们来看五代十国的钱币。

先弄清五代是哪五代，我们好心里有数：按顺序是后梁、后唐、后晋、后汉、后周。这些国名之所以都有一个“后”字，是因为从周朝起，这些国名都有人曾用过，加个“后”是以示区别。

这些朝代的都城，除后梁是在洛阳外，其余的都建在开封。

五代的各朝，都铸过自己的“元宝”或“通宝”，形制和重量一般都仿照开元钱。

唐朝遗留下来的缺钱的问题，在五代仍然存在。其中后唐也曾经效仿唐朝，下过禁止蓄钱的诏令，同时还禁止商人携带钱币出境。后唐明宗时，还进一步规定，商人不准携带500文以上的钱出城。

有钱，你就在城圈里可着劲花吧！

这样的限制，简直没法让人做生意了，超出500文价格的城乡贸易怎么进行？

以往在唐朝，因为钱不够用，所以官方认可“省陌”的做法，不过有规定，一般是800文到900文为一贯。

到了后唐，每贯钱“短”得越来越厉害，朝廷不得不下令，必须维持在800文一贯的标准上。市场稽查员一旦查到在交易中以“短钱”支付的，所有钱币一律没收。

政府为什么要管“短钱”的事呢？——不涉及它的利益它怎么会如此热心？

原来，民间流行用“短钱”，实际上是市民自发地把手中的货币升值，如果不加以控制的话，皇家和政府的财富就会缩水。所以必须采取强制措施，让足够数量的货币在市面上流通，以抑制货币升值。

缺钱缺得各朝皇帝都抓了狂。

到了后晋，钱币发展史上还出了一个小小的逆流。后晋太祖皇帝、也就是那个著名的卖国贼石敬瑭，大概被缺钱现象困扰得太苦恼了，就颁布了允许自由铸钱的法令。当然他不是傻瓜，同时也规定了严格的标准，要求重量一定要与开元钱相同。

但这个法令是完全脱离实际的，各地都缺铜料，你让民间铸造足值的钱，怎么可能？结果法令颁布一个月后，就不得不放宽限制，说铸钱也可以略轻一点。

法律就怕没弹性，只要有弹性，人们就能钻空子。这个口子一开，各地豪门富商就开始动脑子啦，铸的钱，简直五花八门，轻重不一，大小不一。贪心之徒更是往钱里狠命地掺铅、掺锡。

后晋的钱币样式，成了万国博览会，在流通领域引起极大的混乱。石敬瑭的自由铸币政策，得不偿失，实行了还不到一年，就只好匆忙收场。

这样儿戏似的治国，国运想长久那是太难了。后晋传了两代就完了，接着的是后汉。

在“省陌”问题上，后汉有一位宰相王章很有创意，他规定了一项官库出纳制度，就是百姓缴纳官库的钱，以“八十为陌”，而凡是官库支付百姓的钱，则以“七十七为陌”。比值上虽然只有小小的差异，但官府就是要占你这一点便宜！

又来这一套。这样与民争利争到如此斤斤计较的政权，怎么能长得了？后汉也只传了两代就完了。

五代的最后一个朝代是后周。后周的第二个皇帝，是一位有名的明君——周世宗柴荣。他是后周开国皇帝太祖郭威的内侄和养子，后人习惯称他“柴世宗”。

柴世宗文治武功都有一套，所做的事当中，也有一件与钱币有关。那就是他也学唐武宗灭佛。

他下诏废止了全国3万多所无皇家执照的寺庙（非敕赐寺额者），从这个数字来看，他要比唐武宗狠得多。

考虑到各州县已经有好多年没铸钱了，而民间却大批销毁铜钱造器皿、铸佛像，于是柴世宗限令被撤销的寺庙，在50天内把所有铜像铜器拆毁，送交官府用来铸钱。

民间百姓有藏铜的，也要在50天内上缴，官府照价给予补偿。过期匿而不送的，要重罚，五斤以上的判死罪，一斤以下的判徒刑二年，还要株连邻里和“居委会”的负责人。

真是闹得鸡飞狗跳墙啊！

铸钱缺铜，害得佛寺屡屡遭殃，看来这个问题是越来越尖锐了。当历史再也无法负荷一个沉重的包袱时，甩掉这个包袱、变通一种做法的可能性，也就随时会出现了。

人们现在，还需要忍耐。

接下来再看十国。这十个小国，大都算不上什么像样的国，也没有统一中原的志向，割据一方，混一天算一天。先混个皇帝或国王做做，等到哪天天塌了再说。

其中，有六个国家有自己的铸币。我在这儿给它们点一下名。

不过即使点了名，大家可能也不知道它们是在什么方位，那我就连它们的“首都”也一起点出来，这样就能明白个八九。

记住，铸了钱的六国，是成都的前蜀、长沙的楚国、福建长乐的闽国、广州的南汉、成都的后蜀，还有金陵的南唐。

它们都先后铸过各种“元宝”和“通宝”。

其中楚国的钱最“贪婪”，全是大钱。先是铸了“天策府宝”，有铜的和铁的两种。又铸了“乾封泉宝”，也是有铜铁两种，据说还有铅钱。

据宋人洪遵的《泉志》记载，楚国的铁钱面值极高，九文就是一贯。

我的天！那不是铁钱一当开元钱一百？

这铁，难道是造宇宙飞船用的吗？

这个“楚国”是什么来头？原来，黄巢起义时，木匠出身的许州人马殷投身军旅，东砍西杀十几年，凭借智勇占有了湖南一带。后来受了后梁之封，做了“楚王”，又建立了天策府，加封天策大将军，经营起了一个小王国。

马殷是乱世里难得的一个聪明人。乾化元年（911）时，他就铸了这个“天策府宝”大钱，有铜、铁、铅三种，以铁钱为多。

当时铁钱一推出来，人们不大认可，还是铜钱的购买力高。据《十国纪年》载，马殷铸的铅铁钱，只在城中流通，城外还是用铜钱。

“天策府宝”是为天策府开府庆典所铸，所以它既是一种通货，也可以说是古代的纪念币。此钱久为钱币学家所推重，声誉极好，伪造的也多，一般都是拿真钱做模子翻铸，表面很粗糙。

还有的伪钱在钱背添字，如楚、殷等，其实是画蛇添足，一看就是假的。

马殷后来又采纳了谋臣的意见，就地取材，铸“乾封泉宝”大铁钱，有大小多种型号，背文有天、天府、策、天策、策府等。乾封泉宝也有铜的，不过极为罕见。

历史上发行铁钱取得成功者不多，马殷可谓首例。

楚国的铁钱大而重，携带不便。马殷是怎么推广成功的呢？

原来他早考虑到这一点，对商人采取保护政策，允许商人以契券交易。

具体办法是：一堆铁钱，找个地方垛起来，商人之间交易只凭“契券”。比如，契券上写明“原张三所有铁钱百贯，堆放于龙门客栈，现因交易某货，归李四所有。特此证明”之类。这叫“指垛交易”，钱不动地方，就变更了所有权。

这种契券，还不能算作纸币，只是一种兑换券。

马殷到底是劳动人民出身的，知道爱护百姓。在他的境内，不收商税，于是四方商贾都如飞蛾扑火般往他这儿来，把大批货物运入湖南。

商人们赚到了铁钱，出了“楚国免税区”就不能使用，所以又都换成当地的土产运走，这就大大加快了当地的商品流通，连带马殷“公营”的丝茶业也获得厚利，令他的楚国富甲天下。

另外还有闽、南汉、后蜀，都曾铸过大铁钱或者铅钱。南汉的货币政策也与隔壁楚国的相仿，规定铜钱归政府收藏，在城内只许用政府发行的铅钱，城外管不住，随便。但是，铅钱不许出城，铜钱不许进城，违者有死罪。

为什么有这样的政策？就是为了保证铅钱不贬值。

——把铜钱驱逐出城外，可以为铅钱制造一个“净空”。否则混用的话，没几天铅钱就会贬得一文不值。

凡是不开放的地方，都是怕外来的良币，驱逐了他们的劣币。

李后主的南唐对钱币艺术也有贡献

最后我们来专门说说南唐。

南唐，打的是“唐”的旗号，所以在它发行的钱币中，有一种就是“开元通宝”，分大、小两种。

不过南唐尽管冒了前朝大唐的名义，毕竟只是个偏安之国。在与后周的实力较量中，屡战屡败，不得不放弃长江以北的土地，割地赔款，向后周屈服，还主动废了自己的帝号。

既然不是皇帝了，也就不能再冒用“开元”的名义了，再铸钱，钱文就成了“永通泉货”“唐国通宝”和“大唐通宝”。

新铸的钱，多少透着一股无奈。这时候南唐的“国主”，是中宗李璟，他在政治上不是很聪明。南唐败给了后周，赔了一大笔钱，政府的财政有了赤字。当时有个叫钟谟的官员提议“铸大钱，以一当十，文曰‘永通泉货’”，李璟想想没别的办法，就批准了(《新五代史》)。

这又是铸大钱的老把戏，其结果就是物价高涨，私铸泛滥。

老百姓用小钱兑换政府的大钱明显吃亏，“故民间匿币而不出”，甚至人们纷纷销钱铸器，以获厚利。

政府的钱还是不够花，从哪儿弄才好？南唐重臣韩熙载又建议：“铸铁

‘永通泉货’钱，以一当二”，与铜质“永通”并行。

这一招狠！铸钱的材质便宜了，币值却翻了一倍，这就更是加紧抽老百姓的血了。果然，“铁永通”一出，“农商失业，食货俱废”。

南唐君臣铸钱虽然没安好心，但是他们的“永通泉货”，却开了钱币铸造艺术上的一个先河。

它是一种史无前例的“对钱”。

这又是一个新术语了，所谓对钱，有三个特征——

一是钱文内容完全相同；二是两枚钱币使用的是两种不同的书体，其中篆书必居其一，另一种为隶书或行书；三是书体虽然不同，但两枚钱币必须是币值相同，形体对等。

也就是说，两枚“对钱”的钱形大小、钱身厚薄、穿孔大小、轮廓宽狭、钱文位置、字体大小、铜质等各个方面都完全一致，可以成双配对。

这种趣味钱币，又叫“对文钱”或“对书钱”，日本泉界称之为“符合泉”。这种花样儿，恐怕也就南唐的君臣才想得出来。

“永通泉货”的书体有隶书和篆书两种。其中的隶书钱，又有阔缘和窄缘之分、精字和细字之分。

当时韩熙载是南唐的户部侍郎，担任了此钱的监铸官。

“永通泉货”的铸期大约只有半年时间，所以铸造量极小，现今存世的数量就更少了。现在你要是能寻摸到一个，就可以当珍品收藏了。

此外，“唐国通宝”也是钱币中的一绝。这个钱，是为了应付战争赔款后的财政危机而铸的。当时南唐已答应奉后周为正朔，也就是使用后周的“显德”年号，可是铸钱的时候，还是写了“唐国”字样，可以看出南唐君臣的微妙心态。

“唐国通宝”有极复杂的版本差异，钱文有篆体、楷书、隶书三种。其中的篆书钱又有不同的版别，互相间仅有细小的不同，但是品级差别很大。

比如，篆书“国”字呈方形的，被称为“方国”。有一种方国的“唐”字篆法尤为独特，非常秀气，与普通品完全不同，是“唐国通宝”中的极品，存世极少。

诸位如果有幸得到一枚篆书“唐国通宝”，请务必找可靠的专家辨认，否则，很可能把极品当成普通品，而错过了稀世珍宝。普通品在现在的钱币市场上，价格是4元钱一枚，而极品则是4000元一枚。

说起南唐，大家一准儿都不陌生——李后主的国家嘛。

“春花秋月何时了”，李后主的那些事儿，现在几乎家喻户晓，这里无须多啰唆。可是在南唐，还有一个人，其传奇色彩、其知名度、其才情，一点不亚于李后主。

这人就是——这次铸钱中的重要角色韩熙载。

他是南唐著名的大官僚、大书法家、大作家。原是北方的青州人，为避祸逃到南唐，从政后，一步步做到了高官的位置。

他原本是个有远大政治抱负的人，所图者甚大，入仕南唐后曾多次进言，都能切中时弊。南唐君主要是按他说的办，没准儿能跟宋朝弄出个“南北朝”来，起码也能多出几十年寿命。

但是到了后主李煜执政的时期，南唐形势岌岌可危，李后主却只顾着享受风花雪月，不想有所作为，反而对韩熙载有所猜疑。

韩熙载知道自己命不好，这一辈子的抱负都泡汤了不说，弄不好还要倒大霉。

为了避免李后主猜疑，他便纵情于声色歌舞之中，以颓废来表示自己并无野心。

纵情声色，那是需要钱的，韩熙载恰恰就不缺钱。他本来家财就厚，另外还有大宗的灰色收入。

由于他文章写得好，江南的贵族、士人、和尚、道士，都带着金帛来求他撰写碑碣（墓志铭），甚至有以千金求写一文的，再加上皇帝的赏赐，就更不得了啦！这些财富，让他成了南唐大臣中罕见的超级富豪。

有了钱，要想挥霍，那还不容易？

韩熙载在家中蓄养了伎乐40多人，广招宾客，终日宴饮歌舞。

五代的大画家顾闳中，曾经去他家领略过那盛大场面，回来后画了一幅超级长卷《韩熙载夜宴图》，那画面——极尽辉煌，气势非凡！

顾闳中当时是南唐的画院待诏，也就是李后主的美术顾问。据说，他是受李后主的秘密指令，去韩熙载家里刺探韩是否有异心的。等李后主看到这幅《夜宴图》，才对韩熙载彻底放了心——领导还是信任腐化一点的下属啊！

待到韩熙载的家财耗尽后，仍不改旧习，照样供养着歌舞小姐。每月一到发薪，就把钱散发给各位小姐，以致自己囊中羞涩。

每逢这时，他就会换上破衣烂衫，装扮成盲老头，手持独弦琴，让自己的门生用铜板伴奏，敲敲打打，逐房向小姐乞食，众佳丽都不以为怪。

有时碰到哪个小姐正与来他家凑热闹的知识分子私会，韩熙载就不进其门，在门外笑道："不敢打扰你们的好兴致。"

一个国家重臣，精神虚无到这种程度，南唐的"落花流水春去也"，就一点也不奇怪了！

第十篇

唐代官场经费靠『捉钱』来解决

赈济贫民就相当于父亲救儿子

现在要来说一下隋唐至五代的信贷情况了。

唐朝立国，“民为贵”的调子是唱得最高的。那么它究竟是唱高调，还是确实办了实事呢？当然是办了实事。

古代有史官，有史书，做好做歹都有后面一朝的人给你下定论。皇帝不畏天、不畏鬼神，甚至不畏民意，但总还要考虑后世名声；因此高调只要唱出来，一般都会落实。

在唐朝，对灾民的赈贷，是完全制度化了的。

其实从隋文帝开始，政府就建立了一种“义仓”，由政府管理，在每年收获季节动员富户捐出稻谷和麦子，存入义仓。灾年时就发放出来，“赈给”灾民。

所谓“赈给”，有专家指出，这应该就是无偿提供，跟现在的情况一样了，不需要返还。

义仓，也就是建在乡间村社的粮仓，所以也称“社仓”。

到了唐太宗时期，各州县又普遍建立了县级以上的义仓，存粮实行摊派，按每亩土地收取粮食2升，对无地的商人按不同等级收粮，但对贫困户和少数民族不征收。

遇到灾年，由县级义仓发放救灾粮，并贷给灾民种子，等到秋后偿还。

后来，义仓粮食改为按户征收，最上等户要出粮5石，以下各等级根据富裕程度递减。

富人不仅要先富起来，也要比别人多承担义务。这在古代是很朴素的道理，并非政府"仇富"或"绑架富人"。若富户中有恬不知耻的铁公鸡，那就是铁公鸡，那时候也没有自由主义理论可以做掩护。

唐朝的这个赈灾机制，就是一个以政府为主导、民间做支撑的联合体。赈灾的事，有人出钱，也有人管理。

百姓不都是富得流油的商人，因为收成不好而穷困，不是他们的罪过。政府有责任帮助他们，这不是什么恩典，而是职责。

隋唐五代，民本意识是比较强烈的，在皇帝身上也是一样。

比方，百姓日子过得苦，隋文帝就会思考："我怎么这样无能？"

百姓日子过得穷，就会有柴世宗这样的皇帝出来说话。后周显德五年（958），淮南发生大饥荒，柴世宗就下令州县发放赈灾米。

有臣下说："民贫，恐怕无法偿还，如何办？"

柴世宗听了不大高兴，说："民，吾子也。怎有子倒悬而为父者不救解之？"

他质问臣属，怎么就非得让他们还贷呢？

——不错，柴世宗只不过是个"封建"皇帝，但他说的不是真理吗？

这一点值得我们深思，那就是鲁迅先生所说的——"我们现在怎样做父亲？"

当然，唐代也有"歪嘴和尚"，把唐太宗的经给念歪了。到唐玄宗时，义仓的粮食经常被挪作他用。到了该赈灾的时候，却拿不出粮来。

老百姓饿得没法，只好去向商人借"倍息"的高利贷。

唐玄宗也知道了这情况，专门发了圣旨说："贫民都去借'倍息'，致使贫者越贫，富者更富。"于是他下令，在各州设立农桑官员，各县要负责审查农民的粮食和种子情况，不够的就要贷给，还规定了赈贷口粮的标准。几年后，他又重新规定了义仓粮的征收办法（《册府元龟》）。

玄宗，《长恨歌》里的唐明皇，看来这人也不是心中只装着杨贵妃啊！

唐朝的好经验，就是政府把慈善事业纳入了自己的职责范围，主动管了起来，发挥了政府和民间两个积极性，而不是将慈善事业向民间一推了之。

再一个是动员了全社会的力量，建立赈灾保障体系，使得慈善事业有了强大的实力做后盾。

史籍上还记载，在特殊情况下，唐政府也曾动用过国家粮仓的粮食进行赈济。也有免除民欠官债的大量记录。

有这样一群奇特的“捉钱”专业户

前面所讲的唐朝的货币情况，都还没超出我们的常识，而这个中国古代最好的王朝在放贷方面，却就有现代人难以想象的举措了。

那就是所谓的官营高利贷。

官营高利贷，最初是出现在隋朝，隋朝时叫“公廨钱”。到了唐朝，把这个制度继承下来，称为“公廨本钱”，凡从事官营高利贷的种种活动，都叫作“捉钱”。

古人的形象思维，真是不知比现代人发达多少倍，比起现今常说的“捞钱”来，“捉钱”——是何等虎虎有生气！

怎么捉钱？当然还是由朝廷发给本钱。

从唐高祖李渊上台的那一年起，就在京师各部设立了公廨本钱，这就是放贷基金了，每个司都有。由各司出几位“科级秘书”来管理，这些人就号称“捉钱令史”。

也有一些六品以下官员的子孙来干这项工作的，则称为“捉钱品子”。

一般来说，是每个司指定大约9个秘书，每人发给本钱4万文到5万文，再由他们将这些钱交给物色好的“中介人”（下面要专门讲到）拿去放债，要求每月收回利息4000文，每年收回利息5万文，相当于月利率8~10分。收上来的利息，就作为京官的料钱（津贴）。

对那些能按时还本付息的“中介人”，有特别的奖励，只要干满了一定年限，便可参加吏部铨选，授予官职。

到唐高宗麟德年间之后，公廨本钱制又从京师推广到各府、州、县。东西南北中，官场是一家，大家都一起来“捉钱”。

由“捉钱令史”借出去的钱，等于政府是债权人，没有皇帝的免责令，是绝对不能免除债务的。

如果借款人死了，由子孙偿还；没有子孙的，由亲戚偿还；连亲戚也没有的，由保人偿还；要是保人也死了或者逃亡了，那也要找到一个人代纳。总之是赖不掉的，不能只在账面上做个“呆坏账处理”就算完事。

因为这个事情的负面作用很大，唐朝开国重臣褚遂良就曾经激烈反对，他认为中介人只要按时缴还利息就给授官，会导致很多“惯于求利”的人得官，这将严重败坏干部队伍风气。

迫于道德的压力，唐太宗时曾经两度废罢公廨本钱，但很快又恢复了，因为软道理要服从硬道理——钱紧是办不了公的。此后，在玄宗开元年间，又曾罢废全国公廨钱一次，于8年后再次恢复。

每次恢复后，月利率都有所下调，太宗时就降到了5~6分，玄宗和武宗时最低，仅为4分。不过即便是这样，合年利率也高达48%，其间的油水还是大得惊人。

“捉钱”看来不是本职工作，只是一个附带的任务，所以月利率下调，大概是为减轻“捉钱”的难度，以免经办的官员除了钱不想别的。

那么，唐朝后期放债的钱，是不是越来越少了呢？

不，正好相反。

以京师为例，初唐时京师共有70多个司，有捉钱令史600多人。各司的公廨本钱总数在2400贯到3万贯之间。

而到了中唐贞元十二年（796），京师68个司所置的公廨本钱，总数已达24万多贯，捉钱官的人数也大大增加。

这算是个规律吧。一个王朝，越往后，办公经费的需要量就越大，大概是官员人数越来越多、官员们也越来越讲究品位的缘故。

从唐高宗永徽年间(650—655)以后，公廨本钱的运作，就交由“高户”即百姓中的富户来代理。这些富户，就成为官府的放债中介人，被称为“捉钱户”，可免除徭役，

捉钱户是良莠不齐的，什么人都有，有人能按时交回利息，有人则赖账不还。到唐宪宗时，积欠本息的实在太多了，只好免去一些本息。如果借钱的人所付利息已经超过本金10倍的，本利全免。如果付息已达本金5倍的，所欠利息就不再要了。

做一个捉钱户，还有一个绝大的好处，就是按唐朝法律，捉钱户一旦犯罪，府、县地方官管不着，要由本司的捉钱令史负责追究。这样，有的捉钱户本意就不是要帮官家放债，而是找一棵大树好乘凉，他们连本钱都不要，照样按时交付利息，图的就是一个受保护的身份。

还有的捉钱户，在公廨钱里加入自己的私钱，一起放债，收来了利息归自己，收不上来，就算官家的呆坏账。

还有的商贩富户，主动投靠官衙当“捉钱户”，就是想以“官本”资金为依托，主要目的是私人放债。他们明明放的是私人钱，在讨债的时候却说是官家的钱，对不能及时还钱的欠债人任意欺凌(以上均见《唐会要》)。

政府也知道这些捉钱户的猫腻，但是衙门里的人头费就全靠这些人来解决，撵走了他们不是要让我们喝凉水？所以也睁眼闭眼地不大管。后来只是规定，捉钱户放债的私人本钱，不得超过官家给的本钱数，超过的部分就要没收。

唐高宗以后，地方州县和军事单位也都设置了公廨本钱，由典吏(办事员)主持运作。收上来的利钱，作为各级吏员的吃饭钱和各级官员的工资、津贴。到唐玄宗时，全国州县公廨本钱的总额，已达80万贯至100万贯。

回过头去看这段历史，唐朝政府通过放债来筹集机构人员工资，而不是直接由中央财政拨款，总还算有点良心，知道老百姓的血，不应该抽得太多。

而且这办法，也强于朱元璋狠命压低官员工资水准的笨办法(既然工资

低，你就别怪我放手贪污了）。

虽然官营高利贷也有一些负面效果，在“捉钱户”中会有一些仗势欺人的恶徒，但总比官员人人都肆无忌惮去“捉钱”要好啊！

唐朝法律不许强收别人的家产抵债

上面讲的是公家放债的情况，在隋唐，私人放债也非常活跃。各种信用机构也应运而生，在长安的“西市”，还出现了中国最早的金融市场，有了各式各样的信用业务。

可以说，我国古代的金融业到这时候，才全面成熟，迎来了它的第一个兴盛期。

这是经济发达使社会生活变得丰富的实例，比起南北朝时和尚一手遮天的情况好多了。

隋唐放债的人，主体是富商，有专门以放债为业的，家产能累积到千金。与此同时，也有其他的人在干这一行。

从隋朝起，王公贵族就踊跃加入了放债取利的大军，他们有钱有势，玩得相当大。

隋文帝有一个儿子杨俊，就是放债的能手。他老爹当了开国皇帝，他想不富都不行，有了钱就想更有钱，于是便“违反制度”，到处放债。这样的主儿，谁敢惹？无论官吏还是百姓，都深受其苦。

在隋朝，放债叫“出责”“举债”。而到了唐朝，则叫作“出举”“举放”“举债”“放债”“放息钱”“责息钱”等。

借债为何被称作“举”？在词源学上我还真搞不懂。我琢磨着，大概债务就像大石头，借到了手，就像举着个大石头，压得人不舒服。

唐朝初期，皇室的公主是最能放债的一批人，其他皇亲国戚也都差不多。他们图的，就是那月息的10分利。到了还钱的期限，还要派家奴去催债，想来是没人敢不还。

这个带头作用是巨大的，各州县官员都看着眼红，也蠢蠢欲动，都借钱给本部下属，以此牟利。

官员们有俸禄，不犯错误的话就是捧着金饭碗，他们为何还要汲汲于放债图利？

这个，很简单——想往上爬。

我说一个例子，大家就会明白。一般唐代的节度使（地方军政要员）都是从禁军将领中选拔的，节度使就等于土皇帝，是个特大的肥差，许多禁军将领都眼巴巴地盯着。而当时对任命节度使起决定作用的，是接近权力中枢的高级宦官。

禁军将领为了能够外放，就要拿钱打点。没有那么多钱怎么办？他们就对富商放高利贷，收取“倍息”，再拿着赚来的钱去贿赂宦官。

早在唐玄宗时期，就曾下令禁止这种财迷心窍的官场作风。不过，看样子几十年都没能禁掉。23年后，他又下了更严厉的禁令，规定州县官员放债一匹绢以上的，就要免官，并处财物充公。

可是这种纸面上的禁令怎能有效？

这不光是潜规则不可动摇的问题，而是制度决定的。

唐玄宗也好，大唐王朝也好，就好比是一个车身，全靠下面的轮子带着跑。你想，他要是忽然下令让轮子不要再转了，那怎么可能？

所以“封建社会”里皇帝下的反腐令，大可不必当真，那也可能是舆论反应太强烈了，需要略踩一踩刹车而已。没有一个皇帝会像惩治谋反那样惩治腐败，除非他想让自己的车就地趴窝。

唐朝的高利贷专业户，也很有政治头脑，他们还盯住了在京师刚被选任的新官员，借钱给他们做打点费和路费，等他们到任后再还。这就是当时很有名的“京债”。

一个新补选的官，两手空空，连赴任的路费都凑不齐，为何到了任上就还得起？此中的猫腻，我不说，大家也都清楚。

这个陋习到后来越闹越不像话，新官上任的第一件事就是考虑如何“捉钱”，这对官吏队伍形象太有影响。到晚唐时，唐武宗干脆做了规定，新选的官员可以互相“环环相保”，先向户部借两个月的津贴，这样不至于欠着一屁股债去上任，总还可以有个清廉的起点。

当时借债的利率如何？从吐鲁番出土的唐代借贷契约上，可以看出，一般都是月息10分，高的也有月息15分、20分的。

玄宗时代有官方的规定，民间放债利率不得超过月息4分，官本钱不得超过5分，典当月息也不得超过5分。可是从出土契约看，这个规定，民间并不执行，恐怕只是个官样文章。

唐代的借贷合同，条文规定得很细密。因为有时皇帝会忽然高兴了，对全国百姓开恩，全面“免责”，把公私债务一扫而光。所以，有的放债人还特别在契约上注明，即使碰上皇帝免除债务，这一笔借款也不在免除之列（圣旨对契约关系无效）。

吐鲁番出土的借贷契约上，还有关于欠债不还的条文，写明如果借方拖期不还钱，那就要以家产抵充。

唐朝法律，一般是不审理这些民间债务纠纷的，但是有明文规定，当你强收别人的家产抵债时，如果其家产价值超过了你借出的金额，就要以“赃款”论罪。

唐朝法律还规定“不得回利作本”，也就是不得按复利计算，不能把欠息折算成本金计息，搞“驴打滚”。

我在少年时，经常读控诉万恶旧社会的文章，“驴打滚”是其中经常出现的一个词；说穷人借了“驴打滚”的债，最后被债主逼得家破人亡。

唐朝为了杜绝“驴打滚”，对放债取息有严格限制。比如，因借方还不上本金，拖延日久，导致付息超过本金一倍的，那就算还完了本金。贷方要是另外再讨要本金，官方不予支持。

后梁、后唐也延续了这一规定。仁慈的后唐明宗还明确规定：凡是付息超过本金一倍的，就算已经收回本金；付息超过本金两倍的，本、息都不得再讨要，两下里就算清账。

我说古人在很多地方放强于今人，有人也许要撇嘴。但这个事例起码说明：古人的思维逻辑还是很正常的，不会搞出200元的罚款单最后要交几万元滞纳金的荒诞剧。

唐朝的政策看起来很人性化，但我也怀疑：民间实际情况怕不会这样温和。因为，凡是官方强调的，在实际上的情况可能就是正好相反。这一点我们在读史时也不要太单纯。

《旧唐书》里就记载，有借款人向富商借了八千贯，逾期三年没还，大概属于恶意欠账。结果富商告了官，官府将借债人收捕，一顿打板子，限期偿还，并警告说还不上就要抵命。

这也是够厉害的！一面是维护弱势群体利益，一面是维护债权人利益，都是真理，就看你强调哪一面了。

谁的钱币在飞

对中国古代金融业来说，唐朝就是一场大大的春雨，催生了形形色色的信用方式，也催生出了各种金融机构。除前面所说的“公廨本钱”之外，还有别的类型。

这里分别来说一下。

汇兑。这项业务，是从唐代起才开始有的。

现代银行里，汇兑是最基本的业务之一，但古代早期没有承揽这项业务的机构，所以李白才在诗里写“腰缠十万贯”。那时候用钱，就只能随身带。

今天有人较真，说：“一贯钱十斤，那么十万贯是多少斤？这么多的铜钱如何缠在腰间？甭说十万贯，十贯钱缠在腰间行走都困难，骑鹤上扬州更无从谈起。”

呵呵，不错。从李白的浪漫，可以看出现实的尴尬来。

在古代做一个行商，不大容易，真正的太平盛世还可以，世道稍一不靖，带钱上路就有性命之虞——绿林好汉不知道什么时候就会冒出来！

唐代，带钱上路难如登天，不过不是因为治安问题，是因为钱币缺乏，有些地方政府立法，不许钱币出境，后来连京师也限制商人运钱出境。这一来，钱只能在局部地区流通，有时候大把钱在手，却办不了事情。

最后，解决的办法是由京师的商人想出来的。

举例说明：一个四川商人，在京师卖广柑，赚了十万贯钱，他没法子把这钱带回家，那么，在回乡前，就可以把钱交给剑南道的“驻京办”。

这种驻京办，往往有好几个不同系统的，可任意挑选。比如，可以交给各地在京的进奏院，也可以交给各地军政衙门的驻京办。

此外，交给民间人士也行，比如在剑南道有联号的京师富商。

只要你把钱给了他们，就可拿到一个文牒（取钱凭证）。这种文牒，是分成两半的，一半由商人自己持有，另一半由驻京办快递回本道。等他到达了剑南道，再到相关衙门去，经过“合券”手续，就可在当地取出十万贯来。

这个办法，就叫“飞钱”。

瞧古人这说法，是何等形象！

——你不是能够“捉钱”吗？那我就会“飞钱”！

飞钱也叫“便换”，跟现代的汇兑毫无二致。所谓“文牒”，就是我国古代最早的汇票。

那时候的汇兑，不收汇费，你存入十万，到了地方凭汇票就拿走十万，相关衙门分文不取。

那么，这些衙门难道是慈善机构，要干这种无利可图的买卖？

不，他们有利可图。

——利在哪里？猜一猜吧。

如果你是银行系统的读者，大概早就看明白了：

首先，来驻京办飞钱业务的，不可能是一个两个，而是好多。这样，驻京办的手里就总能有一大笔可以支配的活钱。这些钱有走的，也有来的，可以保持一个相当的总量。

飞钱对于他们，虽然是过手钱，可是一样可以花、可以放债。驻京办，最需要的不就是钱吗？

其次，过去交通不方便，钱能飞，人不能飞。从京师到剑南道，起码得走两三个月。那么这笔钱放在我这儿三个月，我是不会给你利息的。它在我手头期间，我拿去放债，所产生的利息，对不起，那就是我的收益。

这个业务，并非朝廷批准的，而是各地衙门和民间达成的默契，算是制度创新吧。

唐宪宗的时候，大概看不惯地方政府在他眼皮底下这么取利，就下令禁止飞钱。

钱不准飞了，商人就只好囤积起来不用。越不用，流通的货币就越少。货币的总量一少，物价就下跌，到处是百业不振的样子。

这倒是稳定了市场，不过死也是一种稳定，那有用吗？

为了拉动内需，几年以后，宪宗只得又开禁，但是肥水不能流入地方政府，他规定商人飞钱要通过中央的财政“三司”（盐铁、户部、度支），每飞1000钱，收手续费100钱。

商人立刻大哗：要杀我们你就趁早讲！

结果，没有一个去“三司”飞钱的。

宪宗没办法，只好又改政策：免费了，你们就尽管来飞吧。

这个飞钱制度，后来进一步扩大到外地。飞钱的人，也不仅限于商人了，知识分子和官员也有飞钱的。

质库。唐代的质库（也就是典当业），是由南北朝的质库延续而来，但规模比南北朝的要大得多。南北朝时，人们所用的抵押物，大多是动产；而到了唐朝，不动产多了起来，主要是田地，也有房屋。

《资治通鉴》里讲到过一则轶事，说是魏征的玄孙因为沦为赤贫，把房屋典当了，无力赎回，平卢节度使李师道心有不忍，便奏请皇上，愿以自己的私财帮助赎回。

隋唐时期专办抵押贷款的机构，仍叫作“质库”，但不再由寺庙经营，而是独立经营。其法人代表，也转为商人、官吏和皇亲国戚。武则天的女儿太平公主家，就开办了一家规模不小的质库。

质库是一项有油水的事业，有钱有势的人乐于经营，那是理所当然；但是唐朝对保护弱势群体财产也设定了一条底线。

当时规定，农民的“口分田”“永业田”不得典当，因这是农民的保命田。如果典当行违反了规定，官府就要追究。在审理此类案子时，土地要无条件归还本主，而典出去的钱如果收不回来，官府则不管。

只有那些因为到边地服役或到外地任官，家中无人守田的，才允许抵押口分田。

唐朝的统治者，好歹知道土地无条件流转的口子不能开，连保命田都没了，人能干出什么事来，那不是傻瓜都知道?

一般能典房子、典地的，都是或者曾经是大户人家，瘦死的骆驼比马大。至于贫民去典当的，那基本就是临时换点小钱花一花了。

当时针对贫民的典质机构，就是专营小额押款的当铺。贫民家里拿得出手的，只有家用的物件，比如衣服、器具之类。在《太平广记》中有一条关于唐朝人的轶闻提到，那时哪怕是睡觉用的木枕，也是可以拿来典当的。

贵族官僚们办的质库，并非法律允许，但是基本贯穿了整个唐代。“刑不上大夫”，谁能管得了？直到唐武宗统治的最后一年，才有禁令，禁止他们私设质库“与民争利”。可是唐武宗一死，他的政策大多被废弃了。

一部中国历史，不允许权贵“捉钱”的皇帝本来就很少，能切实做到这一点的，就更少。

柜坊。也称作“僦柜”，相当于现代的银行保险箱业务。

柜坊业务有一个发展、成熟的过程。先是城里的店铺为方便过往商旅，设立了柜坊为客人保管财物。后来柜坊渐渐独立出来，成了专办寄存业务的机构。

这就有点像储蓄银行了，也有点像现代的信托业。当时把寄存钱财叫作“锁钱”，这非常形象——柜坊里的保险箱叫“僦柜”，钱财放进去以后要锁上。客户在这儿存了东西，要领取一个凭证，还有钥匙。

那时客户不单是委托保管钱财，还有寄存奴婢或寄存牲畜什么的。可见柜坊绝不只是一间小店铺，起码它得有客房、食堂和马圈之类，俨然一个大户人家了。

比较有意思的是，当时的药店和外国人开的店铺（俗称波斯店）也兼营存钱业务。

由柜坊、药店、波斯店代管的钱财，客人可以直接提取，也可以把领取凭证转给他人，作为一种支付。

《太平广记》里就记录了好几条关于唐代柜坊的事。《太平广记》是宋人编辑的书，收录了从汉朝到宋初的大量野史笔记，虽然都是轶闻，但也可以折射出一些事实。

有一则说，过去有两位知识分子——卢生和李生，隐居在太白山，练习道教吐纳导引之术。卢生学成了，先行离山而去。后来遇到李生，见李生潦倒不堪，还背了一屁股债。

卢生便问："你所欠官钱多少？"

李生答："两万贯。"

卢生就给了他一根拄杖，说："拿这个到波斯店里取钱吧，从此可以安心学道，不要再糟蹋自己了。"

波斯柜坊的店主见了拄杖，大惊，问："卢二舅拄杖，你何以得之？"他虽然纳闷儿，钱还是如数给了。

这是柜坊见凭证就给钱的惯例。

另外，在《太平广记》中还有一条关于唐初名臣尉迟敬德的故事。故事显然是瞎编的，不过却透露了一个事实：很可能在唐代就出现了我国最早的支票——"书帖"。

书帖的作用，就是存钱人自己不去取钱，而是写好一个书帖，写明付款数额、取款人姓名、出帖人姓名，交给他人，那个人就可以凭书帖在柜坊取到钱。

《太平广记》的这个故事说，尉迟敬德在发迹之前是铁匠，曾写过一个书帖，送给一位穷困潦倒的书生，让书生在柜坊中取到了钱。

寄附铺。也就是寄卖店，既可为商民保管财物，也可代客户出售所寄存的物品。

唐代传奇《霍小玉传》里面，就提到过这个寄附铺。

小说中的女一号霍小玉，是长安城的当红名妓，年方十八岁，爱上了读书人李益，两人山盟海誓，永不相弃。想不到李益被选拔做官后，扛不住家中长辈的压力，最终还是娶了门当户对的卢氏。

霍小玉不知内情，在长安望眼欲穿，渐渐地就愁闷出病来，又经常拿钱托亲友探听情郎下落，把手里的钱也花光了，只得将自己的首饰衣物拿到西市寄附铺去寄售。

寄附铺能进入传奇小说，可见其当时已经很普及。

金银铺。金银铺的业务，以打造金银器物为主，也兼营器物和金银买卖。当时金银铺比较多，往往集中在一起，形成一个较大的金银市场，名为“金银行”或“金银市”。

《太平广记》中就提到，唐代在苏州、长安和洛阳，都有金银行。

在唐代，民间都把金银当成货币来使用，可以流通，且以银为主。《资治通鉴》里多次记载，公私交易无论大宗小宗，都可以用银子支付。这个情况，比两晋南北朝更普遍，估计是铜钱不够用，金银自然就增强了作为货币的地位。

因此，唐朝的金银铺，不光是从事金银买卖，也从事金银兑换，以钱换金银或金银互换，当然也就兼做金银的成色鉴定业务。

注意，这一点和金银器物的买卖不同，这里是把金银作为货币来兑换。在中国历史上，直到出现钱庄之前，货币兑换都是由金银铺来承担的。

这项业务在现代，都归于商业银行了。可是现代的商业银行很怪，都没有专门的兑换柜台。你找他们去兑换货币，比如用钢镚换纸币、用大票换零钱，营业员都有点不耐烦，好像这并非银行本业，而是替你做好事一样。

至于有小商贩或者公交汽车公司用大宗钢镚去换纸币，商业银行居然还可以拒绝！

这真是如恩格斯所说，任何历史的进步，都是以某种退步为代价的。

期货交易。在唐代，商民交易中不光有赊买赊卖，还有期货交易。也就是预付全部货款，到期交货。

出土的吐鲁番文书里，就有关于期货的契约。比如，张三在龟兹先付给李四40文，说好买草若干，等张三到高昌以后再交货。契约规定，如到期交不出货，李四要归还张三60文，多出的这20文，就是经济损失赔偿。

后周时期，对赊欠交易有更严格的限定，要求一定要有文字契约，不仅买方要署名，而且店主和介绍买卖的中介人——牙人，都要署名，确定好责任顺序。一旦到期，买方不能支付货款，或卖方无货可供，中介方要承担共同偿还的责任。

综上所述，凡是近现代传统金融业中的业务，在唐代就都有了，且分工很细、服务很全面——连活人都可以寄存。所以说，唐朝是我国古代金融业的一个爆发期，到此羽翼已渐丰满。

从唐朝金融业的分工看，古人的服务意识很强。

服务工作做得好，人大概就活得不那么焦虑。看唐人的诗赋文章，无论怎么铿锵有力，都能看出其中有一种闲情逸致来。这样的心态，在一个令人焦虑的环境中是不会有的。

如果服务意识缺失，凡服务机构都以“捉钱”为主，消费者就会有深深的戒备心理和不信任感。这样的生活，是不会有幸福可言的。

应该向古代的金融理论家学习

把一部金融史看到唐代，我想，再外行的人也开窍了。在中国古代，互相进行经济博弈的，绝不单纯是地主阶级和农民阶级这两大营垒。这种两分法，实际上是把复杂的历史给简单化了。

影响至今，无论草根还是精英，大多都还习惯按两大阶层思考问题。

两分法，简单是简单，但是掩盖了问题的实质，于事无补。

中国古代史上，若从经济上划分势力，应为四大势力，即中央政府、地方政府、农民（包括地主和自耕农）、商人（工商）。其余的均属依附型群体，构不成经济势力。

经济上的很多事情，就是这四大势力在角力。看明白这一点，我们读史的很多困惑就会迎刃而解。

当时的朝廷（中央政府），并非天生就是农民的死对头，更不是什么地主阶级的总代表。它的立场态度，随需要而变化，时而照顾地方，时而照顾农民。中央和地方也并非铁板一块，有时朝廷会因为经济利益而与各州县关系闹得很紧张。

在经济博弈中，金融、货币永远是朝廷的一个工具。

朝廷用它来调节自己与民间、与各个阶层的关系，用以达到国家利益的最大化。

在诸种势力中，朝廷是最强大的一方，经常掌握主动权。不过一旦没把经济杠杆玩好，就会激起全民的愤怒，比如王莽。

在唐代，有一位官员兼学问家，叫刘秩，是唐初著名史学家刘知几的儿子。他在唐玄宗年代编写了一部历史工具书《政典》，收集了历代政治、经济、文化、制度史料，分门别类地编排，开创了咱们国家此类书籍的先河。

令人叹服的是，在金融方面，刘秩也很有见地，他学《管子》学得好，学贾谊也学得好，继承和发展了前人的金融学说。

管子和贾谊都主张禁铜，反对私铸。他们认为，货币是君主之权，可以用来平衡各阶层之间的轻重本末。国家想让哪个阶级的地位变高或变低，通过货币政策就可以办到，反之亦然。

所以，君王必须掌握铸币权，货币只能“与之在君，夺之在君，贫之在君，富之在君”。

货币的制造、发行、调控等，都是国家政治权力的运用，并非单纯只是经济上的事儿。

刘秩完全赞同管子的“轻重论”，认为“国之兴衰实系于是（国家兴衰就在于货币）”。所以，他反对张九龄的“准许私铸”建议，主张国家垄断铸币权。

看来这个刘秩，是典型的御用经济学家，但他不掩饰自己。是就是，怎么啦?

御用，并不等于就要装疯卖傻。刘秩的观点非常正确，是给统治者出好主意，而不是出馊主意。

他写了一篇给皇帝的报告，题目是《货泉议》，也就是《说钱》的唐代版啦。里边还真有些真知灼见，特别是阐述了商品经济的特点。

他说：“物贱则伤农，钱轻则伤贾。”

这是说，假如农副产品价格低，不值钱，就会伤害农民；反之通货膨胀，钱贬值，则会伤害商人。

前一个现象好理解，柑橘、西瓜稀烂贱，果农当然要倒霉。而后一个现象，理解起来需要绕个弯子——通货膨胀，为什么商人不高兴？

通货膨胀，就是物价飞涨。

东西贵了，商人为何不高兴？因为这等于商人已有的货币财富缩了水。

当然具体情况还要复杂些，不过总体上可以这么看。

刘秩看清楚了这一点，就主张：“善为国者，观物之贵贱，钱之轻重，且视时而作法敛散，以平物价，以安民心。”

“视时而作法敛散”的意思，是说要根据情况，制定从紧或从宽的货币政策。

要准确判断物价是高是低，钱是在贬值还是升值。多放一点钱出来，还是少放一点钱出来，要看情况。通过多投放货币或者回收一部分货币的办法，把物价平衡好，民心也就安了。

这就是宏观调控。

这理论，这实践，都是古已有之的了。

刘秩认为，“物重则钱轻”，东西涨价，也就是钱贬值。而钱不值钱的原因，就在于钱太多了。这就要想办法回收一些，钱流通得少，自然也就增值了。

反过来也是，钱一少，就“重”，商品则相应地不值钱。如此，农民没有生产积极性，商人也没有做买卖的积极性，这就要求增加货币供应量，让物价适当涨一涨。

对唐玄宗后期日渐严重的经济衰退问题，刘秩一针见血地指出，经济不繁荣，就是因为通货短少！

在他看来，掌握了货币发行权，就是掌握了“轻重之本”。他不理解，国家为什么要把这权力让渡给他人（指私铸）。

既然说到了一位理论家，那我们就借这个机会，回顾一下古代金融理论史。

从春秋末期的单旗先生以来，咱们中国的金融学有过几个流派，各说各的理。单旗先生我们已经介绍过了，他是“金属主义”学派的鼻祖，主张货币要足值，说多重就要有多重，不能玩虚的，玩虚的就是敛百姓之财。

在他之后，又有“名目主义”学派，说货币的价值那就是个名目，是王权说了算。王者说值多少钱，就是多少钱。货币不过就是个流通手段，“面值”多少，与它本身的价值无关。

这一派比较典型的人物，是管子，他说过：“黄金、刀币，民之通货也。”（《管子·轻重篇》）

继承管子学说的，是西汉的晁错，他看得更透彻，说珠宝金银有什么用？“饥不可食，寒不可衣”。然而大众偏偏就以它们为贵。什么原因呢？是因为皇权使它们贵重。

这一派，是历代铸大钱的理论支持者。

我们读者就算是外行，也都知道了，他们的这说法，只是部分真理。货币日益成为独立的流通手段这不假，但币值绝不是王权意志的体现，而是由市场决定的。政府滥发大钱，没有不出乱子的。

经济学家们经常分成若干派，各执一部分真理，互相搅不清，远在古代就这样。

再往下，就出现了“实物论”学派。

这一派，产生于南北朝动荡时期。一些人看多了货币贬值或者货币量不足的乱象，所以提出了取消货币的主张。

他们认为，货币增值还是贬值，跟货币数量多少无关。那跟什么有关呢？跟市场上商品多少有关。商品多，钱就贬值，商品少，钱就增值。

这其实也含有一部分真理。我们改革开放之前，商品很少，那时的钱，确实很“值钱”，100元能顶现在的5000元用。

南朝宋武帝时，国用不足（国家经费缺乏），有人就建议，说这是因为钱币减少所致，应该搜罗民间铜器，多造五铢钱。

有一位叫范泰的金融理论家不同意，他说，商品多少，是在贸易中产生的，跟钱币数量没关系。无论商品昨日怎么贵，今日怎么贱，它都是那一个东西，就看生产得多少而已。

到了宋孝武帝，又出了一个周朗，更是主张干脆“罢钱”得了，用谷帛代替。他说，农桑才是国之本，要重这个本，就应该罢钱。

这是历史上有名的“废除货币论”，是激进主义学派。在现代也有过传人，曾经酿成的祸害那就大了，这里不提。

唐朝实行“两税法”，政府收税要收现钱，结果钱币集中于国库，造成流通中的货币不足，于是又有人重提“实物论”，如陆贽、韩愈等人。不过他们倒不是激进主义者，而是看到农民被盘剥得厉害，所以主张干脆就用实物纳税。

除上述几派之外，还有一个就是“数量论”学派。

数量论的核心观点，就是认为，币值的高低，是由货币数量决定的。当货币贬值时，就要少投放货币；当货币升值时，就应该多投放货币。他们认为，货币的投放量多少，是可以调节物价的。

西汉前期有一部经济学名著叫《盐铁论》，记录的是一场经济学大争论。其中贾谊就是“数量论”的代表人物。

东汉章帝时，因为谷价上涨，政府开销吃紧。有一位张林看得明白，说，现在不但是谷贵，百物皆贵，那是因为钱贱。只要“封钱勿出，如此则钱少，物皆贱矣。”（《晋书·食货志》）

说得真是干脆利落！

刘秩，就是这一派在唐代的代表人物，他不但认为控制货币投放量可以稳定物价，还认为货币价值跟人口的多少也有关。

他说，钱为什么不明不白地就增值了？东西为什么忽然就卖不起价钱了？是因为人口日益滋生，而铸钱炉不增加，货币量相对减少，流通中的货币不足，当然就会“钱重物轻”。

这个货币价值与人口数量有关的理论，真是独具慧眼。

一批又一批的少年人变为成人，进入就业领域和消费市场，造成货币量不足，百业萧条。这个因素，现在几乎没有人考虑进去。

所以说，刘秩的聪明，那真不是一般的！

这个刘秩，在中国历史上，还是个很罕见的敢为商人说话的理论家。他已经看出，商人的财富就是货币，而且是在流通过程中产生的。这个财富，也应当给以保护。

这一点，他和前人——诸如管子、贾谊、桑弘羊的观点很不同。

自从秦汉以来地主经济成熟后，历史上绝大多数经济学家，都是为农民（包括地主）说话的，他们也不大懂得商业是怎么回事。

他们习惯于以农为本，以商为末，向来是重农轻商的。

只有刘秩在历史上第一次次大胆地提出，政府也要考虑“利末”，绝不能随随便便就“伤贾”。他很明白：社会是一个有机组合体，有农也有商，谁也离不开谁，不能说商人天生有原罪，赚的钱就一定是黑的。

“重农”固然不错，否则要逼出陈胜吴广来；但是也不能“伤贾”，商人受了无理损害，也要逼出造王莽反的人。所以最好的政策，是“本末俱利”。

这真是个堪为宰相师的人！

他说的这些问题，在现代也同样存在。过去计划经济的实质，就是限制货币流通和商品流通。有人天生就恐惧这两个流通，很怕商人活跃，很怕经济过热。而事实上，经济过热不等于经济失序。

经济过热，不就是经济快速发展吗？这有什么不好呢？难道在经济发展中，得益的仅仅是商人吗？

在经济总体秩序并没紊乱的时候，却老是怕经济过热，这大概是从古代遗传下来的恐商思潮在起作用。

刘秩早就指出了问题的所在。

要是我们不在这儿谈钱，大概还不知道唐代有如此思想犀利的人吧？

所以，不用远去学希腊罗马，向咱们有头脑的古人学习就行了。

第十一篇

宋徽宗的书法在钱币上龙飞凤舞

请给我一个聚宝盆

古往今来的商人各种各样，不能一概而论。而中国的普通老百姓，是否就一定有“仇富”心态呢?

不一定。

首先，在中国，财富一向也是成功的重要标志，否则不会有“富埒天子”“富比王侯”这样赞美性的成语存在。

天子、王侯，这是最成功的人了，富到他们那种程度，难道不是成功?

从商业界的孔子——“陶朱公”范蠡开始，一直到沈万三、胡雪岩，名誉都还不错吧? 更不要说张謇、卢作孚、范旭东、侯德榜了。

所以，中国老百姓一向还是比较尊重富有者的——只要他的财富来得光明正大。

我在这里要问大家：同是商界人物，为什么过去的大款是民族楷模，而现在却有的人是小丑?

这就是鱼龙之别!

我这里单来说说明初的富豪沈万三。

沈万三，真名叫沈富，是湖州南浔（今浙江吴兴）人。据说，“沈万三”不过是个外号，因为元末明初的时候，人们把拥有巨万家财的大财主都叫

“万户”，而沈万三排行老三，所以草民都叫他“沈万三”。

人民群众确实厉害，连富豪的名字都是他们发明的！

沈万三原也是个穷人。穷人并不仇富，而是想富，小生产者的地位决定了他们的传统观念就是要发家致富。

关于沈万三，江南民间有一个传说，说他的致富是因为心善，救了几只青蛙，青蛙王子就给了他一个聚宝盆，放一个铜钱进去，就能变出一盆铜钱来。

沈先生就是这么发财的。

这个“聚宝盆”传说的意义，很耐人寻味。我想，其意义有二：一是群众认为，富人所以能致富，是因为善良、助人为乐；二是群众认为，财富是靠勤俭持家聚集起来的，而不是靠一夜暴富得来的。

这个民间传说，才是具有东方特色的意识形态。

沈万三连青蛙这样的“贱命”都要怜惜，有的商人连人死了都一毛不拔，商人之间的素质差别就是这么大。

据说沈万三为人慷慨仗义，不仅在乡里架桥铺路做善事，还积极资助张士诚、朱元璋起义军，又在明初捐出巨资修南京城墙。

群众对他印象不错，仇富的却是皇帝朱元璋。

据说朱元璋特别嫉妒沈万三拥有“聚宝盆”，又听说沈万三是财星下凡，“左脚生金、右脚生银”，那就更不能容忍了，将沈万三定为欺君之罪，发配云南，还要杀掉他的五个儿子，以灭其种。

江南老百姓为沈万三打抱不平，便借“聚宝盆”的传说，为沈万三正名。在很长时间里，聚宝盆都是江南人家的“镇宅之宝”。

我这里讲的，大概才是典型的“东方文化”：群众不仇富，群众自己也很想富。

老百姓所仇的，只是一个公式罢了，即：老子的权势 = 儿子的财富。

他们所寄希望于皇帝或者游戏规则的，只是一个愿望：请给我一个聚宝盆！

只几个人就霸占住了有限的聚宝盆，那他们还有什么资格埋怨老百姓仇富?

好了，旁枝斜蔓的咱们不多说了，还是回过头去看看，我们印象中古代的“聚宝盆”时代——宋朝，在历史上为我们聚了哪些宝?

好心的皇帝制定了一些坏国策

对这个宋朝，咱们的老百姓是太熟悉了，这得感谢古代的通俗小说家和戏剧家，岳飞精忠报国、冤死风波亭的事，谁不知道？

大宋，在咱们印象中，就是个弱国。

它的北方，强敌如林，先后有辽、金、西夏、元，哪一个都能欺负它。一个堂堂的中原王朝，国土被人占去一半，两个皇帝被人俘获，首都被迫南迁，分成了“北宋”“南宋”两大块。

大家可能还不知道，宋朝不仅弱，而且还贫，是一个史无前例的大穷国。

真的吗？这就跟咱们印象中的太不一致了！

有人要奇怪了：宋朝不是很富吗？宋徽宗玩的富贵花样不是最多吗？《清明上河图》画的不是北宋的繁华景象吗？李清照的名篇《永遇乐》写的不是汴京元宵节的盛况吗？

不错，宋代的小农经济最发达，手工业和商业也超过隋唐五代，科技上就更不用说了。四大发明中，有三大发明是宋代才得到普及应用的，否则就是“七巧板”式的小玩闹。

它们是：火药用于作战，罗盘用于航海，活字版印刷术用于书籍。

无可否认，宋代的经济确实发达，这算是它的光明面吧。

不过研究历史不是给皇帝写政绩报告，光拣好的说不行。我们还是撩开一层华丽的面纱，看看里面的败絮究竟有多少。

可以这样说，中国的“封建社会”，到宋朝是一个大转折。它既是盛的顶点，也是衰的开始。

宋朝的中央集权空前厉害，这跟开国皇帝赵匡胤搞的体制改革大有关系。

历代开国的一两位皇帝，他们的行事作风，他们制定的政策，或多或少都会影响到整整一个朝代，但没有哪一个比宋太祖赵匡胤对本朝历史的影响更大。

赵匡胤干过许多事，最著名的莫过于“杯酒释兵权”。这之后，军权就被分割成统兵、调兵、后勤三大块，朝廷上唯一能掌握全部军权的，就只有皇帝一人。

我们都知道，赵匡胤是通过军事政变上台的开国君主，他把军制这一改，就使他自己成了能这么干的最后一人。

——我是野心家不假，但在我之后绝不可再出野心家！

为防止像晚唐那样出现地方割据，赵匡胤还将天下精兵都集中到首都附近，地方上只留弱兵，封疆大吏也由武将换成文官。这就叫“强干弱枝”，从此地方长官就甭想闹分裂！

同时他还把财权也都收了上来。朝廷直接派“转运使”到各州，专管财政，地方财政收入除必要经费之外，全部由转运使调往中央，使地方截留赋税成为不可能。

过去唐朝的赋税收入，是“三分法”：收上来之后中央要一份，地方截留一份、收税机关留作办公经费一份。而宋朝是中央通通收上去，地方的吃喝用度，由中央再给你拨下来。

过去是宰相（同平章事、中书省长官）统领群臣，很容易出“司马懿”。现在不行了，皇帝分了宰相的权，连宰相坐着和皇帝说话的板凳也给撤了。

当然，赵匡胤对官员也有很温情的一面，曾立下誓碑，发誓“不杀大臣及上书言事者”。他对官员也很优待，高工资养着不说，只要当了官，保准文职三年一升、武职五年一升，不管干得好与坏。

一人得道还不算，最开心的是鸡犬也能升天。宋朝对官员实行“荫补”制度，子孙可以沾光做官，就连同宗、亲戚，甚至门客、保健医生，也都可能跟着沾光做官。

不得了！这下又有人愿意做宋朝人了吧？

赵匡胤是通过篡权上来的，有王莽的教训在前，所以他注定了是个勤勉谨慎的好皇帝——为洗白自己就得这样做。

他的生活很朴素，衣食相当简单，对自家人也能加以约束。

年轻时他有过流浪的经历，所以对百姓的苦难深有体会，对民生问题相当关注。天下初定，他马上就实行了宽减徭役的政策，与民休息；同时还免除了百姓为军队服务（邮递、运输物资）的劳役。

在赵匡胤立下的誓碑上，还有重要的一条，就是“不加农田之赋”。

这真是一个好皇帝！

一个武人出身的人，能为建立一个好国家费这么大心思，也是不容易了！

可是他所做的改革，也有他所意料不到的副作用——这就是历史的诡异之处了，老天并不酬劳他的这份苦心。

黄袍不是加到谁身上，谁就能做得好的。

秦始皇也是统一意义上的开国之君，他的政策，我们至今还在享用——大一统、郡县制，书同文，还有民族的图腾物长城。

同样是顶着一个开国皇帝帽子，赵匡胤就差得远了——他把事情做得太过。

还是孔子的脑瓜儿犀利：做不到不行，做得太过了也不行。

由于宋朝的权力过分集中在中央，结果地方的力量太弱（兵少，且都是老弱，十人不当一人），不足以拱卫中央，外军一打就能打到首都。

赵匡胤搞的军制改革，使得“兵不知将，将不知兵”，这仗还能打好吗？后来大宋成了一个泥足巨人，弱得不堪一击，跟军制改革绝对有关。

什么“靖康耻”“二帝被俘”“风波亭”，这都是赵匡胤改革失当而结出的苦果。

在经济上，大宋也很不乐观，基本可以说是一个穷国。

一个大国，长期处在和平状态，国家不用做什么，靠收税也会富得流油了。那么，大宋的钱到哪儿去了？

是因为它有著名的“三冗”。

什么叫三冗？就是三多、三滥。

一是冗兵，二是冗吏，三是冗费。

先说兵多。据记载，宋朝第二个皇帝宋太宗时，天下之兵仅30万，而到了第三个皇帝宋真宗初年，因西北有边警，兵额猛增至60万。

这一上去，就再也下不来了。等到大宋立国90年之后，也就是第四个皇帝宋仁宗时，兵额已达到140万。这之后，就经常保持了100万多兵员。

这些兵，若都能打仗也还没算白养，可他们只能叫作“惰兵”。苏东坡的弟弟苏辙说，待遇越高的兵，越不能打仗。号称精锐的“禁军”，1万人不能当3000人用，可是耗费却相当于3万人。

当时的大宋境内，到处是兵：漕运拉船的，服工役的，修缮河防的，看守陵寝太庙的，养军马的，疲老而吃白食的，也都是兵。

这些兵，每个人都要给口粮、发衣服、发“月钱”，还有各种名目的特支、特赏。再加上驻屯费用，负担之重，够大宋财政喝一壶的！

再说说官多。宋朝的官制，是历朝历代中最复杂最混乱的。官职叠床架屋，职责不清，有很多官职，都不知道是干什么的。其中各州的观察使、团练使和名义上的道教场所负责人——各种“宫使”“观使”，都是白拿钱不用干活的。

古代的行政较为简单，管理不下乡镇，小吏不在编，官员队伍其实可以很精简。

可是宋朝做官的途径太多，不光有科举的，还有荫补的、小吏转正的、富人出资买官的、卖粮积极奖给官的、军功授官的——借光的和杂流太多。

人人都知道做官好，都拼了命往队伍里面挤，把国家当成了天下最大的奶妈，就敞开了喝吧，哥儿们！

最后说说费用多。宋朝的官僚体制庞大，官员待遇优厚，这本来就是沉重负担了。可是，当时的官职竟然无定员，随便增加，经费也就没个限制。

到宋徽宗时，奸臣蔡京、童贯、梁师成当道，滥官更多，居然有一人兼职10多个的，兼一份职，就领一份俸。

宋徽宗信奉道教，那个时候连道士都有俸禄。因为给得多，所以高级道士都在外面养了妻子、小妾，锦衣美食，比常人过得还好。这样的特权道士，全国就有2万人之多。

南宋失了半壁江山，冗官反而比北宋还厉害，军费也比北宋的多。可是养了一群吃财政饭的官员，一点报国意识都没有，一闻边境有警，都相顾失色，听说敌人又不来了，则神色恬然。

再加上北方的辽、金，不是大宋的“哥哥”，就是大宋的“伯父”。大宋对邻国交战失利，就要纳贡求和，每年送给人家多少银子和绢，都成为定例。

这，都是钱啊！

宋朝这匹大骆驼，背负的东西太多了，财政上入不敷出，怎么搜刮也是不够用。一年下来收支相抵、国库空空是正常的，赤字几百万缗也不奇怪，有一年赤字甚至达到千万。

存折上没有一分钱的人是什么人？穷人。

那么，表面富丽堂皇的宋朝，就是一个大穷国。

其实，一个国家百姓多，不要紧。人多纳税就多，可以把国家纳成个富国。

可是再富的国，用官员数字一除，也就成了个穷掉底的穷国！

这道理，宋朝的皇帝就是想不明白。

宋朝钱币就是一场书法盛宴

我们言归正传，来讲宋朝的钱。

宋朝因为赵匡胤尊重文人，所以文化非常繁荣，体现在钱币上，那就是花样繁多。

虽然宋代铸造的都是在唐就已定型的通宝钱，但宋钱有它的独特之处，即种类多、版面多、钱文书法超级漂亮。

宋钱除少数几种之外，都是年号钱，换一个年号，就要铸一次钱。宋代的皇帝偏偏就喜欢改年号，仅北宋的9个皇帝，就改了35个年号。其中，铸了27种年号钱，另外还有3种非年号钱。

太祖赵匡胤铸了开国第一种钱，叫“宋元通宝”，非年号钱。不过老百姓又瞎念，有人念成了“宋通元宝”。行！这也成。

第二个皇帝宋太宗，在太平兴国年间，铸了“太平通宝”，这是宋代年号钱的开端。这以后，只有宋仁宗铸的“皇宋通宝”和宋徽宗铸的一种“圣宋通宝”不是年号钱以外，其余的就都是年号钱了。

有了年号钱，后世收藏家就方便多了，一看就知道是哪个年代的，不用再去费劲辨认了。

宋朝不仅正式开创了年号钱，它的创新还有不少，比如“纪年钱”，也就是标注铸造年份的钱。

南宋第二个皇帝宋孝宗，在淳熙七年（1180）铸的“淳熙元宝”，钱背上就铸了一个“柒”字。据考，这是世界货币史上第一个纪年钱。

这个传统，延续至今。我们现在使用的人民币，从最大面额的100元，到最小面额的1角钱，上面都有发行年份。

你不妨再把钱包掏出来验证一下，其中10元以上的大票，纪年标注是2003年；1元的多为1999年版，1角和5角的使用时间最长，是1980年版的，比很多读者的年龄还要大。

我们现在使用的纸币，易于磨损。从大票的纪年较新来看，说明大票是货币的主角儿，流通比较频繁，所以要常更换新装；而小票用处不大，流通不多，28年前的到今天还能将就用。

其实我们做人，也要努力做“大票”才对。道理嘛，不言自明。

宋朝铸钱，是由政府统一的铸币机关操作，这些铸币厂就叫作“钱监”，分布在不同地区，各有专名，如“河南府阜财监”“鄂州宝泉监”等。

到了南宋末年，又改纪年钱为“纪监钱”，也就是铸上钱监的地名或者监名。如宋宁宗铸“嘉定一宝”铁钱，背文就是钱监名，比如“汉”字，就代表是汉阳监铸造的。这也是一大特色。

宋朝的年号钱，也不是一个年号出一种这么简单。同一种年号钱，因为钱文的书体的不同，细分种类也很多。仅宋神宗的熙宁、元丰两种年号钱，版面就有100多种，钱文有篆、隶、真、行、草等不同字体，大多都是名家手迹。所以宋钱的钱文，看上去特别爽！

宋朝的皇帝书法好，所以也有皇帝亲自写钱文的，叫作“御书钱”。宋太宗所写的“淳化元宝”、宋徽宗所写的“崇宁通宝”“大观通宝”，就是例子。

历代铸币的钱文，书法好的相当不少，但是给人印象最深的，莫过于宋徽宗的“瘦金体”。

宋徽宗治国安邦无能，与儿子钦宗一起为金兵俘虏，留下千古之耻，但他对琴棋书画无不精通，尤其是自创的书法“瘦金体”，别具一格。

用毛笔写汉字，大概顶数方孔圆钱的钱文最难运笔。在极为有限的外圆内方空间内，要把四个字安排有致，还要把书法的神韵酣畅淋漓地表现出来，那得有绝顶的功夫才行。

看宋徽宗的运笔落墨，却毫无滞碍，如天马行空。

——这才是货真价实的“铁画银钩”！

这哪里是钱？就在当年也算是上等艺术品。

自宋太宗亲笔题写钱文之后，北宋几代皇帝都争相效仿，就想流芳百世。据说，待到宋徽宗的钱文一出，后世皇帝都自愧不如：自己这一笔臭字怎么拿得出手？

于是，再无一个皇帝敢厚着脸皮题写钱文了。

这个“徽宗钱”，就成了御书钱中的绝唱！

哪位要是有心想收藏一枚，不难。据说收藏网站上就有卖的，大约5元一枚。

——买一枚受受熏陶吧，比你花钱看一场电影值啊！

宋代大概是承平日久，人们有闲心，宋钱的花样比唐钱要多出好几倍来。

在我们印象中，宋朝好像是个金戈铁马不断的乱世，其实那是《说岳全传》《杨家将》给我们留下的印象，再有就是豪放派词人营造出来的气氛——他们实在是咽不下这口气。这可以理解。

其实，宋朝的和平时期比汉唐、魏晋要长得多了。北宋的寿命有166年、南宋有152年，300多年中，“靖康耻”“烽火扬州路”不过是历史一瞬间。积弱也好，屈辱也好，是丢了面子，窝囊了几代有志之士，但绝大部分时间里也确实是和平年代。

宋钱的花样繁多，在于大小不一、折价不同、含铜量有差别。

这里要介绍几个新概念。北宋钱最基准的一种，叫作“小平钱”，也就是一文钱。其余有“折二”“折三”“折五”和“当十”，分别为一枚值两文、三文、五文和十文。

南宋的情况比较特殊，很少铸造唐制标准钱，而是出现了一些稀奇古怪的钱。其中有当百大钱“淳祐通宝”、有根本不是圆钱的“钱牌”，还有“准五百文省”“准叁百文省”“临安府行用”等。

在宋朝的各种年号钱中，含铜量最高的是太祖的“宋元通宝”和太宗的“太平通宝”。

古代的铜钱，都要掺一定比例的铅和锡。唐朝玄宗时期，铸钱含铜在83%以上，是实打实的好钱。宋钱质量要差得多，北宋含铜约在65%，到南宋只有54%，近于“半铜钱”了。

宋朝商品经济发达，对货币数量要求也就多。北宋共有27个钱监，分布在各路（州府之上的一级行政单位，有点像后来的省），每年都鼓足了劲儿铸钱，从北宋中期的熙宁年间往后，保持在每年五六百万贯左右，到北宋后期铸造量减半。

这流水一样的钱投放到流通中，总量相当可观。所以，我国地下出土的古钱以宋钱为最多，其中又以北宋的钱为多。

这么多的钱，可还是不够用，因此宋朝有官定的“省陌”制度，规定以77文为一百钱。在记账的时候，要是钱是“省陌”的，就在钱数后面加一个“省”字，要是“足陌”的，就加一个“足”字，免得有人做手脚。

官方如此，民间则各有各的习惯。多少文钱当百，各地不同，只要老百姓认可就行。

你要是到了宋朝十有八九要减肥

有人也许看出了点门道：宋朝似乎不像前朝，这个王朝挺有市场经济意识，放开了手铸钱，可是钱币为何还是不够用？

这是因为：宋朝的商业实在是太繁荣了！

那时有个人叫孟元老，在南宋高宗时写了一部《东京梦华录》，回忆北宋东京汴梁的繁华，看得人要流口水。

他笔下汴梁的“州桥夜市”，光看文字就叫人食欲大振——晚上一整条街都是美食，当街就有卖水饭、熏肉和肉脯的。一家名叫“王楼前”的店，有卖獾子、野狐、鸡肉的；一家名叫“梅家鹿”的店，有卖家鹅、鸭、鸡、兔、肚肺、鳝鱼、包子、鸡皮、腰肾、鸡杂的，每一包不过15文。

那时的吃食，冬夏两季有不同的品种。夏天天热，就有清凉开胃的，比如麻饮细粉、麻腐鸡皮、素签砂糖、冰雪冷元子、水晶皂儿、生淹水木瓜、药木瓜、鸡头穰砂糖、绿豆、甘草冰雪凉水、荔枝膏、广芥瓜儿、杏片、梅子姜、芥辣瓜儿、细料馉饳儿、香糖果子、间道糖荔枝、越梅、刀紫苏膏、金丝党梅、香枨元。

这都是些啥东西？我也不知道，只能望文生义，边看古书边流口水而已。

冬天也有冬天的美味，多以热气腾腾的肉类为主。有冬月盘兔、旋炙猪皮肉、野鸭肉、滴酥水晶脍、煎夹子、猪内脏。这些还不是什么正宗大菜，叫作“杂嚼”，算是夜宵吧，店家一直到三更时分才撤摊……

作为宋朝的臣民，大概十个有八个要减肥才行。

我一向认为，我们民族不光是会赚钱，同时也是个有悠久传统的美食民族。这样说当然有根据——我们引以为自豪的商代青铜鼎，就是老祖先们用来炖肉的。

要是我们炮制美食的本领都衰退了，这个民族才是真正没希望了。

《东京梦华录》里说，宋代的酒楼，那叫一个壮丽！那时候京师所有的酒楼，都用彩绸扎起大门迎客。一到晚上，灯火辉煌，上下相照。

酒楼入口处，一般都有浓妆妓女好几百人，聚在走廊上，等待酒客呼唤。

你要是走到九桥门外，只见彩楼相对，绣旗相招，遮天蔽日。

全城有头有脸的知名酒楼，共有72家。其余小型的，都叫“脚店”，不计其数。无论风雨寒暑，白昼通宵，家家都是热闹喧天。

孟元老说，那时汴京有各式各样的手工作坊，叫作“大小货行”，包括碾玉作、腰带作、裁缝作、箍桶作、香烛作、明器作、果子行、鱼行、肉行、花行等，说有360行，绝不夸张！

到底有多少行业？孟先生承认，他自己数不过来。

按宋朝人习惯，许多经营范围相同的店铺，聚集在一处，就叫作“行”。这个叫法，在南唐时就开始有了，卖肉的市场叫“肉行”，卖花的市场叫“花行”；那么，卖银器的地方呢？

想不到吧？

——就叫“银行”。

这是“银行”一词在中国的最早出处，当然跟现代意义上的银行不是一码事。

中国最早的行业协会——“团行”，就出现在行业高度发达的宋朝。

我们现在常说的“同行”“同业”“行市”“行会”之类的词汇，也是产生在那时候。

那时候的汴京领导，似乎很开通：做小买卖嘛，方便群众，就让他们随便做去。有税收，但是没有城管。

连宋徽宗这样的花花公子，对首都外来人口如何谋生的问题也很关心。那时一遇兵祸灾年，就有大批难民涌入京师，京师居民就教他们如何蒸馒头、烙大饼，好摆摊赚钱。宋徽宗知道了，对京师的民风淳朴大为赞赏，专门下诏表扬。

那时候的汴梁城，是全世界最宜居的城市。随处可见沿街叫卖的小贩和提供劳务的散工。你养马，就有人为你切草；你养狗，就有人为你准备酒糟；你养猫，就有人为你提供猫食和小鱼。

你要是想买东西，连大门都不用出，每天都有无数小商贩到你家门口探头探脑。有叫卖羊肉、头肚、腰子、白肠、鹑兔鱼虾、退毛鸡鸭、蛤蜊、螃蟹、香药果子、散糖果子的；也有叫卖首饰、衣服、家用铜铁器、衣箱、瓷器的。

还有上门提供劳务的民工，除了掌鞋、补帽子、打钗环、换扇子柄的，还有扛着大斧为人砍柴的、担水出卖的、给人打井的、淘井的、洗毡的。这些行当，叫作“诸色杂卖”，种类之多，不胜枚举。

当然，那年头也有红灯区，汴京人习惯上叫作“院街”。

……

我看行了，就介绍到这儿吧，不然收不住笔了。无怪乎余秋雨愿意做宋朝人，这种好日子，谁不愿意过？

要过上这样繁花似锦的好日子，钱不多，行吗？

宋朝，显然是个需要减肥的大胖子。可是，它的货币情况怎么样呢？

英国古典政治经济学创始人威廉·配第（William Petty，1623—1687）说：“货币不过是国家的脂肪，如过多，就会使国家不那么灵活行事，如其过少，也会使国家发生毛病。”

宋朝就有大毛病！

宋朝实行“货币特区”政策

宋朝虽然一开国疆域就比前代小，但毕竟还是个统一大国。可是这个统一大国的货币流通，却出现了奇特的“割据”状态，后人难以想象。

宋初曾对钱币进行规范，禁止使用小恶钱和铁钱，结束了五代留下来的钱币混乱。这一整顿，力度不可谓不小，但有两个地区例外。

其中一个是四川，在宋朝开国后这里仍然流通铁钱。

在五代时，蜀地的老百姓用惯了“后蜀”的铁钱。宋朝平蜀后，为了照顾当地民俗，允许铁钱和铜钱同时使用。

当时官方规定，铜钱一当铁钱十，但是铁钱一直在贬值。后来外地商人入川，一文铜钱就可以兑换到铁钱十四。

这样，就会出现一些问题。

由于铜钱与铁钱的比值在变动，有人就会钻空子，通过两种钱的兑换牟利。而且铜铁两钱的比值太悬殊，铜钱也会迅速从四川流失到境外去。

另外，有的不法分子看到铜钱值钱，就到处剜佛像、毁铜器、盗古墓，获取铜料后，大肆盗铸。

为了防止货币双轨制带来的混乱，朝廷就干脆禁止铜钱入川，在四川征税也不收铜钱，于是四川就成了清一色的“铁钱专用区”。

你们既然喜欢用铁的，就用吧！不过，这铁钱可不能带出四川使用。

朝廷后来在四川专设了铁钱监，给四川群众供应铁钱。到宋神宗的末年（1080年左右），大宋的铁钱监一共有9个，铸钱共计近89万贯。

铁钱成了地区货币，四川成了“铁钱特区”。

中央政府允许铁钱在某区域大面积流通，这在中国历史上还是第一次。

宋真宗景德二年（1005），又在四川新铸了大铁钱“景德元宝”，当铜钱一，当铁钱十。

这种大铁钱，个头儿很大，每一贯重25斤8两。一个人腰上只要是缠上一贯，走路就很费劲，更别说十贯八贯、千贯万贯了！

大铁钱一出来，又有好戏看了。

说实在的，一部古代的金融货币史，就是朝廷和民间人士的斗智史。当时政府的想法是，与铜钱相比，铁钱就算再重，铸造成本也还是低。铸大铁钱，一个当你十个，政府当然获利甚多。同时大铁钱用料多，民间仿制不划算，因此也就用不着担心盗铸。

可是民间不法分子并不傻，这种大铁钱一出来，他们又动开了脑筋：这钱个头这么大，假如把它熔铸成别的铁器，岂不更值钱？

于是造钱黑户们又忙开了，坚持数年如一日地熔铁钱，把这种“景德元宝”大半都给熔化掉，做成别的器物去卖了。

“景德元宝”流通还不到10年，数量就所剩无几。当局再铸的时候，就只好减重，重量减了一半还多。

一直到35年后的宋仁宗时期，朝廷才缓过劲来，又开始铸“康定元宝”大铁钱，重量又恢复到跟原来差不多了。

——究竟道高，还是魔高？

历史从来就没有固定答案。

此外宋朝还有一个流通铁钱的地方，那就是陕西。

陕西原本是铜钱流通地区，跟铁钱一点瓜葛也没有。可是到了宋仁宗时期（1041年左右），大宋跟西夏有了边境战事。朝廷为了筹措战费，就打起了歪主意，在陕西的近邻河东（今山西）铸了“庆历重宝”大铁钱，一当十。

这种铁钱，只限在陕西流通，和原有的铜钱一起使用。

陕西老百姓从此倒了霉，被朝廷搜刮了一遍又一遍。政府后来又铸了“庆历重宝”当十铜钱、铁小平钱各一种，都是供陕西专用。

加上原有的制式通宝钱，陕西就有了四种不同的钱，币制混乱不堪。

后来，有一些铁小平钱也流通到了河东，使河东也成了铜铁钱兼用地区。

这样一来，在大宋地面上，就出现了货币流通的“割据”局面，大部分地区流通铜钱，四川流通铁钱，陕西铜铁钱兼用。

宋朝对钱币使用有严厉的法律，在这三个区域之间，不得越界私带铜铁钱，私带两贯就要判徒刑一年，私带三贯的话，脑袋就要搬家了，尸首还要当街示众。

川陕地区使用的铁钱，原本价值就不高，政府还老是在出大钱，人们对铁钱的信誉更加疑虑。稍有风吹草动，就人心惶惶，以为铁钱马上要被废止了。

仁宗至和年间（1054年左右），四川地方上试验了几年纸币很有成效，长安有个叫毋湜的官员想出风头，就上书建议朝廷取消陕西用的铁钱，干脆也用纸币得了。

朝廷没采纳这个建议，但是消息不知怎么传开了。

陕西的老百姓顿时慌了神，都争先恐后抛出铁钱，抢购日用品——这破铁钱，过期就要作废，还留着干什么？

可是商家也不是冤大头，都坚决不收铁钱。一时间长安城内惶恐不安，百姓议论纷纷。好多店铺见势不妙，就上了门板，愿怎么的就怎么的，生意我不做了。

陕西出现乱局，朝廷忧心忡忡，众朝臣就请求宰相文彦博采取非常措施，制止混乱。

但是文彦博不同意——不成！政府越说往东走，老百姓就越往西跑，这是有过教训的！

他心生一计，招来了一些丝绢行业的商人，拿出家中数百匹绢卖给他们，且特别交代，只收铁钱，不要铜钱。

消息传出，陕西民众知道铁钱不会废了，人心大定，商店也恢复了营业。

——这就是文彦博老先生著名的“铁钱回春”故事，史有明载，绝非传说。据说后来秦桧也向他学了这一手。

文彦博，是北宋一代名相。从小就聪慧过人，也像司马光那样砸过缸。

他先后伺候过仁宗、英宗、神宗、哲宗四个皇帝，出将入相50年，在中国历史上也是罕见的，史称“公忠直亮，临事果断，皆有大臣之风”。

北宋人民摊上了这样一个聪明果断的宰相，真是幸福。

第十二篇

谁最该为纸币的诞生而欢呼

人类史上第一张纸币在四川诞生

有人要问了，宋朝的货币怎么那么乱呢？一个典型的文官政府，怎么连货币都管理不好？

别急，听我慢慢说。

这是由于历史的必然（套话了）。

上面说了，北宋的商业空前发达，总结起来，优点就太多了——

商品构成丰富（看得人直流涎水）、商业分布合理（开店不再受地点限制）、商业分工精细（卖什么的都有）、商业管理水平提升（雇工少的10多人，多的有40余人）、配套商业形成（吃了饭可以到院街洗脚）、行会组织发达。

这一切，都意味着营业额的提高。营业额体现的就是资本运作，就是钱在滚动。

宋朝商业的这种大好形势，自然就对货币提出了更高要求。要求它的数量更多、制度更完善、信誉更权威。

可是宋朝在这方面先天不足。

在它以前，唐朝钱绢并行、金银货币兼用；五代是铜铁钱兼用；这都是由于铸币的铜料不足而采取的应对办法。

宋代的商业更精密了，像唐代那样的货币制度就行不通了——买一包酱肘子，谁还能用绢啊？可是宋朝又没有能力建立统一的货币制度。

都用铜钱，那当然好。不过唐朝时铜料就不够用了，现在就更不行了。因此，宋朝只能沿用五代时的老办法，在某些地区采用铁钱，以缓解压力。

这就潜藏着一个麻烦：铜钱区和铁钱区，这区域之间的贸易怎么进行？怎么结算？怎么汇兑？

麻烦大了！

这也算是上层建筑阻碍了经济基础吧。货币的现状，阻碍了商业的发展。

这问题在唐代就有，到宋代终于该突破瓶颈了！

上一章我已经提到过，宋朝货币形态的突破，就发生在巴山蜀水地界。

俗话说："天下未乱蜀先乱。"这话有一定道理，四川是个相对封闭的地方，但人们的思路却往往敢为天下先。

四川是"天府之国"，老天一向比较照顾，在宋代就是大宗农副产品集散地，它的盐业、冶铁业也比较发达。可是这样一个地方，却是全宋唯一的"铁钱区"，这就有点尴尬了。

当时川人用的铁钱，小钱每10贯重65斤，折大钱1贯。而大钱1贯，重12斤。到市场做买卖，如果带的大钱有两三贯，就累得直喘了。

商人不是特种兵，这可怎么吃得消！

当时买一匹布要多少钱？2万钱，那就是20贯，大约重120斤。无论是买方还是卖方，只要进行一匹布的交易，就得"赶着你的马车来"。

钱太重，这成了引发货币革命的直接导火索。

一般金融学书籍上都讲，是宋代商品经济的发展，引起了货币的改革。可是商品经济到宋代起码已经发展1000多年了，也没引起过什么大变革，所以商品经济发展这个"一般性前提"实际上并没有意义。

凡是导致一种变革的诱发因素，必然是一件极端荒谬的事。

四川人实在是背不动这恼人的铁钱了，这就是诱发因素。于是，人类史上第一批纸币诞生了！

用纸当钱，怎么样？这下子就不需要特种兵的身体素质了吧。

宋朝最初的纸币，叫作“交子”，是一种早期的信用货币。

这又是一个新概念——什么叫作“信用货币”？

请记住，现代的信用货币有三个特点：一是国家法律予以保障；二是不以任何贵金属为基础，独立发挥货币职能；三是人们对它有信心。

比如说什么支票、汇票、纸币、钢镚（辅币）、你的银行存款，一直到最时髦的电子货币，等等，都是。

它是货币，可以用来买东西，但它的物质载体本身，基本就没有什么价值。这一点，与金、银、铜等本身就有价值的金属货币很不同。

举例来说，你的银行卡，你的网上银行账号，那是钱吗？那上面不就是一组数字吗？

可是为什么你相信它是钱呢？因为有银行信用为你担保。

懂了吧，这就是信用货币。

其实我们国家在宋代以前，早就有过信用货币。

在西周，有过一种信用货币叫“里布”。其形态就是一块布，长二尺，宽二寸，上面写有币名、金额、发行者签章。持有人拿着这布条，就可以买货物，也可以转让。

在春秋战国，也有过“牛皮币”，专用于牛的买卖。买家支付了买牛款，先不把牛牵回家，而是从卖家手中拿回一块牛皮，上有卖家的姓名或者特殊符号，持有牛皮币的人，随时可以向卖家兑换牛。

汉武帝时期发行的“白鹿皮币”，价值40万钱，也可以沾上信用货币的边儿。

但是这些信用货币，都是在一定场合下才使用的，不可能在市场上广泛流通，它们和钱的功能还不大一样。

这次宋朝的交子就不同了，顾名思义，它就是用于商品交换的媒介物。

交子跟现代的纸币很相似，也是采用特定的纸张，铜版印刷，有版式，有图案，有花纹，有面额，有发行者签章，可以流通，可以转让，可以从发行者那里兑换铜钱。

这不就是钱吗，它跟钱有什么区别？

还是有一点区别的——它只能在发行者的信用范围内使用。比如出了四川，就是废纸一张了。因此它还不能完全等同于金属货币。

你看看，我们古代宋朝的人，多能耐！为世界人民提供了多少发明创造啊！

据权威史书记载，交子最早是由民间自发产生的。《续资治通鉴长编》说，当初四川的邛、嘉、眉等州，因为闹起了李顺起义，停止了铸钱，民间的钱不够用，所以才用起了交子。

这个说法，不大通。李顺起义是太宗时代就闹起来了的，不至于大宋开国不久就闹起了钱荒。

真宗景德二年在四川铸大铁钱，才有可能是交子产生的真正原因。不仅宋人有不少是这样认为，就是《续资治通鉴长编》也说“蜀人以钱重，私为券，谓之‘交子’，以便贸易”。

铁钱太重，商家搬不动，就搞代用券，这是有先例的。前面说过，五代十国马殷的楚国，就有过商人嫌铁钱重而“指垛交易”的事。

交子的流行，有一个逐渐成熟的过程。开始是由商家出具收据式的“楮券”，这就是最早的交子。就一张纸，两面都有出具人的印记，有密码花押，字色红黑相错，票面金额是临时填写的，各家的样式也不统一。

这就是所谓的“私交子”。商家的这个灵感，来自唐代的“飞钱”，两者在功能上很相似。

这多少解决了一点问题，拿它能顶钱用了，但是信用很有限，也不能够大面积流通。

后来，成都有16家富商联手，以自己的财富作为信用担保，成立了交子铺，统一发行交子。这些富商，就叫“交子户”。

统一发行后，信用就好得多了，持有者可以不受限制地转让，你只要向交子户交钱，就可以拿到交子。在四川境内无论远近，也无论几千几万贯的买卖，只要持有交子，就可以交易。

私交子三年为一期，到期要换发新的。在兑现或者更新时，交子户要收取30文“工墨费”。

可是在此之后，因为有的富商生意衰落，交子不能兑现，引起了不少诉讼。

在这种情况下，四川的财政官员对交子跟踪研究了一个时期，认为可行，就在仁宗天圣元年（1023）决定官办。

他们奏请朝廷，在四川成立了“益州交子务”，于次年二月正式发行“官交子”，同时禁止民间发行私交子。

官交子也是三年为一期（称作“一界”），期满收回换发新的，相当于年检。换发也要扣除30文工本费。

在发行之初，官交子的样式基本模仿民间，金额也是临时填写的，数额可以无限高，加盖本州印章，只限于四川境内流通。

后来官交子逐渐成熟，用三色套印，票面极为精美。数额也有了限定，是事先印刷好的，分成几个等级，从一贯到十贯不等。后来又改为五贯和十贯两种。

官方这次发行交子，是非常讲究科学的，设定了最高发行限额，每年最高的发行额为125万余贯。还建立了准备金制度，以四川的铁钱做准备金，每次36万贯，约为发行额的28%。

官府的事，只要认真，就能够做好。一直到神宗初年，官交子的发行和流通都非常稳定，管理得很好。

后来出了个聪明过人的宰相王安石，他对国家太穷感到痛心，一心想“富国”，就大刀阔斧地进行经济政策改革。

他这一改，情况就有点复杂，我们等到后面再谈。

官府一印纸币就印上了瘾

宋朝的纸币大行其道，当然也不能忽视更深层次的原因，那就是跟唐朝的困惑一样：铜太少。

铜矿资源是有限的，开采能力也受限制，可是货币需要量是成倍增长的，两下里不能成正比。

而且宋代还有一大问题，比唐时还要严重，那就是铜钱外流得很厉害。

北宋时，宋跟辽有大规模的贸易，南宋时还有发达的海路贸易，这都是铜钱流走的渠道。

周边国家生产力水平低，铸钱能力不强，他们就盯住了宋钱，想擎现成的。

宋朝在边境地区设有外贸市场，叫作“榷场”。从宋太宗时起，先后在宋境内的镇州（今河北正定）、雄州（今河北雄县）、霸州（今河北霸州）、安肃军（今河北徐水）、广信军（今河北徐水西）等几处设立了榷场。后来和西夏之间，也有榷场。

因为内地缺盐，辽国的盐就通过贸易渠道源源涌入，宋朝的钱也就纷纷流走。这是国家贸易方面，另外还有私人贸易上，辽国人卖给宋朝人牛羊，也弄走了大量铜钱。

南渡之后，宋与金之间也有榷场，情况也是一样。那时金国的商人叫“北界商人”，他们来到南方，声言卖货只收现钱，且允许短陌（不足一贯算一贯）。史书说他们“意在招诱”，也就是弄铜钱来了。

宋朝境内的唯利是图之徒，禁不起这诱惑，见语序短陌，可以占便宜，便大买其货，于是铜钱又源源不断流向金国。

南宋由此闹开了钱荒，朝廷为此伤透了脑筋，曾在淮南、京西和湖北等边境地区罢铜钱，只允许商民使用铁钱，布置了一道货币隔离区。

海路贸易也是漏洞之一，尤以广州为甚。南宋曾制定过严厉的刑法，禁止铜钱从海路外流。

当时规定，只要商人用铜钱买“蕃客”的货，100文以上就定罪。4贯以上判徒刑一年，累积20贯以上黥面（脸上刺字）并处劳役。

广州地方官府还规定，各国商船离港前，必须先报告“转运司”（财政厅），由官员亲自登船检查，不得夹带铜钱出中国界。

但是，山高皇帝远的事，哪里禁得住？金银铜铁各种钱都在外流，就没停止过。以至南宋后期规定，南方的国际贸易实行物物交换，中国商人只能以绢帛、织锦、瓷器、漆器支付，这才稍好了一点。

交子出来后，好得多了。这是一大便民措施，一开始确实是促进了商品流通。不仅政府不用愁铜资源紧张了，百姓也轻松了。腰里连一贯钱也不用缠，揣几张纸票就可以上路。

交子好用，官民都乐。后来官府也在邻近四川的陕西、山西和甘肃一带发行，不过都不很成功。

还是四川的交子有信誉，后来通过商人携带、给军人发饷等途径，也流通到了陕西一带，形成辐射效应。

到宋徽宗的崇宁三年（1104），就连京西北路（今洛阳）也开始使用交子了。

可是后来，渐渐地产生了一些弊病——不是老百姓不守法，而是政府自己打起了歪主意。

交子这东西，不是一印就来钱吗？那么政府也有缺钱缺得火烧屁股的时候，怎么办？

——狗急跳墙，印交子不就成了吗？先解决了再说。

宋仁宗庆历年间（1041—1048），朝廷在西北用兵，缺钱，就由四川官方印了60万贯交子，在陕西发行。

这一批计划外增发的交子，是没有准备金的，宋代叫“虚行印刷”，属于财政发行。这等于直接从老百姓身上刮钱。

好在这一次的影响还不大，老百姓默默承受了。可是官方得寸进尺。宋神宗熙宁五年（1072）发行新交子时，旧交子居然不收回，两界一起流通。

这下我们都能看明白了：这不等于把交子贬值了一半吗？

不错。

在四川流通的交子一多，当然就造成通货膨胀。

宋哲宗时代，为了对付西夏，又不断在陕西增发交子，筹集军费，一次增发几十万贯、几百万贯，政府连眼睛都不眨一下。

这么满天飞的交子，贬值得贬到啥程度？

到了元符年间（1098—1100）换发交子时，朝廷规定，要交回官府五缗交子，才能换到一缗新交子。老百姓的财产，无缘无故就缩水了五分之四！

看来古代的经济有两条规律，看官们不妨记住：

一、凡是和平时期出现大幅度通货膨胀（物价飞涨），那都不是“自然现象”，而是政府用了财政手段在敛钱。

二、如果哪个行业的物价莫名其妙地暴涨，就说明哪个行业的奸商在掠夺老百姓财富，无一例外。

宋朝的纸币是怎么变成废纸的

这样的情况持续到了宋徽宗时代。

宋徽宗也要和西夏开战，也需要军费，还是靠发行交子解决——屡试不爽的法子为什么不干？

宋徽宗厉害，竟然一界就发行了2600万贯，是当初一界的20多倍。而且不设准备金，旧交子也不准兑换。

这么多的交子，光在一个地方流通，肯定消化不了。于是又扩大了流通范围，把交子改名“钱引”，号召全国各路都用，但最后只在北方才有人使用。

“钱引”的命名，应该说更科学一些了，翻译成现代汉语就是“兑换钱的凭据”。

在北宋，官府的盐茶专营部门有所谓“盐引”和“茶引”，是发给经销商人的凭据，商人向官府付了货款以后、拿着这个凭据到加工厂去领盐或茶。“钱引”一词，就由此引申而来。

到南宋时，因为朝廷养活的官比北宋还多，军费也更需要钱，钱引的发行就更疯了。宋高宗的时候，居然三界并行，发行额达到3780多万缗。

几十年后，更是达到疯狂的顶点，计有8000万缗的钱引在市场上流通。

光用钱引来敛财还不够，后来南宋还出现了新的纸币。

其中一个叫“关子”，有点像唐代的“飞钱”。

绍兴元年（1131），南宋在婺州（今浙江金华）屯了大量的兵，但是那地方水路不通，给士兵们发放的大批现钱运不过去。

几万大兵要吃饭，怎么办？朝廷就让婺州政府下令，由当地商人暂垫现钱，发给商人“关子”作为收据，等商人们以后到杭州做生意时，可以凭关子在杭州领到现钱，也可以领到茶、盐、香料或钱引。每垫一千钱，政府还付给十钱的利润。

后来，关子的发行渐渐又扩大到了两淮、湖广。

关子也是印刷的，票面价值为五等，使用期为两年，可以用作支付。这就跟纸币无异了。

还有一种叫“会子”，这是一种后起的纸币，但渐渐成了南宋主要的流通纸币。

会子一开始也是起于民间，是民间自发印刷的兑换券，也叫“便换会子”。

后来由官家垄断发行，先是在杭州城内流通，后来依次扩散到两浙、两淮、湖广和京西各地。

会子的面额，起初是一千、二千、三千的三种，可与现钱并用。后来又增发了二百、三百、五百的三种。由红、蓝、黑三色铜版印刷。

它的票面文字很有意思，上半部分是一则悬赏文字，写明伪造者处以极刑，并重赏告发人。

此外，票面上还印有非常醒目的面额和发行机关“行在会子务”（首都会子发行所）字样。

会子的性质，显然就是纸币，一开始还发得比较谨慎，情况最好的时候，社会上只有200万贯在流通，成为市面上的难寻之物。

物以稀为贵。当时商旅往来、贸易，都竞相使用会子，甚至有“会子重于黄金”之说。

政府的纳税和发饷，也是现钱和会子各半。

如果情况就这么保持下去，南宋倒是有了一种信誉可靠的纸币。

当时的宋孝宗也很明白事理，知道会子之所以好用，是因为控制了流通量。他说："大凡行用会子，少则重，多则轻。"

可是事理再清楚，也挡不住人的欲望。跟在他后面的几位皇帝，脑袋就不那么清楚了，会子越发越滥，一开是规定三年为一界，每界的发行限额为1000万缗。到后来，旧会子每界延长使用三年，新会子的发行额也增加到3000万缗。

这还不算完，40多年后，发行额竟猛增至1.15亿缗；10年后，又增至6.5亿缗，比当初每界的定额多出517倍！

政府的印钞机为什么这么疯狂？

这是封建国家的一个规律。

——很简单，就是一个"谁养活谁"的问题。

老百姓通过纳税，养活了一个庞大的国家官僚阶层，而国家老是嫌钱不够用。

宋朝经常有些额外征税，征了一次之后，就变成常例，年年都征。但是，加税并不是好办法，老百姓看得见负担在增加，很容易激起民怨。

太平盛世，老是出宋江、李逵什么的也不太好。

于是，多发货币、制造通货膨胀，就成了朝廷敛钱最快而又最隐蔽的手法。

老百姓当中有几个懂经济学的？他们只是觉得钱越来越"毛"了，也有怨气，但不会怀疑到是政府在抢钱。

读者们看到这里，大概要为宋朝人担心了，不仅有那么多的年号钱要逐个记住，还有三种纸币要分辨清楚。

事情还不止于此。令人感到诧异的是，中央集权最厉害的宋朝，地方上居然也印了纸币，川陕、两淮和湖北三地，都在南宋高宗初年发行过交子或会子。

其中川陕发行的是"银会子"，是可以兑换银子的，面额有一钱、半钱的两种。这是中国第一次出现银本位制纸币，但只限于局部地区使用。

另外兴元府（今陕西汉中）还发行过一种铁钱会子，每年发行240万贯，也是只限在当地使用。

南宋时的皇帝，被金国军队驱逐到了杭州，朝廷对川陕大片尚未沦陷的领土，大概也顾不上了，所以地方上才有机会发行纸币，以维持本地市场运转，这是战时的特例吧。

宋朝养的官员多，又经常要进行战备，所以这个王朝敛财也就格外狠一点。

纸币的发行，到后来已经不管准备金充足不充足了，而且不顾市场的需求量，缺钱了就印，印出来的就是钱。

前面讲过，宋哲宗元符年间更换交子，曾以1 ∶ 5比例以新交子兑换旧交子，这等于是一次货币大贬值。

后来，宋徽宗大观元年（1107）新增发交子2000多万贯，两年后又改发“钱引”，原有的交子可继续使用，但不能兑换新发的钱引，这就等于把你的财产再贬值一次。

宋徽宗是个会享受的皇帝，他只管享受，买单则是底层人民的事。

到南宋第二个皇帝宋孝宗时，“国际环境”不大好，财政、军备都急需用钱，就变本加厉，新增发的钱引一次就是4000万贯。这么多的货币投放下去，贬值立竿见影，实际价值仅为过去钱引的40%。

30年后，市面流通的钱引更是跌得惨不忍睹，面额一缗（一千钱）的，实际上仅值一百钱。

缩水90%，你再怎么牛的千万富翁，也该破产了吧？

朝廷这样做，有它的道理：这是为了让国家财政不破产。你们百姓，“位卑未敢忘忧国”，也替朝廷分担一点吧！

到南宋后期，历次的会子已累积发行了6.5亿贯，其中有两界会子，政府无力收回，就宣布“永远通行”。

为什么永远通行，因为几乎是废纸一张了。南宋末年权奸贾似道当政，政府还要继续敛财，发行了一种“金银现钱交子”，面值一缗可兑换原有会子的三缗。

这是纸币中的大钱，榨干你骨髓没商量！金银交子发行之后，物价飞涨，原来的200文会子，已经买不起一双草鞋了(《续通考·钱币一》)。

这是宋朝立国300年时的情况。这时候再回头看北宋初年的物价，简直便宜得跟天堂一样——立国40年时一斗米价10文；立国65年时，一斗米价也不过100文多。

当然，在这300年间平民的收入，多少也能水涨船高，要是还停留在宋初的水平，那就得饿死一百回了。

那么，物价如此飞涨有什么意义?

有。

它虽然是泡沫，但其中也有“干货”。这里你要看明白:“干货”是被谁一次又一次地拿走了?

宋朝再怎么是个大胖子，也架不住这么一次次抽血。它终于在纸币满天飞中，亡于蒙古人了。

人心离散，也是南宋败亡的一个重要原因。很难想象，被榨干了血汗的老百姓，会有很深的感情来保卫这个国家。

等到气势汹汹的蒙古人拿下江南，来收拾这个烂摊子的时候，他们用自己的钞票，2贯兑换南宋“金银交子”100贯(值白银1两)。

按此比价，相当于早期发行的会子4500贯！你看看，南宋会子发来发去、换来换去，就这样比纸还要贱了!

钱，就是这么被“虚”掉的。

金融的游戏，有时候挺绕弯子，啥时候也不要以为你自己很聪明。比如你是一个宋朝人，有存款10万贯，要是不动它，每过三年就会被蒸发掉一点，直到蒸发完为止。

那么，是否等于这10万贯，都被朝廷拿走了呢?当然不这么简单，朝廷说什么也不能明抢，它是通过一次次的货币贬值，从你这里逐次累积拿走了大约6万贯。余下的4万贯，才是在贬值中被彻底蒸发掉的。

不这样“蒸发”的话，朝廷也就拿不走那6万贯(注:这些数字都是打比方)。

——可怜的宋朝人，朝廷若想跟你玩，你是玩不过它的。

在宋朝买二手房有可能挖出一窖黄金

到了宋朝，货币还有其他一些很有意思的变化。

当时绢帛已正式退出货币行列，但是在对辽和对金的“岁贡”中，仍占有主要地位，所以绢帛实际上还是具有一定的货币性质。

黄金在宋朝也基本上变成了贮藏品，不过也有资料表明，黄金可以用作支付，或用于赏赐，或用于政府开支和纳税，也具有货币的性质。

与绢帛和黄金的退隐正相反，白银在此期间脱颖而出，地位大大提高。不仅广泛用于赏赐、馈赠、贿赂，而且政府发兵饷、收税都规定了要用白银。

到了北宋中期的仁宗年间，白银正式作为法定货币，并有了固定形状，即铸成“铤”。后来，“铤”又转音为“锭”。

大银锭，是一种束腰形的形状，好像一面银牌，上面镌刻有文字，注明铸造地、用途、重量、主管官吏、匠人姓名等。有的文字还相当多，可达到30多字。

银锭最大的为50两，其余有3两到25两的几种，用的时候要称重，还要鉴定成色。

黄金自从东汉以后产量逐渐减少，到魏晋时已非常短缺。而宋代的白银产量又恰恰大幅增多，再加上西域诸国都在使用白银，影响到宋朝，这就使得白银不仅正式进入流通，而且还充当了国际贸易的主要货币。

黄金和白银的地位，在宋朝发生了明显的易位，昔日的小老弟现在成了老大哥。

白银地位的上升，也预示着铜铸币地位的下降，中国的金属货币从这时起，就显露出了向贵金属过渡的苗头。

宋朝也铸了大量的金钱、银钱，主要用于赏赐和节庆纪念。比如，按宋朝的风俗，每逢皇子、公主诞生，皇帝都要发给高级臣僚和皇亲国戚“浴儿包子”，也就是御赐红包，里面包有金银钱和其他金玉小玩意儿。

老百姓也用金银钱。在汴京的民间，新郎新娘入洞房后，要有妇女朝新人身上撒金银钱和果子，以示吉庆。

宋朝的有钱人，还非常喜欢贮藏金银，几乎家家都有“窖藏”。有个叫余深的，曾经当过宰相，他把自己的全部银子，以百锭为一个单位，埋在地下，上面用土盖住夯实，再砌上砖。

还有一个大官僚倪思，更动了脑筋，有银子不藏在地下，而藏在房子的檐里或者夹墙内，让贼人找不到。

有时候年头多了，隔了几代人，谁也记不住房子底下埋了些什么。要是哪家想转让住房，就会有问题：万一下面有大宗窖藏怎么办？

这难不倒宋朝人！

当时在洛阳做二手房交易，买方要多付一笔“掘钱”，作为将来有可能挖到窖藏金银的一种补偿。

你瞧，怎么样？做个宋朝人，生活起来也很有趣吧？

这里就顺便讲个小故事，南宋初年有一个著名的抗金将领，叫张俊。他早年英勇善战，杀得金兵个个愁，是和岳飞、韩世忠齐名的抗金英雄。

可是到后来这人却变质了，据说是参与了秦桧诬陷岳飞的密谋。晚年从军职上退下来，受封为清河郡王。宋高宗给他盖了华丽的王府，他本人也开始大肆敛财。

王爷敛财，那还不容易？他总共拥有田地70万亩，年收租米64万斛。

史料记载，他家里“园池声伎甲天下，每宴十伎为一队，队各异其衣色，凡十易始罢”。

——席间出来10队舞女，每队10个，衣服颜色都不同。也就是说，他一共养了100个歌舞美女。

这就是在宋朝惊世骇俗的“百伎宴”！

绍兴二十一年（1151）十月，宋高宗去张俊家里拜访。张俊摆宴接驾，进奉上等酒食、果子几百种，又送给高宗金器1000两、珠子69000多颗、玛瑙碗20件、各种精细玉器40余件、绫罗锦绵1000匹。

这顿饭，成了中国历史上最盛大的一次家宴，空前绝后！

什么韩熙载，在张王爷面前，不过小菜一碟罢了。

当时的人对张俊疯狂“捉钱”的行为极为不屑。宋人钱康功《植杖闲谈》记载，有一次，宋高宗与秦桧、韩世忠、张俊等几个人一起看戏曲。只见有两个伶人走到台上，一个扮成善观天象的，说：“世间贵人，必应天象，用浑天仪窥之，则见星不见人。今可用一铜钱代。”说罢拿出一枚方孔圆钱来。

另一位演员让他从钱眼里看宋高宗，他看了看，答曰：“帝星。”

再看秦桧，答曰：“相星。”

再看韩世忠，答曰：“将星。”

又让他窥视张俊，不料却答道：“不见星。”

众人大骇，令其再窥，该伶人又道：“终不见星，但见张王在钱眼里坐。”

座中人听罢，大笑不已，连高宗也笑疼了肚子。

这就是我国俗语“钻钱眼”一词的由来。

从善打仗，到善捞钱，高宗对这样的下属极为欣赏。张俊在死后又被升了一格，被追封为循王，史称“张循王”。

这位张王，在窖藏方面，也很有创新思维。他把家藏的银子每100两铸成一个大球，放在家里。这些10斤的大球，赶上现代的小保险柜了，不怕小偷来偷。

他还给这些银球取了最恰当的名字，叫“没奈何”。

盗窃分子们——遇上我张俊，你们就是没奈何吧？

朝廷无义就别怪百姓无情

纸币是宋朝人的发明。这东西出来后，当时的人对它就有研究，也颇有心得。

古人并非像我们想象的那样，一天到晚都浑浑噩噩，只知道吟诗作画；他们可是什么事都想弄个明白的，有一股子执着劲儿。这方面，你我大概都不如他们。

正因为有这种“求真理”的传统，我们的民族在20世纪初，才有可能全面、迅速地接受西方的科学思想，创建亚洲“第一共和”。

即便是全面开启新时代的“五四”，也是从中国思想界内部产生出来的剧变，而不是哪个发达之国强加给我们的。

现在的很多人太能厚今薄古，以为自己无所不懂，古人根本不在话下。

可是现实往往跟这种人开玩笑——他们老是在犯古代的错误！

好了，为了避免犯错误，我们还是来看宋人聪明在哪里。

宋人对于纸币的流通规律，有相当系统的认识，归纳起来有两大理论，一是“兑换论”，二是“称提说”。

前面提到过的北宋名相文彦博，就是“兑换论”的重要理论家。他认为纸币一定要能够自由兑换成铜钱、铁钱，才能于公私两利。

只有自由兑换，老百姓才信任纸币，官家发行纸币才能顺利，这样，每发一次纸币就等于政府获得一次厚利。

另外，对于民间来说，因为纸币毕竟比铁钱方便，只要随时可兑换，他们就愿意用，并且信任不疑。

北宋末期的温州瑞安，出过一个大知识分子，叫周行已。他对纸币也有高论。

他说，纸币一定要有准备金，以供人们随时兑换，但准备金不一定是十足的。好比说，发行了300万贯交子，那么一定会有相当数量的交子在流通中，人们不会拿它们兑换铜钱；另外还有纸币耗损的、储存起来不用的，这样加起来大约占了100万贯的样子。

因此，只需有200万贯铜钱做准备金（他称之为“实”），就能支持300万贯的交子流通。

他对“准备金”这一概念的认识，是非常科学的。

在南宋时期，无论关子、会子，都出现过大贬值。于是南宋人对稳定币值也想了很多办法，当时称为“称提之说”。

“称提”就是平衡之意。

最早提出这个理论的，是南宋初年的宰相沈该，他主张要调整好铜钱和纸币两者的关系。只要其中一种的价值稳定了，同时物价也保持稳定了，另一种就不会出现大贬值。

他主张，政府手里应该随时有大量铜钱，用主动兑换的办法来稳定纸币的价值。他建议，宫中应该储备百万缗钱，一遇到纸币贬值，就拿钱去“买”纸币，纸币自然也就会停止贬值。

宋人陆续总结出来的一些经验，咱们在这里归纳一下：

一、借助铜币来稳定纸币价值；

二、实行新、旧纸币折换，在折换时，趁机把流通过滥的旧币贬值；

三、采用严刑峻法，迫使老百姓按纸币面额来使用，不允许民间将纸币擅自贬值；

四、在财政拨款和税收上，采用铜币和纸币按比例搭配的办法，以提高纸币在民间的信任度；

五、严禁铜钱外流、藏匿、销毁，保持一定数量的铜钱与纸币并行流通，使人民不至于对纸币价值产生怀疑；

六、减少政府开支、减少纸币发行量，堵死通货膨胀的两大根源；

七、如果准备金实在不足，就用有价证券（新形式的纸币）和实物，主动去兑换纸币，让老百姓觉得纸币还是可以随时兑换的，纸币也就不至于贬值得太厉害。

这里面，有高招也有损招，我想，读者自会分辨。

这种“称提之说”也得到了南宋几代皇帝的认可，屡次实行。但是有时效果很不好。原因何在？

宋末元初有个大学问家叫许衡，他看得明白，曾经这样说：“但见朝廷每次‘称提’之令一下，百姓反受其害，而钱也越短，嘉定年间换发交子用一换二，这是贬了平民一半之财，嘉熙年间又用一换五，这是贬了平民四倍的财富，朝廷无信义，以此为甚！”（《许文正公遗书·楮币札子》）

这位许老夫子对“程朱理学”很有研究，后来降了元，担任了大元帝国的最高学府校长（国子监祭酒），成了蒙古贵族子弟的老师，也为元世祖忽必烈出了不少治国的好主意。

他降元，被当时人看成是没有气节，后来也未得重用。但是他看南宋的问题，是看得太透了。

他的这段话，其实是点出了南宋败亡的要害。

——朝廷一而再、再而三地掠夺人民财富，无义之甚，那么，危急关头又怎能指望自己的臣民尽忠？

所以说，宋朝的覆灭，也跟钱有关。

懂钱和不懂钱的人就是不一样

宋代的文化发达，官员们生活闲适而优裕，所以研究货币理论的人也就特别多。

我们大概都知道宋朝有个大科学家叫沈括的，写过一本科学著作《梦溪笔谈》。这人还是个高级官员，参与过王安石变法，当过财政部的长官——三司使。这个官职，在地位上仅次于宰相，俗称“计相”。

沈括在科学上建树甚多，是个奇才，他是科学史上第一个发现“地磁偏角”的人，比欧洲人早了足足400年。在物理学、数学和地质学上，都有发明和创见。

货币，也是他的研究对象。

我们已经说过，宋朝在货币问题上，有唐代的遗传病，就是钱币数量不够用。

“公私上下，并苦乏钱。百货不通，人情窘迫。”(《宋史·食货志下》)

钱荒是怎么造成的？沈括有他的看法，其中较有独到见解的，有下面两条：

一是人口增多，公家和私人的开支也比较生猛（生齿日蕃，公私之用日蔓）。几个因素加在一起，钱币不够用就不足为怪了。

二是公私积蓄的钱币过多。公家实行新法收税费，收来了许多钱币，就藏在国库里；民间也喜好窖藏，很多富户还习惯把大量钱币当作“镇库钱”存起来，动辄万缗。占住了又不用，这些钱就不能在流通过程中创造财富。

他说得很形象：“有十户人家的小镇，假如有钱十万，而仅仅藏在其中一家，那么百年后也还是十万。如果投入流通，让别人能享受这十万之利，十户人家都参与流通，就是百万之利。流通不已，钱就将多得不可胜数了。”

他说，如今最小的乡镇，平常人家都藏着万缗钱，假如让它们流转天下，何愁钱不够用？

他主张要减少公私积蓄，加速货币周转流通。他认为官库和富户占住了钱币，不让货币流转，就不能生成新的财富，于私人、于社会都没有益处。

其实他说的，也没什么新鲜的，不过，到今天也还是有人转不过这个弯来。

前面说过的北宋大学问家周行已，对金融问题的研究，在当时影响也非常大。周老夫子是属于“永嘉学派”的，专长是搞儒家理论，还不是专门的金融学家。

永嘉学派，现在的人不大知道了，在宋朝，这是和朱熹的“理学”、陆九渊的“心学”呈鼎足之势的一大流派，专讲“功利之学”。

他们这群人，以祖籍永嘉（今浙江温州）的为多，所以才有这个命名。他们的观点，和孔子有一个很大不同，就是主张把“义”和“利”统一起来，“不以义抑利”。

由此之故，周行已对“利”也就看得特别透。

他对政府发行大钱很不满，认为这是造成通货膨胀的根源。

他说，大钱的价值，仅值三枚小钱，却要当十，这当然要引起物价上涨。而且物价上涨的速度，要比你那通货膨胀的速度还快——“钱之利一倍，物之贵两倍”。

他提醒说，政府想榨取民间油水，老是铸大钱，但民间也不全是傻瓜，跟着就会有私铸。而且就算官府停铸大钱了，私铸也不会停，物价就会一直涨下去。这个连锁反应，责任还在官府。

他认为，通货膨胀就是钱贬值；钱贬值，就是老百姓的财产贬值，这没有什么好说的。但是国家是否就能通过这很不地道的通货膨胀，捞到很多好处呢？也不见得。

因为政府本身也要购置商品，同样也要受通货膨胀之苦，要花费更多的行政支出。因此，铸大钱纯粹是短视行为，饮鸩止渴。

周行已是个老夫子，终身只当过教育官员，但他对钱的问题，看法比有的宰相高明多了。

宋朝的宰相，反而是有很多人对钱的问题看不大清楚。

我们就拣两个最著名的宰相来说说。

一个是王安石。

讲宋朝的政治或经济，不能不提到这个人。王安石倒是个忧国之士，当了副宰相之后，就开始在神宗支持下变法。他在任上还不到十年，被迫下台后，他的新法继续在推行，前后共实行了17年。

王安石抱的是富国强兵的大志，在当时民本意识的浓厚氛围中，大家都讳言“富国”，所以他只提“理财”。

理财的目的，还是为了解决财政紧张的问题，可是他也不说，只说是为了“抑兼并”，为了帮助弱势群体。

在他的一系列新法中，与货币流通密切相关的，是“青苗法”和“免役法”，在这里必须说一说。

所谓青苗法，就是国家对农民的信贷，一年两次，用的都是钱币，因此钱币的需要量就猛增了上去。

所谓免役法，是把差役改为募役，各户按资产情况出“免役钱”，然后国家拿这钱去雇人从事劳役，免得老百姓耽误种自己的庄稼。但是这也增加了钱币的使用量。

因此，从神宗时候起，官府铸钱量也开始猛增。

钱，源源不断造出来，但仍不够用。这里面既有原先钱币大量流到境外的原因，也有新法带来的新问题。

实行新法后，要求老百姓交钱的时间比较集中，规定每年老百姓还钱的时间是两次，到时官家催逼得很紧，撵得鸡飞狗跳墙。民间急着用钱，钱币当然就非常紧缺。

前面提到过，因为实行新法，官府每年都收上来很多钱币，都贮藏在官库里，实际的流通量也就大大减少。

还有就是，本来钱币就不容易流通到穷乡僻壤，现在要求农民交钱，农民又上哪儿去弄钱？农民被逼无奈，只得“伐桑枣、卖田宅、鬻牛畜”，惨啊！

道理很明白：一闹钱荒，物价就下跌。农民为了交钱，就得忍痛贱卖农产品。这就使名义上的利民政策变成了害民恶法。

王安石的变法，把农民坑得不浅，朝中的一大批官僚，必然要借民间舆论反对新法（他们也不完全是政治保守派，起码有一部分还是关心民生的），再加上其他政治因素，最后导致新法完全失败。

为此王安石得了个绰号，叫作“拗相公”。

什么叫拗？一意孤行也。

王安石才高八斗，为人超脱，平时大概不大沾钱这种俗物。没有这方面的实践，自己在理论上有缺陷就很难察觉到。

他的变法，千好万好，单单就忘了农民搞钱很不容易这一基本前提。

另外还有一个名气比王安石还大的宰相，就是秦桧。

秦桧臭名昭著，他的种种“事迹”，就不用在这儿多讲了，只说他执政时期跟钱有关的两件事。

南宋各代皇帝也大都铸过铜钱或铁钱，只不过发行量不大，因为铸造成本太高了。钱币本来就少，咱们的邻居日本，偏偏又喜欢用宋朝铜钱，他们的商船来宋境，都要偷偷带走大批铜钱；南宋的商船和水军，也都热衷于偷运钱币卖给日本人。

这样，南宋闹钱荒，就是家常便饭。

南宋绍兴年间，正是秦桧当政时，京城临安又闹开了钱荒。当时严重到市场交易都没法进行了，朝野上下人心惶惶。

对这个困扰了人们千年的老问题，秦桧还能有什么办法？

——你放心，能害得了岳飞的人，自有他的一肚子诡计。秦桧想了想，就叫了一个理发匠来给他理发。

理发匠万没想到：这一次理发，堪称人类理发史上报酬最高的一次。秦太师叫人拿出了5000枚当二铁钱作为工钱。

这就相当于1万枚标准钱了！

理发匠目瞪口呆。秦桧整理好衣冠，郑重其事地说："过几天将有圣旨下，此钱不可再用！你可速去买些儿东西，花掉它了事。"

理发匠千恩万谢，出门后就直奔市场购物，一面还向人散布这一最新消息。

秦太师的理发匠说的，还能有假？众人闻风而动，都跑出去倾囊采购。不到三天，京师流通的钱币就大大增加。

钱荒缓解了，绍兴铁钱也并没有废掉。

秦桧太懂得世情了：在宋朝，流言肯定比实话管用！

还有一次，京师又闹钱荒，商店里的货物积压，没人买。情况严重到临安府的长官也跑来向他汇报，请他拿主意。

秦桧笑道："易耳！"于是马上就召文思院的官员前来答话。

文思院是从唐代起就有的国家工艺品作坊，专门给皇家制作金银犀玉等器物。还没等文思院几位头头赶到，秦桧又故意派了好几批人去催促，一路络绎不绝。

文思院的长官终于气喘吁吁地赶到了。

见气氛已经造足，秦桧就说："刚才得谕旨，将要变钱法，尔等可先去铸一贯样钱来看看，不日就要把现今流通之钱禁废。"

他又定下了期限——限次日中午办好。文思院的官员连忙回去组织工匠试制，忙得一宿没睡。

这消息当然又不胫而走，富贵人家行动最快，蜂拥到市场去抢购——也只有他们有底气扫货。几天下来，市场物价飞涨，陈货一扫而空，柜台里钱币堆积如山。

那边文思院的官员忙了个半死，把样钱如期呈上后，就再没下文了（冯梦龙《智囊》)。

明代小说家冯梦龙对秦桧搞的这两次心理战有评价，说“贼桧亦有应变之才”，不过只是“小人之才”罢了。

过去北宋名相文彦博也搞过类似的战术，但那散布的是真消息，以稳定民心。现在秦桧放出的是假消息，让老百姓上当。

估计这可能是古人给秦桧编排的故事。要真是这么干，也就等于政治上自掘坟墓了。

但是，谁敢说这样的“狼来了”战术不好使？

至今也还有人在用，也还有人在上当。不是吗？

宋朝的“大户室”也相当震撼

接下来我们该说到宋朝的信用业务了。

宋代的信用事业，很奇怪，不像其他方面都远超过唐代，似乎进步不大。唯一的区别，是政府信贷更为制度化。

这个制度，就是王安石搞的青苗法和市易法。

青苗法，前面已经涉及了一点。这个办法，王安石在早年当知县时，就在辖区内试验过，他觉得很管用。

这实际上就是农业贷款，具体实施办法是：用国家仓库存放的粮食作为信贷资金，一年分两次贷给农民，让他们做谷种。正月三十日放贷一次，五月三十日放第二次；农民随着缴纳夏秋两税一块儿归还。

“青苗法”的贷出和还贷，都是按钱折算。贷款有数额等级，共分五等，看你的贫富程度而定，最多的贷给15贯，最少的贷给1.5贯。让你用半年左右，政府收利息2分。

按说王安石也还是爱民的，留了个心眼，没有硬性让农民直接还粮食——要是哪一年粮价高，农民用粮食还贷岂不是要吃亏？所以，是按照前10年丰收时的平均粮价折算（因为丰收时谷价较贱），让农民还钱，当然还粮食也行。

这是一种国家信贷，借给农民稻谷种子，是为了保证贫困农民能维持生产，免得土地被富户兼并。

动机可以说不错，但是这里有一个问题，拗相公没有想到：农民要是还钱，确实是不吃亏，但很多农民弄不到钱，只能还粮食。还粮食的话，就要按丰年的低价来折算，这样在平常年间或者歉收年头，农民恰恰就要多还很多粮食。

再加上在具体实施过程中，经办官员不都是孔圣人，谁都想弄点猫腻，结果农民还贷的实际利息付出，往往要比理论上高出很多。

现代经济学的创始人亚当·斯密认为，一切税捐，都应在最适合于纳税人的时间与方法收之。“青苗法”没有做到。

亚当·斯密还认为，每一税捐都应善加设计，务使公民在他的财力上受到最少可能的损失。这一点“青苗法”也没有做到。

青苗法就是这样，从一部好法变成了恶法。本来是一项扶助农民的好政策，却变成了赤裸裸的官营高利贷。

这一点，拗相公坐在他的办公室里，是绝想不到的。

青苗法因为反对的人多，曾两次被废除。后来降低利率为每次1分，一直实行到徽宗时代。

另一部与信用有关的新法，是市易法。当时在京师和各地，都设立了物价管理机构——市易务。

这个宋朝的“物价办”，同时又兼有金融信贷职能。

市易务的工作人员有两种，一是“行人”，就是办事员，二是“牙人”，就是经纪人。都是从商铺和市场经纪人中招募来的。

市易务掌握着一定的资金，可以放贷。具体办法是，商人可以向官府借钱，以田宅或金帛作为抵押，没有抵押物的可由5人联合担保。

比较爽的是，商人也可以在自己的货物滞销时，把货卖给市易务，等到该货物好销时，又可用分期付款的方式回购（类似现在的按揭）。

借钱或分期付款回购，在半年内付清的付息1分，一年内付清的付息2分。

王安石自认为脑袋瓜子灵，实行了这个法，就能防止大商人垄断囤积，有利于小商人资金周转——这样不就促进市场流通了吗！

相比之下，王安石对商人可远比对农民优待多了。同是半年期的贷款，农民要付息2分，商人则只付息1分，同时又没有钱粮折算的问题，所以商人的利息负担要比农民小得多。

这种越穷越要多花钱，越富弄钱花越容易的事，你真是没地方讲理去！

王安石当然想不到：这个法，在实行过程中也有一些麻烦。比如，大商人是没法垄断市场了，可是官府可以借此垄断市场，什么货物好销了，商人要回购，官府就会趁机抬价。

另外，商人方面也知道怎么对付官府，那就是赖账不还；要不就是回购不按期付款，也是一个拖字。

不按期还款的情况很严重，有时达到“十有五四”，闹得朝廷很伤脑筋——不就是欠钱不还吗，还能治他什么罪？

近代以来的经济学家都是悲天悯人的，所以西方有人把经济学家称作童话里愁眉苦脸的驴子。唯有凯恩斯是乐观主义者，认为没有政府搞不掂的事。

王安石就是11世纪的凯恩斯，可是他用政府手段干预经济，除把民间闹得鸡飞狗跳之外，什么都没搞掂！

再来看其他的信用方式。宋朝的经济发达，钱的流通量也就更大。跟唐朝一样，商民一时手头紧张，比如娶媳妇钱不够用，就可到“质库”去抵押借钱。

质库有民办的，也有官办的。此外和尚在宋朝也再度活跃起来，寺院又成立了典当行，在宋代叫作“长生库”。

那时的寺院都富，主持们也不想让钱都发霉了，所以乐于放债。宋朝的大诗人陆游，对寺院放债这事儿深恶痛绝，认为这么做极为“鄙恶”，应该坚决禁绝——不过他说话没分量，没人听。

那时的民间质库，有时候借款的利率也够狠的，最高月息达到10分，有人认为这是“不仁之甚”，简直是趁火打劫。

官营的质库就要好得多，宋代叫作“抵当库”，是从市场“价格办”的有关业务渐渐独立出来的。抵当库比较仁慈，收息很低，是专为解决百姓急难而设置的，不图大利。

宋代也有“飞钱”，不过是完全制度化了的官营汇兑，由朝廷设立“便钱务”，主要业务是从京城往外地汇款。那时商人汇钱，要先向中央财政部申请批准，每汇一贯，扣除手续费20文。

朝廷在这方面很讲信用，对各州官府提出了要求：商人只要凭券（汇票）就可在当地领钱，当日给付，不准滞压，违者处罚（《资治通鉴长编》）。

汇兑最盛时，宋朝每年有280余万贯钱在京师和各地间飞来飞去。

同时也有从各地往京师汇钱的，也有各地通汇的，一般是收10%的汇费。比较有意思的是，有时候汇钱还不收汇费，反而贴水3%~4%。

汇钱还给利息，这也太仁慈了，搁到现代人身上，还不得受宠若惊？大概是宋朝时京师缺钱用吧，所以鼓励商人往京师汇钱。

后来纸币大量发行，“飞钱”业务才渐渐衰落下去。

前面说过，宋代的货币特别复杂，金、银、铜、铁、纸一起上，另外还有不同的货币区，所以兑换工作很繁重。承担兑换业务的，是从唐代延续下来的金银铺，到南宋时，又改名叫“交引铺”。

什么是“交引”呢？就是国家颁发的特许专卖证。

宋朝的盐、茶都由国家专卖，商人如果要批销，须先去专营机构交钱，领到一张“盐引”或“茶引”。这东西统称“交引”（也叫“钞引”），凭着它，到盐场或茶场就可领出货来。

无论什么东西一专卖，就很赚钱，所以“交引”本身也很值钱，可以互相转让，有如今天的有价证券。

交引的交易，就在金银铺进行，所以金银铺后来就改叫交引铺。

那时的金银铺，可不是小店，而是古代的证券公司大户室。主办者都是京师富商，客户也都是富豪。

据当时的人记载，金银铺“屋宇雄壮，门庭广阔，望之森然，每一交易，动辄千万，骇人闻见”（《东京梦华录》）。这种金银铺，在南宋的临安城内就有上百家。

但是再厉害的狐狸，也玩不过猎人。宋朝的当朝宰执大臣们，才是金融界高高在上的猎人。

有这样一件事：大观三年（1109），朝廷中枢开会议定，当十钱贬值为折三钱。讨论完毕，一散会，宰执们就派人用车装着马上就要贬值的钱，去抢购黄金。

京师的金银铺对此竟毫无所知，还高兴这下子可来了大买卖呢。两个月后，贬值令正式下达，金银铺全都傻了眼！

——玩钱的被钱给玩了。

这信息也太不对称了，京城人都把这事传为笑谈（《文献通考·钱币考》）。

那时候还有彩帛铺，是做丝绸交易的，性质与金银铺类似，也兼做证券交易。

北宋末年，金兵攻破了汴京城，擒住了徽宗、钦宗“二帝”，又向北宋朝廷索要巨额战争赔款。

北宋的留守大臣们被逼急了，就竭尽全力对民间搜刮，强制征收老百姓财产。他们特别盯住了交引、质库、金银、彩帛这四种店铺，重点搜查，往往从一家店里就能搜出千万两银子！

——对不起了，国弱，没有办法呀。

你们不是富吗，那就多出点血吧！

宋朝需要打点的“亲戚”何其多

要说北宋的积弱、屈辱，那还是来自太祖赵匡胤、太宗赵光义。这哥儿俩先后打辽国，都打得不顺，落下了祸根。

一个国家开头弱，就代代弱；所以雄才大略的皇帝，都特别重视开国后的几场大仗，务必要打得强邻闻风丧胆。

而赵匡胤的策略，是先易后难，先拿下的是比较弱的后蜀、南唐，没有拼了全力先解决北方的大患。这一偷懒，华夏大地上，北宋就多了几个“亲戚”，有辽国、西夏和后来的金国。

辽和西夏还好点，辽是大宋的“哥哥”，西夏是大宋的“臣子”或“儿子”，但是金国却成了大宋的“伯父”。国弱，连辈都降了，这让豪放派词人怎么能心平气和?

我们来看看大宋这几个亲戚国家的货币。

辽国是游牧民族建立的，还保留着古老的风俗，牲口、布帛都是货币，和铜钱、白银一块流通。辽国盛产羊，所以羊的“币值”并不高，据记载一只羊才换二斗小米。

辽的冶炼技术当然也不过关，铸的铜钱很少，辽国人所用的铜钱大都是从境外流入的宋钱。苏辙曾经出使过辽国，回来后说：“北界别无钱币，公私交易，并使本朝铜钱。”

大宋也很郁闷啊：自己国家的铜钱，要让周边几个国家都抢着用，无怪乎要闹钱荒。

辽国自己铸的铜钱，多为年号钱，但是数量很少，工艺也不精——有大宋的漂亮铜钱用着，这算不了什么大事！

但是，辽对铜钱的政策却很严厉，是“只进不出”。凡是持有10贯以上铜钱出南京（今北京）者，统统砍头没商量！

没办法，钱不多，法就得严点儿。

辽国在信用事业上，也有一些创举。它在辽阳一带的50余城和沿边各州，都设有“和籴仓”，专门进行粮食放贷。

这些粮仓跟义仓不同，借出粮食的对象不一定是贫民，谁借都行。国家贷粮的目的，是收取利息，然后用于购买储备粮。算是“以粮养粮”吧。

辽国早年曾经发过大水灾，许多穷人生活艰难，只得把自己的子女抵押给富户，借一点活命钱糊口。穷人子女到了大户人家，那是不能闲着的，要无偿干活。

辽圣宗知道了这事，大不高兴——这不是剥削吗？于是下令，今后抵押女子替债主做工，要算工钱，以每天10文计算，工钱抵得上债务之后，就要放人家的儿女回家。

这么看来，辽国的政策很仁慈。但就像钱币都有两面一样，辽国也有很不仁慈的一面。

因为它的皇帝都信佛，所以寺院办质库放债又成了香饽饽，有的一年收入能高达千余贯。放债利息据说相当高，有的戍边士兵家境贫困，向他们借钱，最后卖儿卖地也还不上。

而这样的问题，辽国皇帝一般就不闻不问了。

再来说西夏。西夏是党项族建立的政权，国号“大夏”。这个边地民族的雄心也是不小，竟然使用了咱们最老的老祖宗的国号。“西夏”，只是宋朝人的叫法。

这个国家，在咱们印象中好像是个边远小国——错！

边远是边远，国家可一点也不小。它幅员辽阔，有自己的文字、制度，完全是仿照宋朝建立了一个完备的国家。

西夏人本来是游牧民族，可他们善于学习，因为长期与汉人杂居，农业技术学得很地道。史书上说他们“耕稼之事，略与汉同”。

还有更绝的，是他们把宋朝的瓷器制造技术也学到了手，还融进了自己的艺术特色，生产的瓷器能批量出口海外！

前面我们讲过，西夏和北宋差不多整整打了100年的仗，最后终于讲和，西夏对宋称臣，继而称父；但是宋朝这个“老爹”，只占了辈分上的便宜，却每年要“赐”给西夏儿子大批财物。一开始还只是银万两，到后来竟然达到了银7万两、银器2000两。整个西夏使用的银子，全都是由大宋给提供了。

这个窝囊的大宋，有银子就这样源源不断地给别人，就没有别人给它上供。

和辽国一样，一般西夏人所用的铜钱，大多是宋钱。

西夏自己也铸了钱币，基本都是年号钱。文字上分两大类，一种是西夏文钱，写的是“某某宝钱”；另一种是汉文钱，写的是“某某元宝”。

西夏同样也禁止钱币出境。它的南部与宋朝的四川接壤，四川用的是铁钱，西夏就严禁自己境内的铁钱往四川流通，也禁止四川的铜钱流进来。这是怕有人利用铜铁钱之间的差价占便宜，那将会导致境内的铁钱大量流失。

西夏的信贷业，很有它的民族特色。在西夏法律中，有专门关于借贷的条款。这个民族大概是草原的彪悍劲儿还没退化，有一些条文内容很淳朴。我们今人看了，会觉得那些西夏人很可爱。

比如，西夏法律规定，借债必须归还，保护债权人利益。但有欠债不还的情况应该报官，由官府出面处理，债权人不得强行向债务人索要财物。这一条，体现了很强的物权意识。

西夏对于借债利息也有法律规定，无论官债还是私债，利息由双方约定。一般性质的借款，要是偿付的利息已经与本金相等，就不得继续索要利息了。

要是穷人实在还不上钱，可以用劳役顶债。

这两条，都是保护弱势群体的。

如果借债是为了做贸易，那么利息可以是任意比例，但利率不得超过本金数额一倍。

借债人若是无力偿还，就由中间人偿还。子弟要是背着家长借钱用于挥霍，家长愿意代偿的就代偿，不愿意代偿的，就由子弟自己看着办吧。

对老百姓典当也有规定：价值10缗以下的典当，不需要保人。假如典的是偷来的东西，一经发现，当铺无罪，赃物归还原主。典当出去的钱，是谁拿赃物来典当的，由谁偿还。

超过10缗价值的典当，一定要有人作保。假如是偷来的物品，三个月之后没人来赎当，就要归还原主。贷出的钱就算当铺自认倒霉，什么时候抓到了贼，再由贼来赔偿。

还有不少诸如此类的条文，一方面相当质朴，一方面又极为详尽周到，一点看不出草莽的样子。

法律要制定到这个程度，才能让人有法可依，且不至于给执法者留下太多可玩猫腻的弹性空间。

西夏人的思维方式，就这样既单纯，又明确。

最后再说说把北宋给灭了的金国。这个国家，是女真族建立的，受宋朝、辽国的影响很大，转型也是滴溜溜地快。他们使用的货币有铜钱、白银和纸币三种。

他们的铜钱也是不够用，后来宋朝向金国称侄，每年奉献大量白银，金国就顺水推舟用开了银子。

金国立国初期的40年间，根本就没铸钱币，只用辽、宋的旧钱。而它扶植的一个短命傀儡政权——伪齐，反倒既铸了钱币，又发行了纸币。

金国是较晚才开始发行纸币的，叫作“交钞”，比宋朝的交子要稳定一些，7年才更换一次。它在货币方面的政策，和其他国家大同小异，这里就不多说了。值得一提的是，这个以赫赫武功著称的国家，在货币史上也有巅峰之举——创下了中国历史上最严重的一次通货膨胀。

金国末年时，和蒙古开战，为了赏赐军士就狂印钞票，共印了84大车，运往前线。

印钞票就像印宣传单似的，那还能值钱吗！交钞从此一路狂贬，商人都拒绝接受。

为了稳定交钞的价值，金国的高层领导没少想办法，比如禁止铜钱流通，对市场贸易、发薪水、纳税等都限令用钞。

但是，就算政府推动也没什么效果，交钞最后贬到了每贯只值一文，相当于原价值的千分之一。老百姓都说，这叫钞票"坐化"——没看出有什么动静，就死了！

后来政府又连续发行大钱和"大票"，企图挽救币值，都挡不住交钞一泻千里。民间干脆不管你那套，全都以银论价。

若以金国发行的五种纸币依次推算，这个国家的最后20年里，物价上涨了有200亿倍还多，为史上闻所未闻！

废纸也比它的纸币值钱啊！金国灭亡的时候很狼狈，在货币史上，也留下了这么个恶名。

在信贷方面，金国原来没有官办的质库，而民间的典当铺又捞钱太狠，利息高达5分至7分，或以利为本，放驴打滚的债。后来，比较英明的金世宗看不过去，决定成立官办质库，只取一分利，基本等于公益事业，收来的利息作为给官员的补助。

这种官办质库，叫作"流泉务"，最兴盛时，金国各地约有30多所。

金国开国时有一条国家法律，是坚决维护债权人利益的，但相当不人道。该法规定：凡是欠债（无论公私）还不起的，本人或家属要充当奴婢以偿债。

因债务而没身为奴，这是非常原始的法律。几十年后，有的地方有所松动，由官府出钱把这些"钱奴"们都赎了出来，放归了家乡。

但是金国的皇帝，也有很怜惜百姓的。

那位金世宗，是金国开国皇帝完颜阿骨打的孙子、也是有名的"改革家皇帝"。他心肠比较软，上台之后，宋金两国30年没交战。他也下过命令，凡是因受辽国劫掠或因饥荒而卖妻卖儿的，都由官府出钱赎回。

这事情，咱们细想想应该很震撼！

金国是北方强国，把大宋欺负得够呛，我们一般所接受的文化熏陶，都认为金国的形象不大仁慈。但历史就是历史，铁马金戈的金国皇帝，也有爱民的事例。

俄罗斯农民有一句谚语："一切都会逝去，唯有真理留下。"

说得太对了！

金国的一位统治者，就因为做了这么一点点好事，史书上就留下了一个正面印记。

古代的许多坏人之所以不大敢肆无忌惮，怕的就是历史的结论！

第十三篇

元朝官员的腐败可不是一般的

真理简单到连小学生都懂

读我的这篇草根货币史读到现在，相信大家对钱，都读出一点感情来了。钱这东西，是很好，很可爱——要不是它带来的烦恼那么多的话。

一般来说，钱带给我们来的烦恼，分为两种。

一种是“我爱她，她不爱我”，弄不到钱，手上一分钱的余钱都没有。

也许有的读者，个人账户上的存款从来就没超过3000元，不仅是“月光族”，还可能是“啃老族”。

所谓赤贫者，就是这种。

其实这个状态并不可怕，毕竟还没有到要饿死的程度，只是没有存款而已。该吃的能吃上，该喝的能喝上，只要不想吃天鹅肉、不得大病，是不会有太大痛苦的。

另一种烦恼比较讨厌，就是手里有那么一点点钱，以万为单位吧，但是不多。一部车，勉强能买下；一套房，或许就买不下来。

账号上数字的后面，排着几个“0”，像是在哭，也像是在笑，更像是在干瞪眼！

环顾四周，真正的富人正在挥金如土——高尔夫已经不算啥了，马术俱乐部也不稀奇，弄个私人游艇啥的，不过是刚起步。

可是我们……把这几个钱攥出了汗，也不知该干什么好！

放进银行存“死期”吧，只要报纸上说CPI（消费者物价指数）在涨，就等于说钱在缩水。

拼死拼活赚那么一点钱，让它发汗似的蒸发掉，于心不甘哪！

可是投资呢，就更加茫然——投什么好？买房、炒股、买基金、做小本生意？不论哪个领域都有“雷”！

朋友们大概都希望我能给参谋一下：

这点钱，干些什么才好？

也许已经有朋友感到困惑了：怎么你一会儿说“傻瓜才存钱”，一会儿说“钱还是攥在手里踏实”？

究竟哪个是真理？

这世界没有真理。

我要是能给出具体答案来，就是先知者了，大概也就没工夫在这儿瞎侃了。

真理不是技术性的问题，不是技巧，不是猜谜，它只是一种原则。

《孙子兵法》有“谋攻”一篇。这里我只能给你“谋”，至于你往哪儿攻，怎么攻，那是你的事。

我要给你的“谋”，是凯恩斯先生的三张牌。

非常简单，非常清晰，非常实用。

54张扑克牌你都能玩好，这三张牌你要是玩不好，就别埋怨什么游戏规则不公平了。

各位，看好了——

第一张，是“购物”。

第二张，是“谨慎”。

第三张，是“投机”。

如果你手里有了一点钱，就等于有了这三张牌，什么时候出什么牌，要看情况。

简单地说，如果是情况一：股市大涨、房市大涨的时候，你就出“投机”牌（包括炒房）。说“投资”，那是雅皮士们遮羞用的——白来的钱为什么不赚？

如果是情况二：股市涨得有点离谱，街谈巷议，甚至你身边对经济最迟钝的人都在说买股买基金能发财的时候，也就是逆转将至之时，你就出第二张牌“谨慎”。

不要动了，能收回的收回，能出手的出手，看看红绿灯再说。

至于股市、房市暴跌的时候，那就不用说了，傻瓜也知道要谨慎。而且，最重要的是，不要以为明天就差不多跌到了底，不要梦想“抄底”，不要做逆势增持的傻事——那不是跟赌博差不多？

要看到它明明白白“雄起”了再说。少赚一点，总比被套住好啊！

要是股市熊了，市场淡了，热闹也不知“何日君再来”了，好像是谷底——但走势不明，也还是这张牌，不急。

货币贬值是个沙漏，而一旦买错了股票之类，那就是桶掉了底！

两害相权，我们还是把钞票攥紧一点的好。

如果是情况三：股市不熊也不牛，房市不肥也不瘦，市场出现了长期平稳或缓慢向上，那么好，祝贺你！这是小富们的黄金时代。

这时候，干脆你什么也不要想了，就当自己是癌症晚期，想吃什么吃什么，想玩什么玩什么，还有什么未了的心愿，就把它了结了吧——可以出手买东西了！

——暴涨暴跌都不可能出现的时候，你不买东西还迟疑什么？

（至于做小生意，那不属于我们讨论的范围，你啥时候做都行，只要选对了行）

这就是第三张牌“购物”。

当然，要买那些值的，能真正愉悦你身心的、急需的，或是你的欲望中排在第一二位的（包括购买自住房）。

这个时候，要注意，“虚”的财产还是轻易不要购买，像股票、基金之类，千万要等到它们节节上升时再说。

除了这三张牌，投资理财上，就再也没有什么别的牌。

不管是什么金融机构的专业人员怎么对你说，其实都是一个意思：“请把你的钱给我用一用。”

所以你不要信。

你就信凯恩斯的这三张牌。

玩好了这三张牌，你在投资理财上就将是无敌英雄。如果还不是，你再来找我。

你瞧，真理有那么玄乎吗？没有。

几个字就能概括，几百字就能讲清，小学生也能领会。

真理，它就是咱们老百姓的基本常识。

元朝的口碑为什么不好

当代有很多人自视为英雄，也确实有一小批人的能量了不得。

可是说到底，商场上的英雄也不过就是水泥格子里的英雄。无非是吃不厌精、穿不厌精、玩不厌精。这其实和“英雄”的原始词义不相干，倒是与“花花公子”相类似。

而真正的英雄，原是指弯弓射雕的壮士，是指横扫万里的雄主。

这样的英雄，何处能觅？

恐怕要到大元朝的猎猎雄风里去找。

接下来我们要讲的元朝，是个有特色的王朝，它是第一个由游牧民族入主中原建立的统一王朝。

蒙古帝国的创始人是蒙古族的大英雄成吉思汗。

他麾下的蒙古大军是一支无敌的部队。

蒙古军横扫欧亚的功绩在这里就不提了，单是在华夏这一块，宋朝连同它的几门亲戚——西辽、西夏、金，都是被蒙古一个个给收拾掉的。

咱们后人对元朝的印象，似乎都不大好，也没听说过元朝有什么了不得的成就。

其实这都是偏见。元朝接管了宋、金、西夏这几大摊子，经济上不可能不发达。西方人最初认识的繁华中国，就是元朝。

威尼斯商人马可·波罗，是让西方睁开眼睛看中国的第一人。

当然也有人不信马可·波罗到过中国，说他在游记里有好些中国的风俗没有提到。不过，就算《马可·波罗游记》里的情况是他听来的，那也是关于元朝的盛况。

他的游记里说，南宋首都杭州，有10个庞大市集、房屋160万栋、工场14.4万家。

这规模让欧洲人惊得差点没背过气去！

他还说，被欧洲人视为珍品的胡椒，杭州人每天都要消耗4740公斤。欧洲人就更呆了：这不是天方夜谭吧？神仙也不可能这么奢侈啊！

他又说：杭州城内石桥有1.2万座，桥下可通大船。

这可让著名的水城威尼斯脸往哪儿搁？

马可·波罗说的，到底是真是假啊？

这是700多年的老话题了——没有答案。

可是，就算他是撒了一点谎，也是合理的夸大，元朝确实是繁华。

元朝的统治者，从元世祖忽必烈起，就很重视经济。他们从农业这个根本抓起，在中央机构里专门设立了“大司农司”，各地也设立了“劝农司”，经常派农业专家下乡视察指导。

这个中央的“大农业部”，还“遍求古今所有农家之书”，编辑了一本农业技术书籍《农桑辑要》，发给各级农业官员使用。

元朝的中央还设置了“都水监”，地方设有“河渠司”——这就是古代的水利局了。

不过蒙古人在刚进入中原的时候，对农业可没这么重视，曾经一度想不搞农业！

草原英雄们还没改掉靠抢掠补充军需的习惯，一下子占了那么多农耕土地，竟然束手无策——再抢吧，这都算是自己的臣民了；不抢吧，吃的喝的从哪来？

有个叫别迭的高官就说：“得了这些汉人有什么用？不如斩尽杀绝，空出土地来让草木繁盛，做咱们的牧场。”

这主意荒谬绝伦，可是很多蒙古高官深以为然。

幸亏契丹贵族出身的宰相耶律楚材反对，他给元太宗窝阔台出主意说：“可以收税嘛，那不是要什么就有什么！”

这一言，才解救了千千万万的汉人。

大元朝的弯子转得很快，从此把农业作为了立国的根本。

从不会到会，元朝高层也是极聪明的，以至元朝成了中国古代最善于修建水利工程的一个王朝。

不过，河里总是淹死会水的，元朝最后也是因为修黄河把天下给丢了的——当然这是另外的话题了。

那么，元朝有宋朝繁华吗？有！

——只有过之，而无不及。否则，怎么可能震慑住马可·波罗这位威尼斯商人？

我只简单讲几条。

在咱们的印象中，我国古代的农民除了种稻谷，就是种棉花吧？不对，一直到宋代，棉花的种植地区还仅限于西域、海南、闽广这些边远地区，是元朝才把棉花向全国推广的。

咱们在大夏天一天恨不得吃两个才过瘾的西瓜，也是在元朝才广泛种植的。

元朝的棉花种得多，棉织品也就发达。有个黄道婆大家都应该知道，她从海南岛黎族人那里学了先进的棉织技术带回中原，还自己发明了脚踏纺车。

这也算是小小的技术革命吧，从此元朝的纺织业就搞得红红火火。民间都说，当时仅松江府产的棉布，就够天下人穿衣服用的（松郡棉布，衣被天下）。

元朝在泉州、宁波、广州三地都设立了“市舶司”，负责管理对外贸易、对商船抽税。那时候的泉州，不仅是中国第一大港，在世界上也是数一数二的。

有个摩洛哥旅行家伊本·拔图塔，曾经到过泉州，据他所见，泉州港内停有大船百余艘，小船无数。他说，泉州实可谓全世界唯一最大港口！

各位可能要问了：既然元朝的经济发达，老百姓的日子一定也不错，为什么史家对元朝的评价却不怎么高呢？

这是不是有什么偏见？

不，评价不高，跟元朝以武力“入主中原”或者国运较短无关，跟意识形态无关，主要就是因为——元朝的老百姓日子过得不好。

首先一点，是贫富悬殊，土地集中的情况非常严重。

元朝的居民身份很不平等，在政治地位上分四等人，即蒙古人、色目人、汉人、南人（江南人）。这里边的“色目人”是指西域人，因为西域人这个概念包含得太广了，除回回人、西夏人、畏兀尔人这些我们可以想到的之外，还包括了中亚人甚至欧洲人。“色目”的意思，就是“诸色名目”，据说有31种人之多。

这一、二等人里面的蒙古、色目贵族，通过合法的受赐、职田与不合法的巧取豪夺，占有的土地实在太多了。皇帝一次赐给宠臣的土地，往往就是一千顷。

那时候的寺院也是大地主，动不动就是占地几十万顷。

土地一集中，佃户（给地主打工的农民）的地位就极为低下。元代的地主能干预佃户的婚姻、能指使佃户的子女干活，还经常把佃户随田转卖。

在元朝，还有比打工地位更低下的“投下户”和“驱口”，也就是战争俘虏，基本就是主人的财产，没有什么人身自由。

也有因为交不起租税或因遭遇饥荒，自己卖身为驱口的。

可以想象得出，这类人的生活，非常悲惨。

其次是元朝的差役非常重，除正常的劳役之外，官府还经常征发民夫，担负繁重的修建工程、治河、运输、筑城、为驿站服务等任务。老百姓被迫出工出力，荒废了家业，甚至有被弄到家破人亡的。

还有就是官员们普遍太跋扈。历朝各代的官员其实都想搞腐败，但多少还有点忌惮言官和监察御史，元朝的官员可不管那个，比较放肆。

举一个例子来说。

有证据表明，元代的娼妓业很繁盛。马可·波罗曾说，杭州的妓女“其数之多，未敢言也，不但在市场附近此辈例居之处见之，全城之中皆有。衣饰灿丽，香气逼人”（《马可波罗游记》）。

由于妓女太多，所以各地政府还专设了一个低级职务“管勾”，来负责管理妓女。

元代的诱惑甚多啊！而最容易被诱惑的，是官员。

据《元典章·兵部》记载：至元二十一年（1284），岭北河南道有一个“管勾”张椿告状说，有个过路住在驿站的“崔局长”（原文如此），写了一个手帖，向张椿索要钱财，还要三名妓女去驿馆伴宿。当天因为夜深了，妓女叫不到，崔局长发了火，竟然把张椿痛扁了一顿。

张椿还诉苦说，自从他分管妓女以来，不过才两个月，来往使臣要妓女提供服务的达88人次，只有4名官员知道名字，其余都不知道名字。在他经办的过程中，据他所知，有妓女32人次陪睡以后，分文未得。

这个案例一看便知：元代的官僚风气，可真是不咋的！

在元朝，谁能快乐而自由？

是上层——官僚、地主、高级僧侣。

他们不明白，这国家就算是你们的，也不能由着性子胡来呀！一个国家，对老百姓的盘剥总还要有一个度，不能让下层人总活在非正常状态中。

这样的王朝，老百姓的口碑肯定不会好。当积怨到了一定程度，一个火星儿就能点燃燎原烈火，至正十一年（1351），元朝政府征发农民15万修黄河，超出了民众负担的极限，终于把老百姓逼反。

当时民工们还编了一个民谣出来，说是：

“莫道石人一只眼，挑动黄河天下反。”

此言一出，就预示着天下要开始大乱了。

元朝之所以在几个大一统王朝里最为短寿，看来是有必然原因的。

不是说“出来混，都是要还的”吗？

那么，历史就是所有统治者的总债主！

摇啊摇，一摇摇到“银锭桥”

说起这个不怎么样的元朝，在中国的货币史上却有重要地位，它是古代纸币的鼎盛时期。

马可·波罗来中国的时候，看见过纸币流通，他大感神奇。

——你付给我一张纸，我就卖给你东西。

在欧洲，闻所未闻！

他把这个见闻带回欧洲，竟引起讪笑：一张小纸头，就能买东西？胡扯！马可先生从东方回来，喝多了酒吧。

可这是事实。

元朝发行纸币比较成功，开初管理得也很好，致使财政收入大增。不过先紧后松是王朝的行政规律。到了后半期，政府就不按照规矩办了，一缺钱，就增发纸币，搞通货膨胀，想方设法把百姓腰包里的钱变到国库里。

元朝纸币的特点，是以银两为单位，后来渐渐成为不可兑换现银的纯纸币，完全脱离了代金券的性质，成为本位币。

纸币于忽必烈中统元年（1260）开始发行，跟宋朝一样也叫“交钞”。

元交钞很奇怪，是以丝为本位、以银两为单位。每张“面额”银50两，值宋朝的“丝钞”1000两。

稍后又发行了代表钱的“中统元宝”交钞，以此来收回宋的各种旧钞。这就是元朝著名的“中统钞”。

中统钞的“面额”，从十文到二贯，共分10等。最大的“二贯”当白银1两，15贯当黄金1两。

因为旧丝钞是以“两”为单位的，所以元朝人就约定俗成：把贯也叫作两、百文叫作钱、十文叫作分、文叫作厘。

中统钞的发行不分界，也就是不用到期更换，而是长期使用，只是在以旧钞换新钞时要缴纳30文“工本费”。

中统钞发行之后，为了保持币值稳定，政府就用买卖金银的办法来调节币值。因此中统钞可以说是金银本位。为此，元廷在燕京和各地都设立了“平准库”。

“平准”，是指运用“贵时抛售、贱时收买”的方式来调节市场价格，最早是汉代大经济学家桑弘羊提出的理念并付诸实践。

政府还禁止民间私自买卖金银，只有国家才能对民间买卖，并且规定金银只有储值功能，没有流通功能。这就有力地保证了纸币的价值稳定，使纸币成了唯一的流通货币。

中统钞刚开始发行的时候，宋朝前事不远，所以主持货币发行的大臣都非常谨慎，史书上说他们战战兢兢，犹如捧着一口锅，唯恐掉到地上摔碎了。这样敬业，当然管理得很好，历经17年，没有任何贬值。

但是在平宋战争开始后，元朝政府用钱增多，就加大了发行额。我们多少都有点货币知识了，知道这么做就是发“虚钱”。当时一年的发行额是过去一年的4倍，中统钞应声贬值，在后来几年间物价也涨了近10倍！

元政府见势不好，连忙推出《整治钞法条画》，规定官家用金银兑换中统钞仍按照原价。但是物价已经涨上去了，政府若按原价兑换，那不得亏死！所以整治也就是喊喊罢了。

元朝对货币的管理，到后来就不那么有章法了，矛盾之处甚多。比方政府禁止民间金银交易，但是中央给各行省的财政拨款有时候用的却是银锭，这明显又是把银子当成货币来使用了，当然也就挡不住银子在暗中进入流通领域。

有一个概念要在这里特别强调一下，古代小说里常说“一锭银子”“两锭银子”，这里的“锭”，是银子的计量单位，是从过去的“铤”字演化而来的，在宋代有时候就这么写，在元代最终固定了下来。

锭，过去在宋朝有不同的重量等级，在元代则有了一个固定标准，等于50两银子，或等于50贯中统钞。

至元三年（1266），有一位货币总管官员发现，各地的平准库在白银出入库过程中有偷窃行为。为了防止“硕鼠”，他奏请皇上，干脆把50两白银铸成一锭，命名为“元宝”，这样库官若想作弊就有一定难度了。

过去唐钱的名称就叫元宝，现在借过来用很方便，又可寓意“大元的宝贝”，岂不两全其美？

从此，银锭就正式被称作元宝。

顺便说一句，北京现在有个酒吧汇聚的“小资圣地”，叫作“银锭桥”，位置在什刹前海与后海连接处。它之所以叫银锭桥，就因其形状酷似一只倒扣的银元宝。

要是有机会，大家不妨去那桥上走一走，也好沾一沾财富的光。我想，就心理作用而言，这不比花几万块钱买一个“吉祥车牌号”差多少。

朱元璋是在“货币战争”中起家的

中统钞贬值贬得像“猴子拉稀”——没完没了，怎么办？

至元二十三年（1286），有人提出对策建议，说应该发行不兑换的纸币。这个主意，是尚书左丞叶李提出的。

叶李是南宋杭州人，宋亡后隐居富春江。但不知怎么的，越隐居名声越大。元世祖忽必烈看上了他，召他入朝做了大官。

叶李老夫子可一点也不迂腐，他很推崇商人执政，后来推荐了吐蕃人桑哥做右丞相。这个桑哥，就其本性来说，几乎就是个商人，敛财有术。任职后，忽必烈很欣赏他，将其视为“财神爷”。

不过桑哥后来越闹越不像话，不光为国家，也为自己敛财，财富仅次于皇帝。

历史无数次地验证过：一般情况下大臣若是威风到了这个程度，下场往往也就悬乎了。

桑哥最后是因为贪污被砍了头。

我们还是接着说叶李。叶老夫子的最大功绩，是向忽必烈提出了一份《至元宝钞通行条画》。这是世界上第一个不兑换纸币发行条例，内容相当严密。主要亮点如下：

一、新发行“至元宝钞”纸币，1贯当中统钞5贯（这显然是大票，可以把中统钞的“泡沫”吸纳）。新钞叫作“至元钞”，与中统钞同时使用。

二、各地设立官库，设立准备金，用适时买进卖出金银的办法平衡钞值。官府可用银1两向民间兑换新钞2贯，金1两兑换新钞30贯，且兑换价长期保持不变。中央发多少纸币下去，同时也就要按比例发多少现银到各地官库，作为准备金。

三、在发放盐引、收税、公私债务等过程中，凡使用新钞者，都一律按官定币值计算，官方决不贬值。

四、新钞面额从5文到2贯，共分11个等级，比中统钞多出5文的一等，以便利群众兑换。

其余还有各种处罚渎职、贪污、抬高兑现价格等违法行为的措施。

这个建议书，在中国货币史上堪称里程碑式的文件。叶老先生已经完全搞清楚了纸币的功能和本质，对纸币的认识大大超过前代。

叶李所提出的办法，一切以维护纸币的币值为目的，使纸币成为可当作真金实银来用的货币。

其中最关键的一点，是官家随时可用金银买卖纸币，但老百姓却没有这个权力，因此官家就可以通过回收或放出纸币的量，来控制币值。

再通俗一点讲，就是：如果市面上的钞票不值钱了，就用金银买回一些，使之流通得少，纸币自然就会升值——反之亦然。

大家明白了吧？以金银为本位的纸币，它的准备金就是干这个用的。

可是有些事情，往往实践是实践，理论是理论。看理论好像是人间最完美的了，可实践上却相差十万八千里。

若是元朝的货币能按叶李的办法严格管理，元朝也许就不那么招人烦了。而实际情况是，就在忽必烈这一朝的末期，货币管理就已乱得不成样子了。

主要问题是纸币发行过多——皇帝要用钱的地方多啊！

印刷纸币与铸钱相比，有一个极大的优势，就是制作成本低。朝廷手头一紧，就开机印刷，滚滚财富便凭空而来。换了谁，谁不动心？

朝廷为什么用钱多？是皇帝太慷慨。忽必烈赏赐大臣，极有江湖上的大方气派，一出手就是10万锭、20万锭，他可不管这钱从哪儿来。

此后，虽然有个别皇帝想制止货币上的乱象，但都没能治理得了。整个元代，就是在不断增印至元钞和中统钞中度过的。

到元末的至正十年（1350），两钞才同时停止流通，这时候的物价涨到了什么程度？一石米价比立国之初上涨了67倍！

可想而知有多少民间财富，就这么被通货膨胀给“虚”掉了。

两钞停用的第二年，就爆发了元末红巾军起义。也就是在这次起义中，出了一位朱元璋，要来收拾旧河山、开辟新天地了。

所以说，元末农民大起义是一场真正的“货币战争”。元朝的倒台，原因之一就在滥发货币上，把人实在给逼得活不下去了。

以往的教科书，在提到王朝末代的大乱时，一般都从政治因素上来解释，说是因为“阶级压迫”或“统治阶级内部矛盾”等。其实，封建社会的政治，从一个王朝开始就有问题，而触发它崩溃的，有时候却是财政危机、经济崩溃或者货币紊乱。

元朝，就是玩货币把自己给玩死的。

元大都后来成了明朝的都城北京。明朝人在北京的一个水路交通枢纽处修了一座桥，命名为银锭桥。

这就是历史的暗讽吧？

元朝总共才97年寿命，还比不上一位百岁老人活得长。在汉朝以后的几个大一统王朝里，它是最短命的。

要是官库里有多少银锭，就发多少纸币，元朝，也许也亡不了这么快。

实事求是讲，元末的统治者当初也并没坐等崩溃，他们还是做了最后努力的。

两钞的乱象，终于引起了元朝高层的注意，在至正十年，经大臣们讨论，在各地设立了“宝泉司”，发行了“至正交钞”，1贯值至元钞2贯。同时还铸了“至正通宝”钱，和历代铜钱并用。

这是试图遏制通货膨胀的措施。

至正交钞出来后，物价都要按照新钞票计算，市场最初见政府治理通胀决心挺大，也有所反应，以新钞标注的物价比至元钞标价压低了90%。

也许是乱世已现，朝廷大佬都没什么心思了，这次新钞票制作得非常草率，只是在老版的中统钞背面加印了几个字而已。

新铸的至正通宝，从小平钱(标准一文)到当十，有几个等级。最有趣的是，还出了一种“至正之宝权钞钱”，背面镌有“吉、权钞”字样和记值。

“权钞”就是代表钞票。这说明，纸币在元末已经取得了本位币的权威资格。过去是纸币代表铜钱，现在是铜钱成了纸币的代用品，两者位置互换。

在权钞上，第一次出现了“五分”“壹钱”“贰钱五分”“五钱”的字样。

这是以前从未有过的铜钱价值单位，有人认为“钱”表示纸币的100文，“分”表示10文。但这次铸钱的时间极短，四年后，天下越来越乱，各地宝泉司也草草罢撤了，铜钱也不铸了。

新出的至正钞，初衷是打压通货膨胀，但是，元政府已经到了山穷水尽的地步，为了钱眼珠都红了，一发行新钞又是海量，结果物价再次飞涨，纸币的信誉眨眼之间降为零。

很快，无论是公家的还是私人手头的至元钞，市场都不再接受了，人们开始以货易货，或者只用铜钱。

元朝的货币问题，不光是钞票发得滥，而且伪币也很流行，甚至有人说“今民间之钞，十分中九皆伪钞”。

伪钞当然不可能有这么多，但也说明情况相当严重。伪钞一多，交钞就更加不值钱。

除伪造钞票以外，还有涂改真币的，把小面额改写成大面额糊弄人。

总之，民间盗印户的原则就是——“上梁不正下梁歪”，咱们就谁也别说谁了。

当货币贬成废纸之日，就是一个政权失尽人心之时。红巾军义旗一举，天下响应。

大元，就这样咽了气。

后来各股农民起义军也都铸了铜钱，有张士诚的“天佑通宝”、韩林儿的“龙凤通宝”、徐寿辉的“天启通宝”和“天定通宝”。

最后要提一下的是，尽管元朝很霸道，但政府的钞币却一直未能进入云南，云南地面始终是以金、贝、盐为货币。

——你再怎么忽悠，我也软硬不吃。

元朝开了社会道德大滑坡的头

说了元朝这么多不好的地方，它在金融信用方面是否也有好的方面呢？有。

不仅有，而且还有所开创。

这就叫辩证法。

赈济灾民就不用说了，那是除秦朝之外，哪个王朝都做过的，不算什么天大地大的恩德。

元代在信用上的一大创举是，从皇上到官员，都有“替民还债”的记录。

这里要说一下元太宗窝阔台（1186—1241），他是成吉思汗的第三子，也是成吉思汗的霸业继承人。

他指挥的蒙古大军，不单是灭了金国，还降服了高丽、波斯，占领了俄罗斯大部，拿下了波兰和匈牙利全境，差一点就打到了维也纳。

这样一位枭雄，在我们印象中必是嗜血的君主无疑。可是，他也有宅心仁厚的一面。曾经拨付官银76000锭，替民间贫苦百姓偿还高利贷。

不仅他这样做，他治下的一些官员，也有自己出钱，或用自家田地房屋抵押，替老百姓还债的。

到了忽必烈时期，也仍然有这样的爱民楷模。万户（官职名，地方长官）严忠济就曾自己借债替百姓缴纳欠税，结果他本人积欠富人钞币43万多锭，欠官库银子16000多两。忽必烈听说后大为感动，下令免了他欠官库的债，又动用皇家库藏替他还了私人借债。

忽必烈见这样的好官还有很多，就下诏说，凡是官员为民负债的，债主不得追债。或由官府代偿，或由官府免去原征赋税。

这些官员为民负债，有些是为了替百姓纳税，有些则是为了筹措赈济款。

在素以暴虐著称的元代，这样的好官竟然接二连三地出现，真是匪夷所思。可能我们过去对元朝还是有太多偏见吧。

窝阔台攻破金国后，一批西域商人（主要是回鹘人）到中原来做生意。他们的拿手好戏之一，就是放高利贷。

那时的高利贷叫作"羊羔利"。意思是：借出的本金好比母羊，下了羊羔，羊羔又长成新的母羊，如此子孙不断。我们现在都能明白，这不就是"复利"吗？也就是"驴打滚"的计息方式。

这种"羊羔利"，可想而知有多厉害，几年间就可以完全摧垮一个家庭，民间深受其苦。

窝阔台时期，不少大臣上书要求为民解困。窝阔台采纳了这些意见，下令凡是借了高利贷的，都由官府代偿，利息只付到与本金相等为止。

忽必烈即位后，继承了这一政策，只是将替民还债的范围，限定在贫苦百姓为缴纳赋税而借的债。

当然，这样的好官，只在元朝之初昙花一现。整个元朝，社会道德是在往下走的。

其实就在元初的时候，民风已经开始不大淳朴了，有一批泼皮无赖专门借钱给年幼的富家子弟，供他们挥霍。在借据上，泼皮债主利用借债人急于用钱的心理，往往把1锭写成10锭，100锭写成1000锭。等到借债青少年的父亲死后，泼皮债主就开始逼债，图谋夺取人家的家产。

元朝皇帝曾经几次下诏，禁止这种敲诈勒索——仇富，也不能这个仇法!

那时的官吏还经常向下属借钱花，然后倚杖权势不还，下属哑巴吃黄连有口难言。这情况在元朝大概很普遍，元成宗就曾下令，凡官吏向部下借钱用，都要有保人、立字据，到期不还要治罪。

这一类无廉耻的事，在宋朝以前的各代几乎没有。

元代统治者虽然表面上很尊重儒家，把孔子封为“大成至圣文宣王”，儒家教育也很普及，但实际上知识分子地位并不高，当时就有“九儒十丐”的说法。

知识分子在元代是“臭老九”，不吃香，礼仪道德那一套也就成了无用之物，再加上统治阶级不自律，社会风气的败坏也就无可避免了。

华夏民族从根本上的礼崩乐坏、道德沦丧，应该说就是从元朝开始的。

此外元朝也有典当行，叫作“解质库”。这个情况，就连元杂剧里也有反映，剧里的富人往往都开着一家解质库。

从元杂剧看，商人的商业道德也开始一落千丈，坑蒙拐骗思想渗透了商人的骨髓。

有的当铺在收抵押物时，给人家烂钞，人家来赎当，却要人家拿新钞来。人家当的是赤金，当票上却写成“淡金”。人家当的是珍珠，当票上却写的是“蚌珠”。人家拿来的是全新的衣服，却写成“污了的旧衣服”。到了赎当期，还要故意拖延日子，以便多收人家一个月的利钱……不一而足。

商家道德的堕落，说明社会总体道德已在崩溃，舆论、良心、法律，都制止不住这种滑坡了。

元朝的寺院也开当铺，和宋朝一样也叫“长生库”，而且往往都能设法讨来一道圣旨加以保护。

在元朝，没有势力背景的人，开不了当铺。因为有时候不法分子会把偷来的东西拿去当，当铺只要收了，就有可能惹上官司。只有背景强大的人敢开当铺，收了赃物，也有官府给罩着。

这种情况很普遍，以至于中书省特别下了文件，鼓励民间开当铺，禁止地方部门以收缴赃物为名骚扰当铺。

元代也有官营当铺，官家办的，就要好多了。官铺的名字都取得相当不错，叫“周急库”“广惠库”什么的，经营宗旨也比较纯正，收取利息很低，是专门照顾贫民的。

过去宋代的金银铺很发达，到了元代，统统改叫“银铺”了，说明银子在元代的使用量已大大增加。

银铺的业务，和今天的首饰店差不多，是专营熔铸金银器和买卖金银的。因为元朝的银锭也是货币，所以银铺同时也是货币兑换点，老百姓可以用银子向银铺兑换出钞票来用。

元朝曾一度禁止民间买卖金银，禁令期间规定银铺只能来料加工，不能自己生产银器出售。

好了，关于这个短寿王朝的金融情况，我们就说到这儿了。

读历史就有这个好处——从蛛丝马迹中可以读出历史的走向来。

自从春秋时期起，我们民族就有“义利之辨”。讲信义和讲谋利，两者之间是有平衡点的，都不至于太过。可是到了元朝，人们视统治者为外来者，高层也不大注意道德建设，结果民间的消极反抗就表现为道德堕落。

华夏民族中市井阶层的“小奸小坏”，就是在元代蔚为风气的。

此例一开，汉唐之风的那种大气磅礴就一扫而空。

第十四篇 明朝金融那些事儿

要做大蒜、生姜那样的人

我常有这样的感慨：在如今的职场，拥挤着太多迷茫的年轻人。他们拥有这世界上最可贵的财富而不自知，只是一味抱怨。

他们的财富，其实比钱更值钱，就是——大好的青春年华。

这是不可再生和复制的资源，是不能失而复得的资本。

要成就大业、要轰轰烈烈地活一辈子，靠的就是这个。

诚然，并不是每个人都有良好的家庭背景，绝大部分人没有生来嘴里就含着玉的命；但是古来的成大业者，草根的比例还少吗？

——“王侯将相，宁有种乎？”

——“彼可取而代之！”

——“大丈夫当如此也！”

这不都是古人的草根宣言吗？

起跑线不平等，不是无所作为的借口。没有志气，才是贻误一生的致命伤。

英国《人格》杂志的刊首发言人费昂格利，曾提出过一个基本观点——个性是有益于人类族群遗传和发展的隐性基因。

他做了个形象的比喻说：人要向大蒜、生姜、洋葱、韭菜这类个性饱满、气味强烈的蔬菜学习。

说得好！

人，可以残缺，但不能平庸。

所有的失败者、落伍者，都不是因为运气不好所致，而是因为没有远大志向的结果。

如今的世俗衡量标准，已经把成功与否的标准变得非常简单了，因此成功应该就是一件并不复杂的事。

——赚钱，要赚很多的钱！

坚持数十年如一日，难道还不能达到一个起码的高度？

古人说："取法乎上，得乎其中。"所以，人生的标杆要竖得很高才行，才能确保你的努力能获得一点像样的成果。

所有的失败者，都是因为在人生某个阶段满足于嗟来之食，满足于小富即安，等到时代大潮冲走了一道脆弱的屏障之后，他们就只剩下了衰老和惶恐。

从头再来？

还有时间吗？还有勇气吗？

晚了！

中国古人的智慧，是埋在沙里的金子，被人抛弃的多，被人捡起来的少。

在浩如烟海的古代真谛之中，有一句，应是所有职场年轻人的座右铭——"穷则思变。"

这里的"穷"，是"穷途末路"的意思，但我们完全可以把它理解为"没钱"。

穷困，就是动力。

穷困，就是契机。

穷困，就是点燃生命的导火索。

你几十年的人生，是满载而归还是两手空空，就在于这穷困是否深深地刺激了你。

因为穷困，你没有尊严！因为穷困，你没有自由！因为穷困，你连求偶的需求都实现不了！你难道还不想奋起吗？

常看见有一种文人的清谈文章，说我不为五斗米折腰、不为滚滚红尘所惑；说我过的是悠闲晒太阳的渔夫生活。

这种精神自慰，和阿 Q 有什么不同？

不为五斗米折腰，难道可以吃空气、喝西北风吗？

这种教人懒惰、教人自甘平庸、教人往低处走的文章，不管拉来庄子还是老子作虎皮，其实就是三个字：我无能。

因此，你不要相信他们。

记住了：黄金屋，你可以有；颜如玉，你也可以有；但是，假如你没有信心和智慧，你就什么都不可能有。

智慧是可以学到手的，信心要靠你自己来建立。

我们已经不是封建士大夫时代了，想悠游林下，没有千万家产，行吗？

所有那些写出“我不为五斗米折腰”的当代文人，哪一个不是牢骚满腹？哪一个不是内心充满屈辱？哪一个不是任人呵斥、诚惶诚恐？

他们能是现代陶渊明吗？

所以，所有的青年，都应该明白：赚钱的路数和技巧很多，你们只要肯学习，就能有所掌握。你们所缺的，就是一个决心：

“彼可取而代之！”

当初的青年项羽，比你们多些什么吗？一点也不多。

他能起于草根，你们就也能。

——信不信由你！

下面，我们还是接着向古人学习吧。

明朝为现代商业格局打下了底子

中国历代的开国皇帝，除刘邦、朱元璋出身低微之外，几乎都是贵族出身。即使刘邦，也是基层小官，算是体制内的。而以农民身份当上开国皇帝的，只有一个朱元璋。

朱元璋可称是历史上唯一的农民皇帝。

他是农民起义拥戴出来的皇帝，而不是一般的改朝换代。

朱元璋坐了龙椅以后，也基本上是一位好皇帝。他之所以勤于问政，绝非因为像杨坚、李世民那样要以政绩来洗刷篡位之嫌。

他是没忘本，没忘“阶级苦”。

朱元璋登基后，在赋税方面，做了两件利民利国的大好事，一是清理户口，二是丈量土地。

这都是为了收税公平，减轻百姓负担。

朱皇帝把全国人民分为三大类：民籍、军籍、匠籍，清查得十分严格。把人口数目调查清楚后，就登记造册。这叫作“黄册”，作为税收和服劳役的依据。

人口查清楚了有什么好处？可以防止豪强大户隐瞒奴仆户口，偷税漏税。

丈量土地也是出于同样的目的。土地查清后，就绘制“鱼鳞图册”（地图），作为收缴田赋的依据，这是为了防止大户人家隐瞒土地而漏税。

豪强大户没法逃税了，普通百姓的赋税负担也就相应减轻。

所以，我们未可小瞧朱元璋这位皇帝的“人民性”。

不过朱元璋也并不仇恨商人，沈万三只是一个特例。明朝对商人实行的是轻税制，商税三十取一，也就是3.3%的税率。这不用多说，轻税就是为了鼓励经商。

朱元璋善待人民，人民自然安也就反哺国家。我前面说过，华夏民族只要给它安宁，它就会创造出经济奇迹来。

明初制定的宽松政策，虽然后来有所变质，赋税逐年加重，但毕竟给了人民一个喘息、恢复的时间。这样，经历200年后，明朝的农业、手工业和商业都呈现出繁荣发达之势。

特别是张居正推广的“一条鞭法”，对商业繁荣的推动更大。

所谓一条鞭法，简单地说，就是将部分劳役摊入田亩，田地多的人家要多服劳役，这就避免了富人往往不服劳役的弊病。

而劳役和赋税都可以折成银两，富人可以“出钱代役”，也就是交钱给政府，由政府雇人服劳役，不必自己去干活。

这个政策，目的是照顾弱势群体，但是惠及了所有的人。

它有两大好处：一是，几乎解脱了所有人的劳役负担，让人们有充足时间打理自己的事；二是折银上缴役赋以后，民间对银子的需求量猛增，因而大大刺激了商品流通和市场经济。

到明朝中期，商人的能量已经不得了，开始出现了大型的商业资本集团。这就是咱们现在津津乐道的徽商。

徽商的大本营在徽州（别名新安）。他们人数众多，资本雄厚，分布在各地，被称为“新安大贾”，算是旧社会里的一股新兴势力吧。

明代有一本书叫《五杂俎》，里面记载，徽商中的富豪人家，家藏白银有至百万两的，其余家有二三十万两的，不过是中等商人。

徽商经营的项目，首推盐业，其次是布匹，还有茶叶、木材和粮食。他们也热衷于开典当铺，徽商的典当铺那时遍布全国，尤以江浙最为密集。

与徽商并肩而立的，是晋商，也就是电视剧《乔家大院》里演绎的那一支。长江以北，基本是山西商人的天下。现在有人评说，晋商，堪与威尼斯商人、犹太商人并列为“世界三大商帮”，这地位就更不得了啦。

山西商人中，最牛的当属盐商。因为明朝要加强西北边防，需要储备粮食，所以规定谁给政府粮食，政府就给谁盐。

盐，历来是国家专营的，弄到了盐，就等于发了大财。山西盐商就这样抓住了机会，背靠政府贩运食盐，一飞冲天，成了北方的商业霸主。

晋商不仅富甲天下，且讲诚信也是远近闻名的。他们经常合伙经商，参与者都叫“伙计”，由其中一人出资，众人共同经营，按贡献分红。彼此虽没有誓书协议，但无一人藏有私心。

如此，拿不起本钱经商的人，生计也就有了保障。而富者也不当守财奴，所获钱财都平分给众伙计。信用，成了他们的“第二资本”。

其他的江南商人、闽商、粤商、吴商、陕商，也都各显其能。这些地域商业集团，还在各地开设了本省的“会馆”，也就是商业联络站，组织起各色各样的商帮。

当时全国最大的商业中心，是北京和南京。要发大财，就要到这两个地方发展。

其他如杭州、汉口、广州、济南等，也都是商业大都会。

那时外贸港口有广州、福州、宁波；长江及运河商埠有武昌、汉阳、荆州、天津、淮安等，水陆商路四通八达。

江南一带因为手工业发达（丝绸、瓷器、棉纺、造纸），所以富甲天下，甚至那儿的人至今都还活得很滋润。

明朝的“资本主义萌芽”就这样蓬勃生长出来了，互相勾连，枝繁叶茂。

我们今天的商业都市布局、城市规模和市民生活模式，无不留有明朝盛世的痕迹——老底子就是那个时候打下的！

所以，不了解明朝的那些事儿，行吗？

大明王朝玩不转一张小小的纸币

谁也想不到，在历代王朝对货币已经玩得很娴熟的年代，大明王朝的货币，却是扭扭摆摆，总是不顺，走了一个“铜钱——钞币——银锭”的曲线。

朱元璋在应天府（南京）准备做皇帝的时候，不知他是怎么想的，采用的货币是古老的铜钱。当时准备以“大中”为年号，所以铸了一批“大中通宝”

到了后来，年号正式定为“洪武”，于是户部的铸币厂（宝源局）与各地的铸币厂（宝泉局）又铸了“洪武通宝”。

这批开国的铜钱，币值都很足，价值有当一、当二、当三、当五、当十五等。

从明朝开始，官方把本朝的钱称作“制钱”，清朝后来也沿袭了这一叫法。

明朝人还习惯把“贯”叫作“吊”，一吊钱、两吊钱的说法就是从这儿开始的。按当时规定，400文为一贯，5贯为一锭。

关于朱元璋铸钱，还有一则奇闻，不得不提。

历朝历代所铸的铜钱里，有一种并不用于流通的钱，叫作“花钱”，就是民间所用的压岁钱、洗儿钱和庆寿钱。

这些钱之所以叫花钱，是因为它们都铸有图案。而正式流通的钱除星月标志外，很少是有带图案的。

朱元璋铸了洪武通宝后，不知从何时起，民间忽然冒出来一种洪武通宝的花钱。这种钱，钱背上有图案，是一个牧童坐在牛背上吹笛。

怪了！这是何意？是哪一家铸币厂铸的？

原来，这是民间人士弄出来跟朱元璋开玩笑的。

朱元璋幼年时的名字，叫作“朱重八”。他幼时家境贫寒，靠给地主放牛谋生。当年乡里乡亲的都唤他“放牛重八”。

以他这样卑微的身份，登上大宝，民间有些旧贵族和知识分子当然要心生不满。

他坐稳了龙椅后，为了给儿孙顺利接班扫清障碍，又疑神疑鬼，滥杀功臣，这就更加深了民间对他的成见。于是有人就偷偷铸了这种钱币，揭他的老底。

此钱一出，大家心领神会，照用不误，都把这钱叫作“放牛重八”。

朱元璋得到报告，大怒，在全国进行了一次严打，将“放牛钱”统统清缴销毁，又抓到了铸钱的人，砍了脑袋解恨。

到现在，仍有少量的“放牛重八”留存于世，当然属于稀世珍品了。

朱元璋在货币上搞复辟，大概是想表示自己是汉唐正统，可是，铜钱的萎缩是有内在规律的，并不以意识形态为转移。铸钱铸了一段时间后，朝廷就发现成本太高，太不划算。因此朱元璋明白了：还得向宋、金、元学习，发行纸币。

洪武七年（1374），明中央政府正式设立宝钞司，次年初，就印出了“大明宝钞”。面值为一百文至五百文，还有一贯等几种。其中一贯的纸张面积最大，是中国有史以来面积最大的钞票。

古代的钞票文字是竖写的，一贯的大明宝钞高有320毫米、宽有210毫米，简直是一张小报了。

宝钞发行以后，朝廷的决心挺大，全力维护宝钞的权威地位，禁止用金银和其他商品作为货币；只保留铜钱，仍可流通。后来又铸了小平钱，凡一百文以下的交易，都用小平钱。

到了洪武二十七年（1394），朱元璋见条件成熟，就下令所有铜钱都禁用，实行单一货币制，只许用纸币。

这本来是一个很好的开端，但是明政府在货币政策上却有一大失误。

古代的纸币和现在一样，用多了就可能被磨损，当时称为“昏烂钞”。为了处理这些残损纸币，就得允许以旧换新，因此朝廷推出了“倒钞法”，由宝钞库负责对民间调换。

那时在民间有约定：嘎嘎新的钞票价值最高，比旧钞更有购买力。

这样，以旧钞平价换新钞，就有了差价空间。

投机人士又开始钻空子了。

当时出台的换钞法规定，一定要钞票面值字样模糊了才能换新的。投机人士就故意把半旧的钞票揉烂，拿去兑新钞以图利。搞得政府没办法，最终只得把京城和各地的宝钞库全部撤销。

从此以后，旧钞便没有了回收渠道，新旧钞在民间价值截然不同。各地税务官员也不傻，他们看出了其中的“商机”——收税时故意只收新钞，然后用另外的旧钞上交，新钞留着自己用。

就一个换旧钞，官和民都发现了里面有油水。朝廷当然也发现了这里面的猫腻，但屡禁不止，也就只好随他去。

看来，大明王朝的纸币管理手段，比元朝的水平要差得很多，不光是旧钞回笼有各地税务官员作梗，新钞发行也不设限额，没过多少年，大明宝钞的价值就出现大跳水。到洪武二十三年（1390），也就是宝钞发行15年后，原本值400文的一贯宝钞，就贬到了250文，四年后更跌至160文。

到洪武三十年（1397），也就是朱元璋咽气的前一年，宝钞贬值为当初发行时的十分之一。

这基本就是废纸，用这样的货币已无法给商品标价，杭州等地的百姓干脆就用金银标价，私下里偷偷用金银交易。

朱元璋固然是个好皇帝，但好皇帝并不代表他一切都高明。他的纸币政策，看来是完全失败了，大明的货币在他还没死的时候，就连基本的信用都没有了。

等到明成祖朱棣即位后，才开始处理这一棘手问题，采取了各种方法来回笼纸币。

一是买一斤盐规定要用一贯钞。由于盐是官营，老百姓一天也离不开盐，借此可以回笼大批纸币。

二是纳税与罚款都要求使用宝钞。

三是提高市场的店铺税、摊位税标准。

这样，大批纸币得以回笼，政府就可以毁掉其中的残损钞票了。

这个增税的新政策，力度非常大，各地的店铺摊位税一下就增加了5倍。后来政府又陆续开征了菜园税、果树税、库房存货税、车船出入税等，并且在水路交通要道设立“钞关”，专门对商船征税。

这叫为除一弊，又生一弊。货币回笼是好事，但它是以增加百姓税负为前提的，这就是坑人了，害得商民叫苦连天。

这一剂猛药下去，大明宝钞的价值虽然有所回升，但是升幅也很有限。为什么呢？因为政府为了增加财政开支，仍在滥发纸币。

总之，这一进一出，都是在搜刮老百姓。百姓心里能没数吗——如今的皇帝再也不是人民的了。

在明朝的钱币史上，还有一件有趣的事：

虽然铜钱已经禁用了，但永乐、洪熙、宣德三朝仍然铸了钱。只不过这钱不对国内使用，而仅仅用于外贸，由宦官携带到外蕃和边境去买马，每年都要用去几千万文。

新铸的铜钱还有一个用处，就是赏赐给日本。当时日本是幕府时期，对明朝俯首称臣，经常派使者来请求赐给铜钱。他们从明朝拿回去铜钱，就在日本当作自己的正式货币进行流通。

世上唯有银子好

这两年，网络名人“当年明月”搞了一次明史普及活动，影响所及，相信我国的妇孺老幼对明史都能说出个一二三来。

不知大家还记得不？明朝有一个皇帝，曾率50万大军贸然深入险地，结果被瓦剌人围困在土木堡，做了俘虏。这位史上的最大玩家，就是明朝的第六个皇帝明英宗。

明英宗后来被瓦剌放回，但是一时却恢复不了皇帝身份，因为他弟弟已经接了他的班。他只能担着一个“太上皇”的虚名，被幽禁整整7年。后来有人趁他弟弟病重，发动政变，拥立他重新做了皇帝。

这位明英宗在货币上有一项重大改革，就是让白银成了合法货币。他规定，各级政府的所有财政收支，一律用银；所有税收也“一切征银”。

他儿子明宪宗继位后，又放开了用钱。从此，明朝就形成了“大宗流通用银、小额买卖用钱”的格局。

没经过五代皇帝，钞票在明朝就已经名存实亡了。

我们今天所看到的古代话本小说，有很多是明朝人写的。一般在写到书中人物用钱的情况时，都写成“摸出一锭银子”“抓了一把碎银”。即使写的是宋人、元人，也都如此，这就是货币演变史的痕迹。明朝后半期的人，对钞票已经没有概念了。

明朝银锭的重量，有不同等级，其中最大的为50两一锭，也叫“元宝”。造型很漂亮，两头上翘，犹如双翅。小银锭一般叫作“银粿”“粿儿”，零碎的银子叫“碎银”“零碎纹银”，这些词汇在明代小说中都很常见。

银子零碎，各地官府在上缴国税的时候，就容易作弊，往往以小充大。到明朝中期的嘉靖年间，有户部尚书建议，要求各州府县上缴银子一定要铸成标准银锭，并刻下年月和官吏、工匠的姓名。

钱币史也有大轮回。现在，历史又倒退回金属货币时代了。

因为白银是称量货币，所以在使用时要看成色、称重量。

把银锭正式称为“纹银”，就是在明英宗时代。此外还有“雪花银”“细丝”“松纹”“足纹”等术语，也都是明朝人发明的。

“纹”就是指成色，“足纹”，就是成色较足。

那时候，也有假银子。假银子在刚投入使用时，比较好分辨，但使用的时间长了，外观上就与真银无异，这令当局很头疼。

由于白银成了明朝的主要货币，海外的白银也开始源源不断流入中国。

明代中后期适度放开了海禁，葡萄牙商人与荷兰商人就从欧洲带来了大量白银，西班牙人也从美洲带来了大量白银。此外日本也是白银产地，也有渠道流入中国。

明朝在当时是世界第一大国，物产丰富，商品齐全，各国都乐于跟明朝做贸易。因此白银的流入数量相当惊人。据说仅晚明的77年间，从上述各国流入中国的白银就有3亿两之多。

明朝，成了让全世界瞩目的“白银帝国”。

不过我们要弄清楚：从欧美流入的白银，可不是银锭，外国没有那种工艺品，外国来的银子全都是西班牙、荷兰等国的银元。

那时有不少葡萄牙、西班牙商人来到澳门，专与中国人做生意，可是那时的明朝是自然经济，老百姓用不着多少洋货，而欧洲又急需大量的中国茶叶、生丝和瓷器。

干瞪眼吧——外商没办法和中国人以货易货。

中国人只认外国的银元，欧洲商人只好运来大量银元，作为购货用的货币。

在长期的对外贸易中，中国是占尽了贸易顺差的便宜，欧洲银元成了廉价商品，汹涌澎湃地流入中国，甚至导致明朝出现了通货膨胀。明朝前期，米价一石还不到1两白银，而到了晚期的崇祯年间，米价已经上涨为一石要5两银子了。

那时外国的银元，币形统一，不用称量，不易伪造，深受明朝人欢迎，先后流入中国境内的有十几种。其中在中国使用时间最长的，有西班牙的“本洋”、墨西哥的“鹰洋”和日本的“龙洋”。

西班牙本洋，实际上是墨西哥的银元，因为墨西哥当时是西班牙的殖民地，所以本洋的背面铸有西班牙皇帝像，人们就误以为它是西班牙银元。

西班牙本洋的成色在九成以上，人们用起来放心，所以明朝乃至后来的清朝，本洋在全国都可以流通。

明代采用了用银本位货币，对后世的观念影响甚大。有不少的现代人以为，所有古代人都是用银子买东西的。至今也还有人把钱、工资、存款等，都戏称为“银子”。

今天在民间象征财富的艺术形象，一般也都用金银锭，造型和明代的一模一样。

明朝的那些事儿，就这样深刻地影响到今天。

除了货币，明朝的宫廷还用金银制作成金银钱、金银豆和金银豆叶，是用于节庆赏赐的。

明朝官员的贿赂和贮藏财富，也都使用金银。孝宗时代，有个大宦官李广畏罪自杀，从他家里抄出了一本纳贿登记簿，里面写着某人某日孝敬“黄米若干”“白米若干”，就是指的黄金、白银。

武宗时有个大宦官刘瑾被杀，抄家抄出来黄金1200万两，白银2.5亿两，创了世界千年纪录。

明末清初，有人对社会上的银子拜物教现象深恶痛绝，说银子这东西“饥不可食，寒不可衣”，但是神通大了——“走死天下者，唯银也。”（王夫

之《读通鉴论》）

“走死天下”，就是驱使天下人奔忙到死！

所论何其深刻！

人们被自己所创造的东西所奴役却不自知，碌碌一生，所为者何？

问上苍：我们何日才能解脱这种魔力？

怕是千年之内，没有答案！

礼崩乐坏之时，盗亦无道了

明朝的货币，银子唱主角，纸币成了废纸，铜钱在成化元年（1465）以后，也有了一席之地。

允许使用铜钱之后，除立国初的洪武通宝之外，对前代旧铜钱也不禁止，只禁用私铸的小薄伪钱。不过，前朝旧钱在使用时要减值，二当一用。

当时并没有立刻铸新钱，一直到中后期的嘉靖年间才开始铸“嘉靖通宝”。

嘉靖皇帝雄心勃勃，下令民间只许用好钱，禁止用劣钱。也就是只许用新的嘉靖通宝和正规的洪武通宝。这个政策看来好，但是有个问题容易被我们忽略，这就是：只许用好钱，实际上等于剥夺了民间的一部分财富。

民间人士当然不服。

在都城北京的民间，就有人暗中与朝廷较量，纷纷关闭了钱市，致使铜钱不能兑换，流通量严重不足，结果导致物价飞涨。

嘉靖皇帝没有办法，只得放开禁令，旧钱用就用吧，但是规定嘉靖通宝要比洪武通宝价格高一倍。

从他以后，各代皇帝在位时铸的钱，都要比前一代皇帝的钱价值高出一倍。一代一代地递增，就等于悄悄地在搞通货膨胀。

另一方面，民间的盗铸，也盗出了新花样。

明朝继元朝之后，社会道德水准也是在往下走，盗铸分子连起码的工序都不耐烦完成，把铅片、铁片剪成圆圈，就当钱用，连铸造的工夫都省下了。

继嘉靖以后的几个皇帝，都铸了年号钱。从隆庆、万历、泰昌、天启到崇祯，各自都有通宝钱。

其中的万历通宝较有特色。万历钱是仿嘉靖钱制式，有“金背”“火漆”“镟边”三种。

金背，是钱背涂有铜粉，似金，因此民间就有了这个俗称。

火漆，是用火将钱背熏成黑色。

镟边，是钱边都特别加工镟磨过，非常圆润。

至于“天启通宝”，还闹出了一个笑话。

就在元朝末年闹起义的时候，红巾军的领袖徐寿辉在江西铸过一种“天启通宝”，在他的根据地和其他义军的管辖区都流通过。那时朱元璋参加的队伍，也是红巾军系统，所以留下了一批那时的“天启通宝”，后来就存在他自己的皇库里，久而久之，就给忘了。

200多年后，熹宗朱由校登极，要拟定年号并铸钱，恰好这时有人在皇库里发现了徐寿辉的“天启通宝”，便向上报告。

朱由校问大臣：这是哪一朝的钱？大臣们孤陋寡闻，拿着这些锈迹斑斑的老钱，都不知道来历。查遍了史籍，也毫无线索。

这件怪事，闹得朱由校晕晕忽忽。他小时候有个乳母叫客氏，一直伺候着他到现在，跟他关系非同一般。客氏听说此事，几句话就解开了小皇帝的心结。

她说，此钱是天降吉兆，预示钱币源源不断，是上天启动钱源。

朱由校闻听大喜，当下就决定把新年号叫作“天启”，铸了天启钱。不过，小皇帝的这个天启钱，与徐寿辉的那个，在“启”字和“宝”字上有明显的不同。

明朝中期以后的小额交易，用的都是铜钱，所以政府铸铜钱还是有利可图的。

那时候朝廷在各省都设立了钱局，铸钱给本省使用。只是各省的钱局，没有中央政府那么高的觉悟，铸钱纯粹就是图利，为了省原料，铸出的铜钱往往质量极劣。

官钱如此，民间盗铸就更加不堪了，钱薄得一碰就碎。文字轮廓都模模糊糊，拿在手里只勉强看得出有个钱形而已。

崇祯十二年（1639），内外战事吃紧，朝廷需用大量的钱，但是税赋已经很重，再加税已无可能，于是就在铸钱上打主意。

铸钱原料不够，崇祯皇帝就下令把内库所收藏的古代铜器都拿出来，交给宝源局铸钱。但就这样也不够，只好大量掺杂铅砂，铸出的钱极薄，百文摞在一起还不到一寸高，掷地即破碎。

崇祯通宝的品类很多，钱背的文字也多达十几种。其中有一种，是背面铸了奔马图案的“花钱”，俗称“跑马崇祯”。这个钱不大像是官铸的，很可能也是私铸的。

此钱一出，民间大哗，有人还编出了“一马乱、灭天下”的童谣，广为流传。后世有人附会说：“一马”就是指兵部侍郎马士英，因为他一贯排斥异己，不是个好东西。

也有人说，那是指李闯王。“闯”字，不就是一马破门吗？

明朝的末代皇帝崇祯，命中的克星的确就是李闯王。

崇祯即位后，因财政吃紧，做了一个裁撤驿卒的轻率决策，让米脂汉子李自成下了岗。从此，这莽汉就加入了明末农民起义的大潮中，最终把崇祯皇帝送上了西天。

其实崇祯一朝的阶级压迫，还不算最甚，起码比万历末年要好，而经济问题才是亡国的导火索。只不过历史学家在总结经验时，都不大从这个角度谈而已。

接下来，天下大乱，又是一个轮回。眼前如火如荼的农民起义，要推翻前一个农民起义建立的王朝了。农民领袖们都有问鼎中原的志向，李自成铸了“永昌通宝”，张献忠铸了“大顺通宝”，后来的孙可望跑到云南，也铸了

“兴朝通宝”。

明朝终于在起义军围困北京城的隆隆炮声中灭亡了。

明亡后，清军入关，江南、闽、桂都有过昙花一现的南明小朝廷，其中福王铸了“弘光通宝”，鲁王铸了“大明通宝”，唐王铸了“隆武通宝”，桂王铸了“永历通宝”，使用寿命当然都不可能长。

“燕子楼头蝴蝶梦，桃花扇底竹枝歌。”明朝一切的繁盛，都随着秦淮河水流走了。

唯留下几个金陵名妓的韵事，稍稍能让人记住曾有一个王朝叫作“明”。

今天，若在秦淮临河人家推窗看，当年明月仍在。

不过还是叫人感叹——兴衰成败，何其速也！

明朝在惠民政策上可打最高分

在出版界掀起“明朝热”之前，可能有很多人对明朝的印象不太好——皇帝多半不像样子，又打大臣的屁股（廷杖），还有如狼似虎的东厂、锦衣卫，简直是太黑暗了！

这是从知识分子的角度看，而从民众的角度看，你会有新的发现。

明朝，是历代“封建王朝”中对赈贷工作最重视的一个朝代。我们要是不研究金融史，就不知道这一点。

赈贷的意义就是扶助弱势群体，是民本思想最具体的实践。大概朱元璋是贫苦农民出身的缘故，所以明朝始终对这项工作抓得很紧。

朱元璋尝过饿肚子的滋味，对穷人也就特别怜悯。他在位时，两次下令，凡是遇到饥荒年景，各地政府要先开仓赈灾，后向朝廷打报告，可以先斩后奏。

老皇帝知道“一天不吃饿得慌”，也知道官僚机构办事磨蹭，所以他才有这样的措施。否则，没有朝廷发话，擅自开仓放粮，那是要论罪的。

由于救荒是一项例外工作，不能预先打入预算，因此用于赈灾的钱粮要有个来处。明朝的办法是，允许犯罪者交钱赎罪，也鼓励富户出钱赈灾，出得多的可以赐给官员身份。比如捐120石米或者150两银子，就赏给一个正七品的荣衔。

在明朝，动员富户出钱赈灾，是一项制度性的工作，舆论与行政动员双管齐下，这叫“劝借”。全社会大造出钱光荣的氛围，不由你富人不拿出钱来。

当然政府也不是强抢，而是让你灾年拿出粮食贷给穷人，丰年时再由政府出面，让借方还给你。这等于借钱，借钱就要支付利息，明朝在这方面的制度设计很绝妙，就是免去富户人家的劳役作为利息，借钱粮的穷人就不必向富户支付利息了。

借贷双方的合同，由官府出具，这就有了可靠的保障。

史书记载，从朱元璋时期起，富人参加赈贷就成为“常制”。

在古人那里，是非，情理，就是如此简单。没有哪个富人以“自由权利”为由，抗议政府强迫赈灾。

赈灾的粮食是需要提前储存的，明朝设置了专门的预备仓，每个县四处，由民间有德望的老年人管理。不过到了宣德年间，这个预备仓制度就开始废弛，虽经几次整顿，到万历年间还是名存实亡了。

废弛的原因是，预备仓的粮食来源，是需要下功夫去动员的；发放赈贷粮，是需要做大量调查核实工作的，都很麻烦，县官们懒得做。久而久之，预备仓的粮食就不进也不出，只放在那儿让鼠雀去消耗了。

农民皇帝制定的为农民着想的政策，在庞大的官僚机器里，就这么给“消化”掉了。

百姓不决定县官的命运，所以县官也就不关心百姓的命运——封建社会的“不民主”，其实质用这一句话就全概括了。

基层阳奉阴违，中央还是有心把事情做好的。预备仓制度废坏以后，明朝中央对这方面的工作并未放弃，而是不断在修补，陆续又设立了“济农仓”“义仓”“两利仓”和民间的“乡会仓”，作为备荒粮仓。

赈贷方法也有所改进，储备粮食不再像过去那样封起来不动，任其损耗，而是经常收放循环。对贫民的情况事先做好摸底工作，分出“极贫”“次贫”等级，遇到灾年，就按名册发放，避免临时拥挤到一起、难以甄别。

虽然是磕磕绊绊的，但这些事情还是一直在做，这就相当难得了！

明朝的济农仓等设施，有的到了清初还在用，有的甚至一直到咸丰年间还在用。

明朝皇帝最爱民，这很出乎我们的意料，不过一想到朱元璋，就会觉得这也是在情理之中了。

明朝对于借债利率，有法律的规定：凡放债或典当，月利率不得超过3分，利息积累到相当于本金，就不得再计利息。

同时还规定官员不得在自己管辖单位内放债，防止主管官员变相敛财。

豪强人家借钱给穷苦人家，若借债人还不起，不许未经告官就强夺借债人财产，或者抢夺人家妻女抵债（保护真正的杨白劳）。

朱元璋还对高级官员和王公贵族有特别限制，不许四品以上高官和皇亲放债，合法放债也不行，就怕他们以势压人。

由于明朝在借债问题上管理比较规范，所以很多资本金不足的商人都有机会借到周转资金，大部分商人的资本有十分之七八都是借来的。

——正因为利率较低，商人才敢于大规模借债做生意，这是两全其美的事。

明朝有好政策，放债促进了经济繁荣，这是积极的一面。

但是，政策毕竟是政策，再好的政策法规也要看人怎么执行。明朝民间的放债情况，并不都是温情脉脉的，弱势群体永远是被欺负的一群。

当时一般的豪强，放债一年，都是要收回一倍利的。借债人若还不出，豪强就霸占人家妻女，强抢人家田产。正统年间有地方官禀报说，这种情况“官府莫敢指叱，小民无由控诉。”

官府为什么不敢制止？

人家背后有更强的势力！

豪强们针对穷人放债，是专往软肋处下手。农村的就趁稻谷将熟未熟、穷人断粮之际放债，城里的就趁贫民纳税的时候放债——不怕你不借。利率最高的，竟有五倍之多。

那时候四川松潘的老百姓很穷，山西、陕西的富商就带着粮食前去放债，利率二三倍，而且专挑官府放粮（赈贷）的前几个月借出。穷人们考虑到届时可用官府贷给的粮食偿还，所以忍痛也只得借。

可是官府的粮食也不是白拿的，到期不仅要还本，还有一倍至一倍半的利息。所以凡是借了债的贫民，不闹到倾家荡产的很少见。

最要命的是“驴打滚”的债，也就是复利计算，利上生利。在云南，常年有一批从江西和浙江过来的高利贷专业户，大约有5万人分布在全省，专放驴打滚的债。他们做这个做上了瘾，甚至有二三十年不回乡的。

穷人为什么要借钱，难道他们连基本的生计都保证不了吗？不是，是政府的赋役太重。那时候运输军粮，是作为劳役摊派到民间的，不花钱根本完成不了任务，老百姓被官府逼迫，就只能借钱。

高利贷者则趁火打劫，放债的时候欺负贫民，多写借款金额的也有，预扣利息的也有。往往借出100两银子，不到两年就能收回十几倍的利。

——这就是“旧社会”。

这一连串冷冰冰的数字，无疑是盛世背后的血泪。明朝有光明面，也有这样的阴暗面，大家都不必装糊涂。

在明朝，也有所谓的“京债”，就是候选官员在赴任前借债，到任后搜刮地方财富来还债。法律虽然禁止，但实际上禁不了。各省地方官进京朝见皇上，也要借债来打点朝中权贵，回任后再以官库的钱还债，这也属京债。

因为明朝常常拖欠京师中下级军官的工资，所以还有一种放债叫“揭俸钱”。军队中的小官到了该发工资的日子领不到钱，家里吃穿用度没了着落，京师富商就借钱给他们用，这就是揭俸钱。

一个朝代好不好，要全面地来看。既要看到大全景，也要用放大镜来看。旧社会之所以黑暗，就因为有放大镜下的这些丑陋。

皇帝坐在金銮殿上向外张望，满目都是金碧辉煌，心想老百姓应该感恩才是。他也想不到要用放大镜去看什么东西。

明朝也有金融业“大忽悠”

明朝也有质库，不过这时候就叫作当铺了，简称“典”或“当”。

当铺全部私营，公家不涉及这一领域。寺庙似乎也不再插一手，佛门清净地，到明朝才算清净下来。

在明朝开当铺，是一个商人资产雄厚的标志。高官也允许开当铺，有开得多的，一家就开了100多个分店。晚明的名流王世贞，家里就开有多处当铺，年利润在30万两银以上。

徽商和闽商，都是开当铺的主力军。明朝时在北京城里有当铺500多家，大多为徽商和闽商的产业。

到万历年间，有人统计过，全国当铺计有几十万家，是明朝最主要的金融机构。

开当铺为什么能显示身价，因为需要的本钱比较多，大的当铺起码要本钱万两，中等的几千两，最小的也需1000两银子。

明朝当铺的利息，最高是三分。当时闽商势力弱一些，本钱少，所以取利都是三分，徽商财大气粗，典当取利有一分、二分、三分不等。两年不赎取，店家就有权卖掉当物。

这一行也有行规，那就是公开盘剥客户。凡是新衣，都写成“破旧”，凡是赤金，都写成“淡金”，以后万一打官司，店家都会占便宜。有的付给人家银子，每一两要轻三四分；收取人家的赎金，每一辆要多收三四分。人家月末来当，也计为一整月利息；人家十五来赎，也要收取一整月利息。

有的当铺还兼做吸纳存款的生意，或者从事货币兑换业务。因为兑换不同的钱可以从中取利，所以某些当铺老板就经常派人在街头散布谣言，辗转忽悠，说某某钱要盛行了，某某钱要禁止了。

市民轻信小道消息，纷纷购进某钱，抛出某钱。当铺正中下怀，马上贵卖贱收——这手段跟现在操纵股市的手法一模一样。几个来回，当铺就能赚个盆满钵满。

现在有的庄家勾结无良股评家忽悠股民，大概就是跟明朝人学的。

开当铺是个高利润行当，但很奇怪，明朝有好长时间是不对当铺收税的。到了万历年间，才有人建议对当铺征税，并付诸实施。

从正德年间起，明朝还产生了一种新的金融机构，就是“钱铺”。

主要业务是经营货币兑换，后来也连带做粮食买卖，因此又叫“钱米铺”。

钱铺的实力，远不如当铺，只不过在换钱的时候，收一点手续费。政府方面倒是很支持这个行当。因为钱铺解决了老百姓换钱难的问题，促进了流通。

到了明末，又出了一种“钱桌”，也就是临时兑换点。“以一椅一桌列于街上，置钱于桌，以待人换”。

在改革开放之初，在广州、深圳、海口的中国银行门前，都有一些头戴斗笠的妇女私下兑换外币，这就是当代的钱桌了。

崇祯末年，铜钱贬值，一两银子能换2000多文铜钱。朝廷为制止铜钱继续贬值，下了严厉的禁令：凡是钱桌主人用一两银子兑换601文以上者，立刻斩首。

钱桌主人没有谁愿意玩命，但是钱还是要按市价来兑换的。怎么办？有办法。

老百姓是聪明的。办法如下：

有客户来，交给钱桌一两银子，钱桌主人就给兑换600文铜钱，完全合法。等客户一离开，主人就偷偷在桌子下面放好应付的余钱，然后走开。兑换者这时再过来，弯腰从桌子底下把钱取走。

——要是万一被官府人员抓住，说我违法兑换，则查无实据。大不了是客户偷拿了我1400多文钱而已。

“卑贱者最聪明”啊，千真万确！

明朝是中国的资本主义萌芽期，“资本”的势力越来越大，相应的金融手段也就越来越多，有几种新的信用凭证就在此时诞生。

其实早在唐代出现的“飞钱”，就是一种信用凭证，它的作用，是解决铜钱不好携带到异地的难题。到了宋元，纸币成了货币主角，不存在携带不便的问题，因此“飞钱”也就消亡了。

现在明朝发行纸币失败，又是银钱并用，异地携带不便的问题又出来了。于是汇兑又再次兴起。

明朝的信用凭证，首推“会票”，也就是相当于现在的汇票，是异地汇款凭证。

明朝承担汇兑业务的，是富商之家，通过异地联号店铺来完成汇兑。

嘉靖年间有名的宰相徐阶，本是清贫书生出身，做了大官后，政治上还比较正直，但他十分精于敛财，家里开了很多商铺。他家的商铺，就承揽汇兑业务。

此外还有“银票”和“钱票”，都是取款凭证。

如果你在当铺、钱铺存了钱，店主就会给你一张银票或钱票，你任何时候都可在这里取到银子或钱。

钱铺和当铺的存钱业务，就是后来“钱庄”的萌芽，即“中国式银行”的萌芽。

会票、银票和钱票都是有价证券，等于有了价值，于是也可以转让和支付，成了特殊的纸币。

中国历史上唯一由农民建立起来的王朝——明朝的那些事儿，讲到这儿，也就差不多了。

其实明朝跟宋朝比，优点很多：内阁制对皇权起到了有效的制衡，舆论监督（言官）也很厉害；皇帝的荒唐还没导致亡国之祸；头200多年基本没有外患；前期也没出过宋江、方腊那样的民间起义。

它的政治经济体制，总体上说是稳定有序的。

明朝后来亡于农民起义，导火索并不是阶级压迫，而主要是经济原因——皇族白吃的人数逐年增多，官员群体过于庞大，对外战争和边境战争耗尽了家底，最终只能把财政危机转嫁给老百姓，开始额外征税，终于激起了农民大起义。

“吃他娘，喝他娘，闯王来了不纳粮。”

一个当时世界上的头号大国，就这么被满脑袋高粱花子的农民给唱衰了！

第十五篇

清朝很流行外国『大洋』

理性才是攀向幸福生活的阶梯

我又要提问题了：现在的一些学者，言必称哈耶克、德里达、伽达默尔，很有一副学贯中西的样子。他们的文章一出来，读的人都难免要毕恭毕敬。

这是什么效应？

这就是鲁迅说的——“拉大旗作虎皮”效应。

因为目前西方比我们先进，所以西方导师的话，贩卖到中国这边来，就格外有分量、有市场。

可是我要问：我们究竟是和美国的生活距离近些呢？还是离明朝人的生活近些？

这个问题，乍一看荒唐。但你仔细悟一悟，并非没有道理。

我们的文化之源，是来自古代。就是说，我们的思维习惯、审美取向、价值标准，无一不是从古代演变而来的。

现今我们除装备上（就是物质上）稍微西化了以外，人的精神内核，跟古代的差异并不大。

现代的有些人，注重人际关系、讲究攀比、追求奢侈、嫉妒成功者、鄙视弱小者、精神浅薄化……这些，跟明朝的人有什么不同？

古人是怎么生活的，我们现在就怎么生活。古代的富户用黄金制作溺器（便壶），如今的大款疯了似的买“悍马”，这有什么区别？

古代的知识分子固然是渴望做官，但有时也还能搞点“曲水流觞”的雅兴，登高望远，作一作诗。现在的知识分子，春风得意的就信口开河，郁郁不得志的就发牢骚骂娘，连那一份雅致也没有了。

至于市井阶层，古人是攒钱买房子、买地、买丫鬟，今人也差不多。几十年来我们市民的精神关注点，不就是集中在“四喇叭录放机——彩电冰箱——飘窗大房——家用轿车——花园别墅”这样一种物质的递进上吗？

所以，我们的思维，相对于古人的进步，虽有那么一点，但也很有限。

这就是我们需要学习古代智慧的原因。

——这比学习美国还要有用。

我们既然生存在当代，就要把环境和自己的情况都搞清楚。

浪漫的人、狂热的人、消沉的人，在当下都不可能活得好，只有理性的人，才能在全球化、后工业化的社会中稳扎稳打、步步攀升。

最先预见到资本全球化趋势的人，是马克思。他有一句话，我看应该是当今无数迷茫青年的指路灯：“一切坚固的东西都烟消云散了，一切神圣的东西都被亵渎了，人们终于不得不冷静地直面他们真实的生活状况和他们的相互关系。”

是啊，看不清“真实的生活”，那还怎么生活？

看清了，也就不会迷茫了。

真实的生活就是：我们必须提升自己的生活质量，而且只能依靠我们自己。

为什么这么说？

所有的励志书，都提出了一些冠冕堂皇的目标。其实这些目标的背后，隐含的都是一个指向——“改善生活”。

怎么才能改善生活？要有钱，要富，要有物质上成功的证明。

我说过，我们的民族自古以来就是务实民族。你若花800元去听一场交响乐，没人羡慕你，说不定还有人嘲笑你是冤大头。可是你若花800元买了一瓶洗面奶，所有的人都会瞠目，进而对你表露出深深的尊崇。

不是这样吗？

世俗评价标准既然如此，我们也就不必讳言"捉钱"了，钱就是我们为之奋斗的唯一目标——当然是在合法的前提下。

那么，为什么改变命运只能靠自己？

因为我们是现代社会，除极少数幸运儿之外，绝大部分人是无法单纯依靠"父荫"而终身无忧的。就算是有家庭背景，老爸能给安插一个好岗位，但自己一无所能的话，最终还是要被淘汰！

老爸不可能永远不老，所以，财富只钟情于苦苦奋斗的人。

至于如何才能获得财富？我看有三个要素，一是才干，二是执着，三是运气。

才干是可以锻炼出来的，执着是自己对自己的挑战。

可以庆幸的是，三项要素中，起码这两项是我们自己可以控制的，这就有了三分之二的胜算。

而运气，如果你坚持20年如一日的话，不可能一次也碰不到！

每个人在一生中，有可能在不同的时期爆发。古人云，甘罗十二为丞相，姜子牙八十才出山。人与人之间是有具体差异的。所以不能急，要打持久战，要有足够的耐心去等待你的运气。

数十年如一日地动脑筋、思考、权衡、谋划、寻找突破口——你怎么可能一无所获？

悬挂在你头顶的希望之星，就是这样的理性。

所有的失败者，都是过早放弃的人、安于现状的人、做一天和尚撞一天钟的人。

这下我说明白了吧？

如果如此地絮絮叨叨，你还是不明白，这本书你也就不必再看了。

在这个世界上，永远有鸿鹄，也永远有燕雀。

它们都同样有翅膀。

可它们飞得就是不一般高。

好，闲话少叙，我们言归正传。

明朝不错，但是它寿终正寝了，我们来看最后一个封建王朝——清朝的金融百态。

清朝挨骂多半是因为运气不好

赫赫大明朝，亡得其实有点屈，完全是亡于两个皇帝不作为（万历和天启），以及最后一个皇帝刚愎自用（崇祯）。

崇祯一上台，就遇到连年灾荒。崇祯二年（1629）延安府大旱，景象最为惨烈。灾民食野草糠皮，以图苟延不死。野草吃尽，又吃树皮，仅能延缓其死。待树皮剥尽，就只好挖山中一种石头充饥，吃的时候可以饱，但几天后就腹胀而死。

不甘心饿死的，便铤而走险做了强盗。那时候小孩子或者独行者，一出城门就失踪，都是被饥民给宰了吃了。

大明末年，已成了恐怖世界，可是外患不已，国库吃紧，朝廷要活命，就顾不得老百姓活命了。州县仍然严催赋税，横征暴敛，终于把陕北老百姓给逼反了。

燎原烈火，就此而起！

崇祯皇帝在李自成大军逼近京城时，也知道大势不好，下了《罪己诏》，说得很明白：“设立官职原为治国安民，但是如今当官的只为个人打算，做官有如贸易。”

他指责官员催征钱粮，趁机搜刮。皇亲横行于京郊，乡绅盘剥于乡里；

无良官吏，曲意奉承。如此，可叹小民如何能安枕！

话说得明白，但事情做得不聪明。李自成兵临城下，崇祯皇帝哭穷，呼吁大臣、贵戚捐资，组织京城保卫战，但满朝权贵没有一个愿意出钱的。

京营士兵在城头抗击农民军，一日三餐还得自己掏钱去买。

可是，等到李自成攻破北京，打开皇库之后，赫然见常年不用的“镇库金”3700万锭纹丝未动，金锭上还有“永乐”字样。

这样的守财奴皇帝，宁死也不肯散财。

他这大明，不是亡得活该？

清朝来接替它，自然就顺理成章——老百姓不能老吃树皮啊！

明亡后清军入关，除兵力强盛是一大优势外，最主要的是渔翁得利。虽然在江南有过几次暴行，但总体来讲，还是笼络为上，政策得体。

平定中原后，除剃发、衣冠、八旗、圈地和奴仆制度外，清朝基本上是复制了一个明朝。中央机构与地方军政设置，都与明朝无异。

明清交替之际，前后经历了约50年的战乱，民间凋敝得厉害，清政府是下了大力气来恢复农业生产的。

平心而论，清朝的历代皇帝，比明朝的绝大多数皇帝都要勤政。

大清朝前期还有著名的“康乾盛世”和开疆拓土的显赫功业。

起码它做得不比明朝差。

但为什么后人对它印象不好？为何今天为它说好话的人，还要挨耳刮子？

是因为“相对论”。

明清两朝，寿命几乎一样长，疆域都很辽阔，都是多民族大帝国。可是它们所处的世界背景很不同。

明朝一直到万历时，都还是世界第一强国。轮到清朝就不成了——人家欧洲资本主义崛起了！当时文艺复兴已经完成，工业革命呼之欲出，到处都是“大国崛起”。

你清朝还是像明朝那样慢腾腾地走，那就不是前进而是倒退了。

所以清朝也很委屈。

本来国家管理得还不错，可惜生不逢时。从咸丰帝起，每况愈下，最后落了个丧权辱国的臭名！

清朝的经济，总体水平跟明朝差不多，有的地方不及，有的地方过之。

在制造业上，绸缎生产规模不亚于明朝，以江宁、苏州、杭州三大皇家织造局为首，非常发达。尤其江宁府产的缎子，是丝绸中的上品，行销天下。

瓷器在康熙、雍正年代，技术也大大超越了前代，胎更薄，瓷更细，色更艳。江西景德镇的瓷器，官窑、民窑平分秋色，产品行销海外。

在原本不使用铜钱的云南，在清代却发现了大量铜矿。云南采铜业盛极一时，年产1200万斤，可供全国铸钱使用。

官营的制造业蓬蓬勃勃，民间的手工作坊就更加红火，城乡到处都有。农民忙时种田，闲时就出外做生意，比如做裁缝、木匠、箍桶、补锅、弹花、补鞋、泥水、采石、酿酒等，也算是第二职业。

现代意义上的"工厂"一词，其实就是在那时出现的，意思也就是手工业作坊。在乡村里，有木厂、炭厂、香菇厂、木耳厂、纸厂、铁厂、盐厂、淘金厂等，不一而足。

那时候最好的铁制品，是"广铁"。让人想象不到的是，其中最知名的品牌是佛山铁锅，名扬海外。外国的"夷船"来华，都成千上万地买佛山铁锅回去。

小小的佛山镇，在清代吸引了四方商贾。有野史笔记描述，当时河面上停泊的商船有如蚁群，水上一派繁忙，舟楫相击，人声鼎沸。

古代的商品交易场所，叫作"市"；而大一点的市，就叫"镇"，

镇，从明朝中期兴起，到康熙乾隆时代达到鼎盛，每隔二三十里必有一镇。农民出门，不到十里就有一个市镇，买卖农副产品很方便。

北方民间至今还有初一、十五赶大集的习俗，也是在康熙时期为最盛。

北京城里著名的琉璃厂、隆福寺、白塔寺、土地庙、城隍庙这些地方，在那时就有盛大的庙会，也就是大型集市。

现在北京人春节赶庙会的习惯，显然是从清代延续而来。

清朝，就这样，隔着百年的距离深深地影响着我们。

我们对清朝，撇嘴是撇嘴，可我们今天的有些习惯，还真就有它的遗传。

所以我奉劝大家在对传统文化开骂之前，先检查一下自己身上是否有文化“盲肠”。

——猴子变成的人，到什么时候都免不了有“猴气”。

清朝在银元上如何与国际接轨

清朝的货币制度，有样学样，也沿袭了明朝的那一套，以银子和铜钱为主。大额交易用银子，小额交易用铜钱。

不过，清朝的银子用起来比明朝麻烦，因为它很不规范。

清朝用银子还是要称量，是以纹银为标准，在使用中，各种成色的银子都要折成纹银来计算。

所谓“纹银”的成色应该是多少呢？据当代专家推算，应该是935.374‰，也就是“九三成”。

这就是说，一个人实际所拥有的银两，要折算成纹银银两，才能表示出你究竟有多少财富。

这个“纹银银两”，就是“虚银两”，是一种理想化概念。

这样，“银两”这一概念，就有了虚、实两个所指。

清代的银锭也不够规范，除了有元宝形状的，还有圆形、方形、长方形、砝码状、束腰形、牌坊形和茶花形的，并不一致，所以要称量。

清朝在银锭上也有创举，就是有了比50两还要大的大银锭。不过典型的银元宝，大多也是50两一锭，同时也有小一点的。

那种小银锭，同样也叫“锞子”，《红楼梦》里写贾府准备过年，就写到过“银锞”之类。

最麻烦的是，称银子的重量标准也不大一致。

标准的一两是多少？既有官库的标准，也有漕运部门的标准，轻重并不相同。此外各地官库的标准也不一样，所以非常混乱。

道光时代就有人指出：本朝的银子，官府通行的是“纹银”，成色在九二、九三直至足色。而民间通行的叫“元丝”，成色仅有七八成，最高不过九五成。这就够乱的了，另外还有在银锭上钻孔往里灌铅的，就更是添乱。

由于各地称量的标准不同，有时一两能差出六七分来，百两就要差出六七两。这种状况，就连官府也没办法改变。

银子的混乱，贯穿了整个清朝，哪个皇帝都没想起来要整顿一下。

在银子的使用上，清朝还有一大景观，那就是外国银元盛行。后来，大清国有人赶时髦，自说自话也仿铸了银元。

从康熙帝收复台湾起，清廷就开放了海禁，外国银元流入的数量因而一下子大增。尤其福建、广东沿海一带，使用银元的情况很普遍。

银元来自欧洲不同国家，花样繁多。那时的清国人也够聪明的，都给它们起了外号。

荷兰银元上有武士骑马图案，就叫作“马钱”；

西班牙银元边缘有麦穗纹，就叫作“花边钱”；

葡萄牙银元图案中有一个十字，就叫作“十字钱”。

还有，西班牙银元有一面图案是两根柱子，就叫作“双柱”；

西班牙银元和美国银元上人像的头发形状不一样，因此分别叫作“大髻”“小髻”和“蓬头”。

至于带有罗马数字的银元，也难不倒清国人，他们把“Ⅱ”叫作“二工”，“Ⅲ”叫作“三工”，“Ⅳ”叫作“工半”。

——你别说，大清国那时候与国际的接轨，还真是充满了幽默感！

清代商人对过手的银元，习惯上要打个戳记，以示货真价实。打的戳多了，银元被凿巴变了形的，就叫作“烂版”。

没打戳子的完好银元，则叫作“光洋”“光版”或“镜面”。

我从小学时候起，就在各种回忆录里见到过“光洋”这一词，始终不明白是什么意思。学了古代金融史，才解开了心中几十年的疑惑。

当时广东人喜欢用烂版，江浙人喜欢用光洋。当然烂版没有光洋值钱，两者比价每一百两要差出六七两。

外国光洋的流入，使我们中国出现了新的货币单位，那就是近现代流行的“圆、角、分”。

圆，当然是指一块银元。

到嘉庆年间，民间又把“圆”称为“块”，指的也是一块银元。

现在人民币的单位，也是如此。不过“圆”简化为“元”，实际上没有道理，有点脱离了文化传承。

现代老百姓在习惯上，常把一元钱叫作一块钱，就是从清朝人的习惯延续下来的，源头就在光洋那儿。

到道光年间，民间的外国银元已经很普遍，朝廷想禁止都不可能了，只得承认其合法性，但是强调不得以枚计算，还是要以成色、重量来计算。

银元的流行说明了什么？说明老百姓已经很不耐烦用银子要称量了，都愿意使用计算很方便的铸币。

清廷是超级政治恐龙，对这一点反应很迟钝。那位虎门销烟的林则徐，曾经建议国家自铸银钱，但是被道光皇帝驳回。

皇帝不让造币，民间却不听那个，沿海和台湾历来开风气之先，两地民间率先仿造了银元。

仿造的银元有两种，一种刻有“漳州军饷”字样，币面还有神秘花押，民间盛传这是所谓“郑成功大圆”。另一种只有“军饷”二字。

此后，广东、福建、杭州、江苏、江西等各地仿造蜂起，但全都是手工铸造，样子粗糙，圆圆乎乎的像个小圆饼，与外国银元无法比美。

清朝的对外贸易，因为占了商品的便宜，在前期一直是出超——你们的货我不要，我的货你不可能不要。

你不喝茶行吗？你喝茶没有好茶碗行吗？不行。

那么，就拿白银来吧。

因此，世界白银的流向，就从欧洲、美洲源源不断流向大清国。

这日子要是再持续200年，那么连我们这些人都要借上光啦。可惜，就在乾隆盛世的那个时候，在清国人照常遛鸟、打麻将的时候，国际上出了一件事，直接改变了清国乃至我们民族的命运。

英国在乾隆二十二年（1757），占领了鸦片产地孟加拉。

从此以后，英国的东印度公司从英王那里取得了鸦片专卖权，开始倒腾鸦片了。

这个货，你清国人不可能不要。

你要，就也拿白银来吧。

国殇啊，哭吧！

“汉水亦应西北流”。白银流向就此逆转，清国进口鸦片从每年3000箱，到每年4万多箱，一年几百万两白银，像血一样都输给英国商人了。

这个国际之轨接的，亏大了。

清廷仍然是超级恐龙，迟迟没做出紧急反应，禁鸦片也禁不住。就这么给人家输血输了差不多快40年了，才由刑部出了个条例，明令纹银不得出洋，但是银元还是不禁止出洋。

那时外国银元已融入大清国货币体系，也等于是大清的钱，你不禁它外流，那不还是一样？

又过了几年，才由林则徐、邓廷桢等人提出，不能让洋商把洋钱带回国去，应该要求他们全部换成货物带回去。

然而少数人的明智不顶用，大清还是成了超级大鸦片烟鬼。仅鸦片战争前10年，清国对印度的贸易出超就有3000万两白银。

这会发生什么问题呢？

外贸的问题，从来不是个单纯的业务问题，它会影响到很多人的生计。白银这么外流，必然造成银荒。清朝是银钱并用的，银子一少，势必造成银贵钱贱。

那时的有识之士就指出，钱一贱，从事种粮、纺织、佣工和各种技艺的人，因为收入的只能是铜钱，所以必然受损严重。

平民阶层的实际收入下降，全社会的购买力就降低，商业也就随之萧条。这道理小学生也知道——凡是货卖不动，那就是老百姓手头的钱太少了。

另外，还有一个隐性的危害：银子和铜钱的比价发生变化后，税赋由银折钱也就比过去多得多了，穷老百姓缴税只能交钱，无形中负担大大增加。

银贵，富人不在乎，他们都是大宗贸易，出入用的都是银子，银贵还不好吗？苦就苦了只能挣两个小钱的穷人了。

我们现代人，长期以来可能有个错误概念，以为在经济法则面前人人平等。其实不然，经济法则往往天然就是欺负穷人的。

你们看到没有？白银一升值，富人还没怎么样，穷人已经被伤得稀里哗啦。因此，以政府之手来平衡，适度保护弱势群体，那是天经地义，绝不是什么民粹主义。

官府收税加重，还有一条恶果就是社会矛盾加剧，道光年间因税负“激成抗拒”“百姓滋事”的事比比皆是。

在鸦片贸易的冲击下，头戴花翎子的大清再也牛不起来了。从道光到咸丰，两个皇帝一共统治47年，被内乱外患折腾得焦头烂额。

清国，本来坐在世界一流大国的位置上，就这么一个跟斗栽下来了。

铜钱摇摇晃晃走向穷途末路

现在再来说清朝的铜钱。清朝在入关前的努尔哈赤时代就已经铸了钱，上有满文和汉文。满文叫作“天命汗钱”“天聪汗钱”，汉文叫作“天命通宝”“天聪通宝”。

从顺治皇帝起，清朝仿照明代制度，正式开铸年号钱，历朝都叫作“某某通宝”。

当时铸造厂在中央和地方都有，中央的是工部宝源局和户部宝泉局，钱上分别铸有“工”“户”字样。

地方的则叫作“宝 × 局”，中间一字为地名，如云、陕、蓟、同、荆、河、宁、江、浙等。

道光以前所铸的钱，都是小平钱，比较规范，所以清朝也称自己的钱为制钱。

这时候，老百姓在习惯上，也改口把一贯钱叫作一串钱了。

在清代前期，私铸钱币的也有，把大钱改铸小钱的也有，融毁钱币铸造铜器卖钱的也有。但是清政府治理民间违法的事，还是比较有效率的，规定了民间不得使用和出售5斤以上的铜器，而且只有一品官员才能使用黄铜器皿。

另外，清朝的铜钱里还加了少量的锡。据说加了锡的铜钱，就不能回炉再造了。由于这些措施得力，所以清朝前期的私铸现象不是很厉害。

清朝铜钱以“顺治通宝”“康熙通宝”“雍正通宝”为最好，含铜量大，乾隆以后的嘉庆、道光钱就明显不行了，含铜只有五六成，其余四成多为铅。

咸丰钱就更是每况愈下，因为铜料不足，财政又紧张，就铸当十、当五十、当百、当五百和当千大钱，赤裸裸地对民间进行搜刮。

所谓当十钱，重量和小平钱差不多，1枚就要换你10枚，不是强抢是什么。北京老百姓把这种钱叫作“大个儿钱”，外地群众不认，所以当十钱只能在北京城内流通。

咸丰年正是闹“太平天国”的时候，清政府统治动摇，直接就体现在钱的质量上。

为了“平叛”，朝廷开支很大，铸钱方面也是越大越好，越多越好。导致了咸丰币制的复杂，大概能赶上王莽时代了。

咸丰钱，币值从小平钱（一文）到当千，竟然有16个等级。在材质上，除了铜钱，还有铅钱和铁钱。在名称上，除通宝之外，还有元宝和重宝。

而且钱币的大小重量全无标准，轻重没有固定顺序，有的当五十大过当百，当百大过当千，完全违背了铸币原则，把铜钱当纸币来发行了。

发大钱，又势必造成通货膨胀。大钱本身一出来就贬值，当时发军饷都用大钱，八旗兵丁拿了钱养不活家口，老百姓更是有许多沦落为乞丐。

铁钱也是一样，发行以后，北京商人拒绝使用，米店、小吃店干脆关门，形同罢市。

朝廷屡次发文，要求官府带头，征税和交易都要用铁钱和铜钱搭配，不得歧视铁钱。可是官府带头又有什么用？歧视不歧视的，根本就不是政治问题，而是货币规律的问题。

铁钱贬值，江河日下，发行才3年多就只好停铸了。

后来慈禧太后也想恢标准的制钱，但是力不从心了。铜价上涨，铸钱不但不能获利，而且还会亏本。唯一的办法是减重，但是减重以后的小钱太不成样子，更加难以取得信任。

此后，光绪、宣统铸钱，更不值一提。虽然已经改为技术先进的机制，但钱却越来越小，越来越劣。铜钱在清末已难以为继。

在清朝的各个时期，还有一些主流以外的钱，咱们在这里一并说说。

清初时，以明降将吴三桂为首的几个藩王，闹起了“三藩之乱”。其中吴三桂铸了“利用通宝”和“昭武通宝”，他的孙子铸了“洪化通宝”，耿精忠铸了“裕民通宝”。这些钱当然都很短命。

乾隆时，清朝还有一种很特殊的钱，叫“普尔钱”。

普尔钱原为准噶尔部的钱。准噶尔部居住在新疆北路，后来扩大势力，占领了“回疆”(南疆)，铸了这种普尔钱。“普尔”是维吾尔语，也就是“钱”的意思。因为是采用红铜铸的，所以又称为“红钱”。

乾隆皇帝发兵平定了准噶尔部，统一了回疆。为照顾当地人习惯，在当地铸了新的普尔钱，逐步收回旧普尔钱。

普尔钱与制钱的比价为1 ∶ 5，显然是较大的钱。

道光年间，广东还流行越南钱(当时叫安南钱)，有“光中通宝”“景盛通宝”“景兴通宝”“景兴巨宝”“嘉隆通宝”等。其流行之广，非常惊人，在广东货币流通中竟占60%以上，其中以潮州为最甚。后来朝廷屡次下令禁止，最后也不知下文如何。

在华夏历史上，世世代代都是周边“番邦”使用中国的钱，到了清朝，反过来了，日本的钱我们也在用，越南的钱我们也在用，这兆头不是很好。

此外要说的是绕不开的太平天国的钱和其他起义军的钱。

太平天国，不管怎么说，也是中国农民与平民造反的一个壮举。起义军定都天京4年后，铸了自己的钱。

一开始，太平天国的钱只在天京一地铸造，制度划一，管理得很好，货币制度井然有序，显示出了草根阶级的智慧和力量。

太平天国后期，政治出现混乱，各王的辖区内纷纷自行铸钱，币制自然也出现混乱，不再有早期的进取气象了。

看来草根阶级没有精英来主导，是早晚要出问题的。

太平天国的钱，一开始正面为“天国”，背面为“通宝”；后来背面改为“圣宝”。再往后，正面改为“太平天国”，背面为“圣宝”。

他们铸的钱，除铜钱之外，也有铁钱和铅钱。

比较奇怪的是，太平天国的钱没有币值文字，这就像军人没有军衔一样，是怎么分等级的，当时人们又是怎么来辨认的，不得而知。

当时上海还有“小刀会”起义，与太平天国相呼应。小刀会也铸了“太平通宝”钱，因为会众以“大明”为国号，所以钱背穿孔上下有日月纹，隐喻一个“明”字。或者上为月纹，下为“明”字。

此外还有广东的天地会，也在那时建立了“大成国”，占领过柳州。他们铸过“平靖通宝”和“平靖胜宝”钱。

最后再说说被慈禧太后给废掉的“祺祥钱”。

这是一出有名的宫廷政变大戏。咸丰皇帝当年在承德避暑山庄病危，立下的皇太子才6岁。他不放心幼子执政，就密诏肃顺等8人为“顾命王大臣”。

咸丰一死，八大臣遵从遗嘱，拥立了小皇帝，拟了新的年号为“祺祥”。

不料被冷落的慈禧太后不服，发动政变，逮捕了八大臣，将肃顺等人处死，自己和慈安太后垂帘听政。随后就废除了“祺祥”年号，改为“同治”。

可是这个短命的“祺祥”年，毕竟存在了69天，因此年号钱也已经铸好。后来全部回炉，只有少量流入民间，成了稀世珍品。

现在谁要是能弄到一枚，就甭出手了，当成你家的镇宅之宝吧！

大清朝的银元和铜板成了送终钱

晚清的金融问题，就是改变钱制，迫在眉睫。这可难坏了清廷的大佬们。

铜钱是清朝的主要货币，一般老百姓日常都在使用，直接废了也不行。

有一个办法，就是让它成为辅币，即信用货币。老百姓你就别管它足值不足值了，它就是个符号。

可是，那就意味着要采用完全的金本位制或者银本位制，内囊空虚的清廷是根本做不到的。

还一个办法，就是加大“面值”，让币值与铸造成本相称，不至于铸得越多越亏本。但是那样的话，老百姓就会将之视为铸大钱，只能引起恐慌，引发市场非理性涨价。

要想让老百姓理解朝廷的苦衷，接受大钱，在清末那样的情势下，简直是鸡同鸭讲，同样也办不到。

商量来商量去，最后还是决定铸大钱。朝廷那几个人，长的也是人脑子，不会想出什么高招的。

但是，这次的大钱有名堂，是铜元。

给你变一变，不是铜钱了，是类似银元的铜元，给你一个心理暗示。这样，铜元的面值高一些，就可以避免大钱的嫌疑了。

朝廷哄老百姓，就像驯猴者哄猴子一样。明明白白地哄你，就听话吧！

这个事，李鸿章、张之洞他们酝酿了多时，还有人拿了美国的“花钱”来做样子。最终老佛爷同意，于光绪八年（1882）试铸铜元，用的是进口机器铸造，采用的是进口洋铜原料。

清政府一开始想把铜元作为银元的辅币，所以上面有“每百枚换一圆”字样，还有英文“ONE CENT”（一分）。

这个铜元成色很足，紫铜占有九五成，余下半成是锌和锡，重量有2钱。铜元价值相当于当十，刻有龙纹，名称为“大清铜币”，老百姓俗称“铜板”。

出铜板的时候，朝廷大佬们还战战兢兢，不知民间反响会如何。不料此钱一出，因为样式新颖，竟大受欢迎，没人把它看成是不足值的大钱。

不久福建、江苏等省也都奏请铸了铜元，不过面值都是参照制钱作价，铸有“每枚当钱十文”字样，英文为“10 CASH”。后来广东的铜元也把面值改了过来。

洋文上了大清的国家货币，这大概是第一次，真的是“世界潮流，浩浩汤汤”啊！

三省发行铜元成功，获得老佛爷首肯，她还要求三省紧急调运十万铜元给户部，在全国推广，并指示沿江沿海各省都要仿铸。

这可真是啊，换个花样老百姓就认！各省督抚无不狂喜，在利益驱动下，纷纷狂铸滥铸。到光绪三十一年（1905），有17个省的20多个铸币厂铸了铜元。这跟过去大家都不肯亏本铸制钱的情形截然不同！

到这年七月，朝廷不得不下令整顿，规定每日铸造数额。中央的造币总厂还铸了“大清铜元”，作为各省铸铜元的样板。

地方政府想搂钱，没有办不到的，你有你的规定，我有我的权宜之计。就在短短几年间，铜元越出越滥，大幅贬值。一开始，80枚铜元可换一枚银元，到后来180枚才能换一枚银元。据统计，全国因为铜元贬值而蒙受的损失，在头4年里，就达5800万元。

1909年的《申报》载文痛斥："铜元充斥之害，上及于州县，下及于四民！"

铜元的花活儿，又玩完了。

到宣统三年（1911），也就是清朝灭亡的那一年，造币总厂还试铸了铜辅币，一共5种。其中一文和二文的大清铜币，中间有圆孔，算是方孔圆钱的遗迹。

另外，大清也铸过自己的银元。

光绪十四年（1888），张之洞在粤督的任上，就试制了银元。后来李鸿章接任粤督，正式开铸银元，正面中心是满汉文的"光绪元宝"，外绕英文。背面是一条气势威严的蟠龙，外绕"广东省造，库平7钱3分"字样。库平，就是官库标准重量。

这是中国第一次铸造银元本位币。

后来正式铸造的时候，英文移到背面，"广东省造"移到正面。减重为7钱2分。

这种银元，因为图案有龙，所以俗称"龙洋"，民间极为欢迎。因为它的重量比外国银元要重些，因此发行的第一批多被民间收藏。

铸银元的原因，除想抵制外国银元泛滥以外，还有经济上的考虑，因为由纹银变为银元，在折价比例上政府可以占便宜，所以朝廷决定大批铸造。

广东省的银元一出来，湖北、江西、直隶、浙江、安徽、奉天、吉林等地也相继开铸。湖北省铸的是一种一两重的"双龙银元"。

鸦片战争后，英属印度的货币"卢比"流通到西藏，进而又流通到四川、云南。为抵制卢比，四川省铸了一种"四川藏洋"，专用于西南地区。藏洋完全仿印度卢比样式，只不过将卢比上的维多利亚女王头像，换成了光绪皇帝的头像。

这是我国第一枚带人像的铸币。

后来各地还铸了小银元，叫作银角币，重3分多到3钱多不等。

再后来，铸的就是比较规范的银角币了，有一角、二角两种，与铜板并用。

一元龙洋，又称“大洋”，民国题材电影里常说的“现大洋”，就是指此。

银角币则称为“小洋”，广东又称其为“毫洋”“银毫子”。这个名称源自香港，因为香港的小银元单位是一毫、两毫。

而当时广东人写这个“毫”字，喜欢减笔为“毛”。影响至今，人们还习惯把一角两角人民币，称为一毛两毛。

从光绪十五年（1889）以后，龙洋和铜板就成了清末的主要货币。

再往后——没了。

大清，进了博物馆。

不过货币自有货币的寿命，清亡后，龙洋并没有马上废除，仍在民间有效流通。新成立的民国只是增铸了孙中山头像银元，以及袁世凯等人的头像银元（袁世凯像银元，俗称袁大头），与大清龙洋“和平共处”了好长时间。

总体来看，清朝的铸币比较驳杂，各地还曾经铸过各种形状的银饼，其中吉林的一款是正方形的，堪称别致。

光绪十四年，光绪皇帝结婚，清廷还铸了“光绪皇帝大婚”纪念银币，也是很有现代特色的。

三起三落的大清朝纸币

清朝也有纸币，而且出现得很早。早在开国后不久的顺治八年（1651），因为财政入不敷出，就仿照明旧制，印发了纸币“钞贯”。每年发行额控制在2.8万贯，连续发行了10年。因为没有滥发，所以很好地发挥了作用。

这是清朝中央政府第一次发行纸币。

只要发行者没有贪欲，不是想借信用货币搂钱，纸币的价值就不会大起大落，就会起到平衡流通的正常作用。

第二次发行纸币是咸丰三年（1853）。因为要对付来势凶猛的太平天国起义，财政又告吃紧，于是发行了两种纸币。一是“大清宝钞”，以铜钱为本位，又称钱钞，从250文到2000文，共分五等。二是“户部官票”，以银两为单位，又称银票，从1两到50两共五种。

两种纸币都是用白皮纸印刷（据说是桦树皮做原料），左满文，右汉文，四周环绕龙纹。

但是宝钞发行后势头不怎么好，很快就贬值，千文贬为七八百文。

最早提出建议“行钞法”并参与其事的户部侍郎王茂荫，后来几次上奏，说现行纸币没有准备金，不能自由兑现银钱，所以不能推广，这不是他原来所设计的方案。他说，如果商人看不到使用的方便，纸币是流通不起来的。

哪知道咸丰帝看了奏章大怒，斥责王茂荫只顾为商人说话，不为国事考虑。随后，就把王茂荫调到兵部去了。

这件事情，连马克思都知道，在《资本论》第一卷第一篇的注83里提到过。

虽然不能自由兑换，但还是要部分地允许人家兑换，否则岂不是一钱不值？清廷管理钞票事务的机构，是宝钞局和官票所。

后来有商人申请自己出资成立“总局”，负责推广宝钞和兑换事宜。

朝廷居然答应了，但是由民营机构来代理货币管理，往往资本不足，总局只能隔日一兑换，每次只发100个号，每个号只能兑换100张宝钞。

这哪里行？什么生意不都耽误完了！两个月后，总局就被撤销，由户部成立了五家“官钱铺”来负责兑换。这五家官钱铺的名称都是“宇”字打头，所以号称“五宇”。

官方的兑换方式是：除四种大额宝钞外，其余所有钞票都实行抽号兑换。每20天抽一次，抽到号的钞票就可以兑换银或钱。

后来五家钱铺又合并为一家官钞局，每月抽号一次。

可是这样一来，抽到号的和没抽到号的钞票，价值就不同了。当时人把抽到号的叫作“实钞”，没抽到号的叫作“空钞”。而外省的“省钞”不参加抽号，所以也被视为“空钞”。

空钞当然就没有多少购买力，后来每一两大约只值300文以下。

而抽到号的实钞毕竟是少数，所以整个宝钞都不大值钱。照这个样子发行钞票，朝廷感到盈利不多，于是到咸丰十年（1860）就把宝钞、官票都停掉了。

我国南方的一些地区，到现在还一直习惯把钱叫作“钞票”。“弄两个钞票花花”，是舞台小品里南方人角色经常说的台词。

这“钞票”一词，最早就出现在咸丰年间。自金代以来，历代的纸币都叫作“钞”。到了清咸丰年间，流通的既有大清宝钞又有户部官票，所以时人合称“钞票”，造出一个新词来。

清朝除户部（中央财政部）发行过纸币外，各种官办金融机构也发行过纸币。

前面提到的官钱铺，就是官办的银号。

早在道光年间，内务府就设立了五家，都是“天”字头的，咸丰年间又成立了官钱总局，下设四家，是“乾”字头的，再加上户部的“五宇”，一共14家。

它们的职能，是发行“钱票”，又称为“京钱票”。

钱票，当然也是一种信用货币。有人可能要问，既然有银两，有铜钱，那么还发这些钱票干什么？

其实清朝的银子和铜钱一直就不够用，发行可兑换的钱票就是为了弥补不足，起到调剂作用。

一开始，钱票的信用还不错，可是部门利益那是挡不住的，钱票越发就越滥，有的一张票面值就高达万吊，根本不可能兑现，完全是空架子，发出去就成了不兑换纸币。

这样，钱票的贬值势所必然。

老百姓也不是那么好蒙的。

各省见有利可图，也都效仿北京，发了自己的钱票。咸丰八年（1858）福建因为滥发钱票，导致米价上涨10倍，几千老百姓浩浩荡荡，冲到一位前尚书的家里，把退休老官员拉了出来，一同来到督府请愿，哀求官府整顿钱法，平抑粮价。这次风潮，官府整整处理了两年才告平息。

鸦片战争结束后，也盛行民间的钱票、银票、铜元票。

这些民间钱票，严格来讲并不是货币，而是一种有价证券。

发行民间钱票的单位，有钱铺、银号、银炉、票号、当铺、商会、金店、公司、商店等。

民间钱票的作用，是促进流通，以补银、钱的不足。

官方把这些叫作“私票”，给予认可。

北京有四家“恒”字头的钱庄，所发行的钱票信誉极好，市民都视同现金。

但是，行业自律毕竟靠不住，大部分的民间钱票都有“架空”（不能兑现）的问题。有的几十万、几百万地发行，而钱铺的资本金还不到发行额的十分之一，兑现是根本不可能的，这就等于伪钞一样了。

这样的无良钱铺一旦亏损，就关门逃跑，受害者即使告官，官府也是应付了事，根本不可能追回损失。

到光绪末年，这个问题已很严重，朝廷不得不进行清理和限制，不允许非金融机构发行钱票；不允许发行没有准备金的“空架子”；已经发行的钱票也要逐步回收，缩小规模。但还没等清理好，大清朝就已倒台了。

大清的国土辽阔，人口众多，是一块肥肉。这肥肉早就被列强盯上了。那时候国际金融业已经出现了巨无霸——银行。外国银行是属蚊子的，哪里鲜美就往哪里叮。

在大清领土上的外商银行，连招呼也不打，就在大清国内发行了“兑换券”，也就是银行券。这其实是一种可流通的货币，而且不费吹灰之力就加入了大清国的货币系列。

——恐龙太庞大了，它注意不到蚊子在干什么。

这些兑换券分为两类，一种是银两票，一种是银元票，都限定在一定区域内流通。要是异地使用，就要打折扣。

比如在上海发行的，就只在上海流通，当然也可以拿到北京或香港去兑现，但立马会掉价。

可是外商银行不怕这个，反而很欢迎这种情况，因为无论你在北京还是香港兑现，都是通过它们的分行，这样它们可以从差价上获利——你能玩得过银行?

清国人把外商银行在中国发行的纸币，叫作“番票”或者“番元票”。

当时发行得比较猛的，有英国汇丰银行、麦加利（渣打）银行、法国东方汇理银行、美国花旗银行、日本横滨正金银行、朝鲜银行等。

兑换券也有在境外发行，后来流通到境内的。比如朝鲜银行发行的，就流入了中国东北，俗称“老头票”。

华俄联营的道胜银行发行的兑换券，也流入了东北，俗称“羌帖”。

那么各位可能要问了，外商银行在华发行纸币，有什么不好？

坏处多了！

第一，它的发行计划不归你的中央财政部管理，会扰乱你的金融秩序。

第二，这是严重侵犯你的国家主权。

第三，它在华获得巨额利润，你的肥水流进了外人田。

第四，它万一倒闭，你的存款根本得不到赔偿。

第五，它在本地吸储之后再投资，就等于用你人民的财产，在你的土地上投资盈利，做的是无本万利的生意。你不是成了冤大头？

大清这条政治恐龙终于也有所察觉，在清朝垮台前两年，度支部（原来的户部）终于颁发了银钱管理章程，并通知了外务部，要在五年后全面禁废外商银行的纸币。

可惜这事最后是办不成了，大清的寿数到了。

在华外商银行发行纸币的同时，清政府也第三次发行了纸币。

从光绪二十三年（1897）起，大清国也有了本土的银行。中国自己的第一个银行，是中国通商银行。

这些本土银行也都发行了兑换券，也是按照地区发行，代表当地流通的金属货币。

大清的国家银行——户部银行（后改名大清银行），也发行了兑换券。这可以说是现代意义的国家纸币了，

过去传统的纸币是直形的，大清银行则发行了新式的横形纸币，所代表的是银两和银元。新票子印刷得非常漂亮，有光绪皇帝的半身像，跟我们现在的纸币基本一样。

从中国通商银行和大清银行的章程看，它们的兑换券是可以随时兑现的，有可能是十足准备金。

这次发行的纸币，从准备工作来看，相当严谨，应该说是恐龙终于学聪明一点了。

到宣统二年（1910），度支部又进一步规范纸币管理，决定提前收回各官银钱号发行的纸币，大清银行的纸币也不再分区域发行，而是发行了全国

统一的兑换券。

截至清政府倒台，大清银行总计发行了银两票543万多两，银元票1245万多两。

度支部还有好多科学的设想，不过都来不及实行了。大清的金融管理虽然在逐步现代化，但腐烂的政治框架却等不得了，轰的一下子就塌了。

——对现代化反应太迟钝，就是不行啊！

第十六篇

清末先后有三次金融风潮

大清朝五花八门的金融机构

逝者如斯，倏忽而已。岁月还真是过得太快，堪堪这部金融二十四史就快要到尾声了。

好，我们来看中国这最后一个封建王朝的信用情况。

清朝一开国，就对民间借债做了清晰的规定，顺治皇帝亲自指示户部，今后借债只许收三分利，不能多收，不能息上加息。而且不许任何人借债给赴任官员，也不准外官借债给当地百姓。

最后提到的这两点，是历代官员腐败的导火索，皇帝心里也是明镜似的。

后来编辑的《大清例律》里，专门有“钱债”一篇，记载了大清关于放债的法律条文。其中特别提到，大清律禁止军官向士兵放债，也禁止平民向军人放债。

里面还特别提到了“印子钱”。

这是很厉害的一种债务。比方，我借给你70文，但是要按100文计息，每天要交给我4文。这样只要17天半，利息就和本金相等了。

你每天给我付息的时候，我在借款折子上盖个戳，这就是所谓“印子钱”。

这是敲骨吸髓的债，谁沾上了都不得了。在早些年，也是我们现代人控诉“旧社会”的依据之一。

法律虽严，但是难挡人的贪婪。清代八旗兵丁对民间放债的现象非常厉害。不光是印子钱，还有驴打滚，老百姓借了八旗兵丁二三十两银子，不到一年，就要还本付息二三百两。

这还是康熙盛世时候的事，当时就有人说，这是“无天无日，惨不可言”！

这么厉害的债，为什么老百姓还要借呢？

是被逼的。

因为赋税催得急。“完粮”是有期限的，官府一催命，老百姓就只好饮鸩止渴，到八旗兵丁那儿去借高利贷。借10两，一个月的利息就是二三两，而且10两实际到手的只有8两。那2两是先期当作额外利息扣掉了。

康熙年间，在杭州的八旗兵丁勾结地皮恶棍放债，抢夺平民子女抵债，还曾引发过“群体事件”。

那时候河南地方的穷百姓抵押借债，没有值钱的抵押物，习惯上是将子女、童养媳抵押。有一班恶势力人家贪图小姑娘美色，在债务到期后不让债务人赎回人质。这也是“旧社会”的恶例之一。

在清朝，也有“京债”，就是赴任官员举债，到任后立刻偿还。

这也是高利贷。当时放京债的多为山西商人。他们借钱给新官，钱还没到人家手，先扣去三四成。往往新官刚刚到任，债主跟着也就到了，蹲在你身边催债。

新任官员只好拼命搜刮下属和百姓。搜刮不足，就动用“库藏”偿还（挪借公款），弊病甚大。

朝廷屡次下令禁止京债，乾隆帝还允许赴任官员先向户部借债，而不要去借高利贷。

就因为放京债这事，还催生了一个新的金融机构——账局。

乾隆末年有人写了一本《晋游日记》，里面说，山西汾州、平阳两地的人，多以贸易为生，他们放京债可以获利10倍。

具体过程是这样的：富人携带巨资进京，开设账局，有候选官员来借债，必先跟他讲好扣头。如果是九扣，就是名为借一千，实则只有九百。

根据任职地的远近，扣头不同，从九扣到四扣不等。甚至还有倒二八扣的，也就是名为一千，实则二百。

扣除之外，再计月利三分，三个月后如果没还，利息部分也要计利息。如此利滚利，借给官员几百两银子，用不了多久就能回收上万两利息——你的钱反正也是黑，所以我黑你没商量!

不过，账局只是官僚体系上的一个寄生物，不是商业社会的必然产物。下面我们还是来看清代比较正规的信用机构。

清代的信用机构非常复杂，越到清末头绪越多，让我们一个一个看过来。

当铺。清代多有小型的当铺，叫作“短押”或“小押”，是专门收穷人不值钱的物品的。随时典当随时赎回，一般百姓都觉十分方便。有什么破烂，可以拿去换银钱，也可以换米换酒，解一时之急。

俗话说，没钱怎么过年？所以那时候一到年关，穷人就成群结队涌向当铺，柜台伙计有应接不暇之势。《津门杂记》一书说：“大除夕，城乡当铺，一律向不关门，纷纷一夜，竟有守候通宵者，至元旦日出，人数始稀。”

旧社会的穷人，难啊!

清代也有官营当铺，一种是内务府办的，一种是各地方机关办的。

内务府为什么要开当铺？主要是为了赚点钱用来赏赐兵丁，大概是这方面的钱不好打入财政预算，用这个办法解决，还比较合理。

开私营当铺的，都是有钱或有权的，上至皇子、亲王，下至官僚、地主、商人。清朝官僚开当铺的尤其普遍，嘉庆年间查抄大奸臣和珅，他家里就开着4间当铺，有本银120万两。

当时的当铺也接受存款和办理货币兑换。一般官员都愿意把自己的银钱存到当铺生息，算是把当铺当成储蓄银行了。

因为当铺要交营业税，所以清政府也把当铺作为一大财源。光绪年间财政吃紧，李鸿章有一次奏称，说是按户部要求，直隶各州县当铺竟然预交了

20年的税！

不过当铺一向也是官府的好帮手，咸丰年间朝廷搞通货膨胀，发行大钱和宝钞，怕老百姓不认，就指令当铺搭配使用，让当铺充当了推行大钱的工具。

银铺。银铺在清代非常发达，有官营和私营之分，它的主要业务就是成色鉴定和熔铸银器。

当时白银是主要货币，政府税收很大一部分是银子。因收上来的税银成色不一，就需要通过银铺来鉴定，还要由银铺统一熔铸成元宝，送交布政司储存。

所以银铺的业务一直不错。

清朝中期以后，有的银铺自行发行银票，作为一种准货币进入流通。这个生意做得也很旺盛，一直到清政府发行了银元，银票才衰落下去。

钱庄。最初钱庄是乾隆时代在上海的绍兴人开的煤炭店，也兼营小额存放款、兑换银钱、鉴定成色等业务，群众都感到方便。后来就开得越来越多，逐渐成了专门的金融行业。

小的钱庄只有一张桌子，这就是明代就有的“钱桌”了，俗称“找换店”。

资本雄厚的钱庄，则专做存放款业务。他们囤积制钱，操纵钱价，签发庄票，异地汇划，与工商界发生了密切的联系，已经具有近代银行的功能了，俗称“汇划庄”。

钱庄是清代才兴盛起来的，主要分布在长江流域，上海有170多家，汉口有500多家，北京有300多家。

鸦片战争以后，进出口贸易扩大，钱庄就在融通资金和办理结算上提供了更方便的服务。

首先钱庄能够利用庄票和汇票，为进出口商提供信贷。

庄票，是由钱庄签发的可兑现的票据。分为即期和远期两种，即期是见票就付，远期是到期才兑付现金。

庄票的信用很不错，所以当时国内的外贸公司——洋行，都愿意接受庄票为结算工具。

在口岸和内地之间的支付，钱庄可以提供汇票，这就省得搬运现金了。那个时候，洋货之所以能顺利销往内地，汇票支付起了很大作用。

另外钱庄还创造了汇划制度，也就是钱庄业内部的票据结算。这已经具有现代票据交换制度的雏形了。

票号。这是金融业的后起之秀，是专办汇兑业务的信用机构，其地位到后来超过了钱庄。

票号有独资有合资，合资的票号非常类似现在的股份公司。

出资人一般不参加经营，而是聘请内行当经理，只在年终查一次账。每过三四年算一次大账，决算出盈亏，给股东分红。

经理和优秀职员也可以入“身股”，即人力股，参加分红。这样的激励机制，使得员工极愿卖命，把企业的盛衰看成是“切己之厉害”。

因为票号业务主要是经营异地汇款，所以往往是在一个总号之下，分号遍布全国各地。

票号是鸦片战争之后发展起来的，多为山西商人创办。

读近代的经济史，我觉得有两点不能忽视：一是鸦片战争的客观后果，不仅激发了国人的图强意识，同时也打破了以前经济社会的僵局，近代商业的繁荣与格局，受这场战争的影响很大。二是山西商人敢为天下先，大规模地推动了近代金融业，这个功劳我们应该记住。

票号业务中，有一种叫作“逆汇”，就是商户请求票号先垫付汇款，然后在一定期限内补上，并支付给票号利息。这其实就是商业贷款。

另一种情况是，商户交了汇款后，票号与之协商，将汇款日拖延几天，票号向客户支付利息。这等于是极短期存款。

清政府的财政来源，除常例的税赋之外，还有捐官收上来的钱——你拿多少银子，我给你什么官。捐官的汇款，也是由票号负责办理。

票号还有一项业务，就是贷款。它之所以有能力贷款，是因为有雄厚的资金来源，那就是官府的公款。

官府公款一般是在官库里存起来的，但如果票号跟某单位领导比较要好，就可以把大量公款拉来存上，不计息，这样就解决了资金来源的问题。

票号揽来存款之后，立马就贷给钱庄，可以说对钱庄的支持很不小。

票号也是看人下菜碟的，主要满足达官贵人的贷款需求，对一般工商户则根本不理。他们的利息，最高的是三分，贷款期限一般是三个月。利率也会有所浮动，那要看对象和银根松紧而定，一般对官僚放款的利息就比较低。

票号一向走的是“重信用，轻抵押”的路子，这个办法有很大风险。结果到了清末，大量贷款无法收回，都眼睁睁地赔了本。

鸦片战争后，通商口岸一带的自然经济解体，商品经济有很大的发展。在这种情况下，资金流转的频率和规模也猛然增长，票号的兴起，就是借了这个东风。

另外票号与清政府的联系也很密切，包揽了各省向中央的财政上缴业务（解饷）。这一块的业务量，非常可观。

太平天国闹起来后，南北交通受阻，跨区域生意做不起来，汇兑也就少了，票号业务在这一段时间内有所收缩。

等到甲午战争之后，票号又有一个极为辉煌的时期，只可惜太短暂了。

因为清政府丧权辱国，有大量的赔款要汇出，也有一些对外借款要汇进来，这都由票号来承担。

各级政府的各种公款，包括税款、军饷等，这一时期也都存放在票号，致使票号实际上代理了国库和省库的职能。

票号业务一时之间搞得蓬蓬勃勃，各分号开遍全国，当时称“山西票号遍天下”。他们在海外的分号，甚至开到了大阪、神户、新加坡、莫斯科，真是国家不幸商家幸。

但是在1905年户部银行成立后，票号的好日子到头了。一大批官办、商办银行雨后春笋般冒了出来，直接跟票号争夺业务。

当时票号的管理方式已明显落伍，业务不断被抢走，连“解饷”业务也被后起的“官银号”给夺去，眼看着业务量减少了四分之三。

有人倡议将票号合并起来，也成立银行，但受到业内保守人士的强烈反对，于是就只能等死。

清政府一倒，票号失去了政治背景，苟延残喘到20世纪20年代，终于被挤出了金融大舞台。

看来，过于依附于“官”的商，终究不是正途。官一倒，商也就废了。

官银钱号。这个我在前面已经提到。这里再补充说一些。

官银钱号，也叫“官银钱局”“官钱局”“官银号”，都是一个意思，就是官办金融机构。

它有一个设立、裁撤和再设立的曲折过程。

鸦片战争后，政府在军需、治河、赈灾上费用大增，需要额外弄些钱以补不足，于是内务府就成立了“五天”官银号。

咸丰年间，为了对付太平天国，政府铸大钱、发官票宝钞，需要有自己的机构来推广，于是又设立了“四乾”“五宇”官银号，以大钱作为准备金，发行“京钱票”。

为了在各省推广大钱，解决地方的财政困难，朝廷还命令各省也要成立官银钱号。

不过这次官办金融的寿命不太长。因为官银钱号发行的银钱票太滥，引起通货膨胀；而且营私舞弊的也太多，激起了民愤，后来不得不裁撤。

到了光绪年间，各省财政又感到吃紧，便纷纷申请成立官银钱号。

地方官银钱号也发行纸币，即银两票、银元票、钱票，只在本省流通。鉴于咸丰年间通货膨胀的教训，这次各省银钱票都有一定的准备金，可以维持兑现。

另外，地方的官银钱号也办理存款、代垫公款、经理省库，基本上成了各省政府的小金库。辛亥革命后，地方官银钱号摇身一变，都转为各省地方银行。

以上所说的，就是清末杂七杂八的金融机构。之所以复杂，是因为社会在发展，市场有需求，而综合性的大型金融中介——银行，迟迟没有诞生，这才给各色金融机构提供了一个生存空间。只要银行一来，它们也就走到了头。

三次金融风潮预示末日将临

从2007年8月起，一场因美国次贷危机引起的全球金融危机，让中国人领略了资本社会大震荡的风景。

其实这种海啸式的大震荡，在中国的金融界早就有。

从鸦片战争之后，到大清国倒台，清政府内外交困，渐渐对整个国家失去控制力。在金融界，危机四起，闹过好几次大的金融风潮。

仅上海一地，就有过三次著名的金融风潮。

那也是够惊心动魄的！

我们逐个来说。

一、倒账风潮

这场倒账风潮，发生在光绪八年（1882）。

在此之前，大清国的股份制企业刚刚冒头，前景看好。其中，官督商办的轮船招商局、开平煤矿起到了示范作用。

这两家股份公司获利甚厚，激发了人们的投机狂热，以后一有新公司出来，都有千百人争购股票。

中国第一家股票公司——上海平准股票公司，也宣告成立。

往里投钱吧！只要投进去，就能生出更多的钱来了！

这个似乎不合常理的说法，就是眼前的事实，无数老百姓怎能不信？这股大众投资热，也深刻影响到钱庄的业务，各钱庄无不卷入其中。

谁也没想到，就在这“众手浇开幸福花”的大好时刻，一场金融风暴卷地而起。

这是历史给大家变的小魔术：只要你跟着千百人一起把钱投下去，常理就回归了。

投资过热——股票跌价——公司破产。

光绪八年十二月初四（1883年1月12日），“金嘉记源号丝栈”因为亏损56万两巨款，突然倒闭。

这家商号一垮，牵累的钱庄一共有40家。

其他没沾水的钱庄见势不好，都纷纷收回贷款。眼看就要来到旧历年的年终了，金融市场银根骤然紧缩，不是吉兆。

钱一玩不转，用现在的说法就叫“资金链断裂”，那是神也解决不了的难题。

资金一紧，市场越发恐慌，商号跟谁借钱也借不到。跟着就有20多家商号因为资金周转不灵，完了！

金融危机就是链式反应、接连跳水、多米诺骨牌效应，没有谁敢去救市，也没有人敢逆势操作。

这20多家商号一倒闭，倒欠人家的款项160多万两，这又牵连到20多家钱庄玩不转了，在除夕之前停业清理。

到了正月初五，上海南市和北市的汇划庄，停业了快一半。

上海平准股票公司也在风潮中烟消云散。

这个年过得，一片白茫茫啊！

这一年，也该着上海金融业多灾多难。到了光绪九年（1883）的10月上旬，金融风暴再次刮起，广东商人徐润经营房地产亏损，拖欠债务好几百万两还不上，牵累钱庄22家。

紧接着，上海“阜康雪记钱庄”破产倒闭，再次引起金融业大地震。

这个钱庄，是浙江巨商胡光墉个人开的。他在杭州、宁波、福州、汉口、北京等地也有“阜康”钱庄和银号，此外还有当铺22家。

当时各省的公款和权贵豪门的钱财，大多都存在他各处的钱庄里。

胡光墉的破产，极富戏剧性。

他依仗雄厚资本做后盾，主营茧丝。那时候，生丝是外国商人最中意的中国商品，茧丝市场的价格一般都操纵在外商手里。

胡光墉倒也有点民族自尊心，意欲与外商在茧丝市场一决雌雄。他叫手下的各当铺在江浙两省放开收购茧丝，预付给蚕农定金，务必不要使货源落入外商之手。

而后，他便在伦敦组织销售，要开拓自己的茧丝外销渠道。

哪晓得人家外商也有地方保护主义，伦敦茧丝收购商联合起来，故意压低收购价，上海的各洋行见势头不对，也同时停止收购茧丝。两边先后一动作，茧丝价格立刻大跌。

几天之内，胡光墉就亏损了白银1000多万两！

当年10月，他在杭州的泰来钱庄率先倒闭，11月，上海阜康雪记钱庄跟着倒闭。这一来，他庞大的金融帝国的信用立时中断，上海商界为之震动！

上海的消息一传出，各地富商纷纷涌向胡光墉的钱庄提现，一家伙就提垮了他在各地的钱庄和银号。

大清的金融界顿时一片愁云惨雾。

过去，钱庄业一直以票号和外商银行为后援，现在票号和外商银行都拒绝向钱庄拆借资金。

钱庄回天乏术，只得接连倒闭，连累到各行各业。一时之间，上海倒闭的钱庄、商号有好几百家。影响还波及镇江、汉口、福州、杭州、金陵、天津、宁波等地。

到处都是风声鹤唳！

胡光墉这祸惹大了。他是有官衔的，任江西候补道，朝廷一怒之下，革了他的职，还命左宗棠对他严加追究。

当时正值中法战争爆发，这又给上海金融业雪上加霜，钱庄停业的有十之六七。凄凄惨惨又过了一年。

这个惹了塌天大祸的胡光墉，就是清末著名的官商胡雪岩。“雪岩”，是他的字。

自从台湾已故作家高阳的五大本历史小说《胡雪岩》出版后，胡雪岩这个“红顶商人”在当代中国，可谓妇孺皆知。

胡雪岩之所以被当代人欢迎，是因为他是白手起家的楷模，符合大多数人对自己前程的心理期待。

胡雪岩幼时家贫，也是靠帮人放牛为生的。稍长一点，经人推荐，到杭州一家于姓钱肆当学徒，得到肆主赏识，提拔为“跑街”（业务主办）。

咸丰十年，胡雪岩因为勤勉，时来运转。为老东家无后，临终前就把钱庄赠给了他，从此他自开“阜康钱庄”，开始和官场中人往来，终成为杭州一大商绅。

胡雪岩的成功经验有很多，包括调教几个老婆、使之分别发挥正面作用的经验。这个平民出身的官商，成为当代中国的全民偶像，是有其特定原因的。

但是很不幸，在中国金融史上只有胡光墉，没有“胡雪岩”。只有他耻辱的惨败，而没有他辉煌的业绩。玩钱玩失败了的人，在这里没有任何光环。

二、贴票风潮

光绪二十三年（1897），上海又发生了一场贴票风潮。

所谓“贴票”，是融资双方在办理贴现业务时的一个特殊手段，举例来说，比方客户存入90元现金，钱庄却开出面额100元的半月期远期庄票一张，到期客户可以凭票支取100元现金。

这等于是钱庄和客户的位置倒过来了，是客户借钱给钱庄使用。

当时贩运鸦片能赚大钱，因此鸦片商就拼命向钱庄借钱，放手开展业务。

钱庄的资金被借光了，就以高息吸储，弄来钱就马上贷出去。

这就是贴票，是金融业的一种另类经营，违反了金融业的规矩。首创此法的，是潮州帮一个姓郑的商人开办的协和钱庄。

他这一弄，效法者众。因为此法吸储极快，有的钱庄就专营贴票业务，被称为贴票钱庄。

贴票钱庄一多，各家就要展开竞争，致使利率越抬越高，贴票率甚至有达到60%的。

——我们看着很眼熟吧，这不就是非法集资吗？

当时人们见贴票来钱快，就全民大动员，上至富豪家眷，下至妓院女佣，都拿出私房钱来凑热闹，还有借贷的、变卖衣物的，谁都想贴上一票。

这样会出大问题的！利率越来越高，集资的钱庄越来越多，钱庄互相间融通不了，也就意味着资金链要断裂。

这个大崩溃的日子，终于来了！

一个月内，上海几十家钱庄倒闭，接着所有的贴票钱庄全军覆没，还连累到一批根本就没沾边儿的汇划庄。

上海金融界，又遭一劫。

三、橡皮股票风潮

在大清倒台的前一年，上海又发生了橡皮股票风潮。

所谓“橡皮”，是那时候上海人对橡胶的叫法。

当时有一个英国人麦边，在上海开了一家“橡皮公司”，向社会公开发行股票。

这家橡皮公司的牌子已经挂了五六年，但业务总没有什么起色。后来恰逢1909年世界橡胶价格大涨，伦敦市场生橡胶价格疯狂飙升。消息传到上海，麦边先生灵机一动——他要借此良机搂钱了！

他找来了几位笔杆子，在报纸上鼓吹“今日橡皮之作用”，展开舆论轰炸，花说柳说，总之，都是说“橡皮”这玩意儿跟国家现代化密切相关。

把大道理谈完，又谈具体的，自夸本公司在南洋大种橡胶，进展顺利，不日就会财源滚滚。

媒体的忽悠，比啥忽悠都强。上海的官商平民，无不受到他的蛊惑，竞相购买他那个皮包公司的股票。

许多官员和商人想玩大的，就向钱庄借款来买橡皮股，许多钱庄也投下巨资，把麦先生的橡皮股票炒高了十六七倍。

这麦先生空手套白狼，启发了在华的广大外商，群起而效仿，各种橡胶种植公司如雨后春笋般冒出来。

而且，他们在自己的招股章程上都特别说明：本公司以外资银行作为自己的往来银行。这就更增加了“可信度”。

到宣统二年（1910）3月，麦氏橡皮公司股票上涨了28倍，其他跟风的公司股票也都上涨了五六倍。麦边等一伙洋诈骗分子琢磨了半天，看样子股票市价已经涨到顶了，就抛出手中全部股票，先后卷款潜逃。

6月，外商银行突然宣布：停做一切橡皮股票押款！

橡皮股票随之一落千丈，成为废纸一堆。

这次地震的力量太大了，大批钱庄应声而倒，总共被骗子卷走了几千万两银子。100多家钱庄，倒得只剩下30多家。

眼看整个市场都要大崩盘，上海道和两江总督慌得不行，连忙向外商银行借款，以维持市面。

度支部又下令大清银行、交通银行紧急调运银子到上海，上海商会也向汇丰银行高息借了款，这才把局面稳定住。

这次风潮，足可见出外商银行在中国金融市场的能量——说让你死，你就肯定活不了。

什么叫作半殖民地？这就是半殖民地，金融的命脉全都被人把持了。

这样的王朝，还能活上几天？

外商银行把大清玩得团团转

现在，我们要讲到金融业的巨无霸了，也就是近代中国的银行。

银行，是经营借贷资本的特种行业。商业经济发达到一定程度，银行是一定要出现的。

银行其实就是中介机构，从事的是规模化的借贷，它可以吸收社会上一切可用的资金，提供给产业和商业资本集团使用。

“银行”这个词，在我国南唐就已经出现过，但那和近代意义上的银行完全是两码事。古代的“银行”，不过就是银铺而已。

鸦片战争之后，外国资本涌入中国抢占市场，争夺资源。它们向清政府投资，企图控制大清国的财政经济命脉。外商银行就是在这个背景下来到中国的。

外商银行在中国设立的机构，一开始就叫作“银行”。

最早在中国设立的是英商的丽如银行，它最先进入香港、广州和上海，以后扩展到各地。1850年丽如银行在香港发行了纸币，这就是在中国流通的第一批外国钞票。

此后，又有一批外商银行涌入，除一家是法兰西银行外，其他的都是英商银行。

后来又有德、日、俄、法、比、荷等国银行跟进。

外商银行多数是完全的外资银行。中外合资的只有3家，即华俄道胜银行、正隆银行和北洋保商银行。

其中的华俄道胜银行，是俄国迫使清政府从俄法借款中拨银500万入股的，使其成为有中资参加的外商合资银行，但是权力完全掌握在俄商手中。

正隆银行是由日商控制的一般性商业银行。

北洋保商银行则要特殊一些，是因天津商业萧条，导致天津的一些商人还不起洋款，于是经过协商成立了这个合资银行，逐年偿还借款。等借款一还完，这个银行就转成了中资银行。

在所有的外商银行中，汇丰银行是金融界的老大。它的股东，多是在中国开洋行的老板。大清国海关的总税务司赫德（英国人），也是它的一个大股东。

有了这个背景，汇丰银行就成了英国在华资本的总代理人。

那么，这些外商银行在中国究竟干了些什么呢？

总之是无利不起早。

它们干的勾当，大致有三。

一、垄断国际汇兑

外商银行在中国一开张，首先弄的就是国际汇兑。以前大清的外汇业务是洋行的专利，洋行一贯是排挤外商银行的。后来，强龙渐渐压住了地头蛇，外商银行拿到了几乎所有的外汇业务，一切进出口生意都要在外商银行那儿结算。

清政府对外的借款和赔款，也都是外商银行经手。后来，外商银行还包揽了侨汇业务。

当时的汇价，完全由汇丰银行说了算。上海汇丰银行每天都要挂牌公布汇价，各地的汇丰银行再参照这个价格，公布本地汇价。

汇价这个东西，就很有一定技巧了。我们来看汇丰的“宝典”：

清政府在进行赔款时，汇丰在挂牌时就故意压低汇价，这样，列强就可以多拿到银两。

反之，外商银行在把外国借款支付给清政府的时候，汇丰又故意抬高汇价，这样就可以少付银两。等到清政府还债时，再玩一次压低汇价的把戏。

这外商银行，把堂堂大清给当猴耍了！

人不能太老实，国不能太弱。看来这还真是硬道理。

二、控制中国金融

外商银行来中国，不是来做善事的，他们看中的是大清国庞大的社会闲散资金。

他们在中国地面上发行纸币，开展存款、放款和汇兑业务，就是要吸引游资，然后用于放款，给外商企业输血，并且控制中国的钱庄。

其实外商银行的存款利率都很低，有的时候存款还要支付手续费。

如此苛刻的条件，为什么还有众多大清国民愿意去那儿存款呢？是因为有隐私保障，清政府无权过问。

这样的避风良港到哪儿去找？大清的官僚、商人、地主都乐不得地把钱存进去。

光绪三十年（1904），有一位御史揭露，庆亲王奕劻在汇丰银行有巨额存款，来路不明。慈禧太后就派人去汇丰银行查询，汇丰方面一口拒绝，坚决否认跟庆亲王有什么瓜葛。结果，揭发人反而遭到慈禧太后的申斥。

当然，外商银行对中国金融的控制，是有一个渐进过程的。一开始只是解决在华外商的资金融通，后来逐步通过票据贴现，对中国的钱庄直接进行拆放。

这样，就把钱庄置于他们控制之下了。接着又通过钱庄这个跳板，把势力深入了广大的农村。

外商银行的放款，在某些地方成了维持市面正常周转的主要来源。它们跺一跺脚，市场就要乱颤。上海的橡皮股票金融风潮，实际上就是它们故意弄出来的。

它们也对中国的企业放款，但条件比较苛刻，属于重利盘剥。它们并不想让大清国的本土资本主义成长壮大。

列强资本主义自有它的逻辑——有老师就够了，还要学生干什么？

甲午战争之后，列强在中国划分了势力范围，外商银行也与此同步，各霸一方，在中国进行了大量的投资活动。通过建工矿、修铁路、搞贸易，对中国的经济进行强有力的渗透。

三、控制中国财政

鸦片战争以后，清政府财政吃紧，只能向外商银行借外债。外商银行就看准这个机会下手，要控制中国的财政。

外商银行答应向清政府提供长期大额借款，但是要以大清的关税做抵押。

汇丰银行在借款上玩的花样，也是相当的狡猾。甲午战争之前，汇丰包揽了清政府一半以上的借款，但是自己并未借出一个子儿，而是从清政府那里承揽了借款数额，然后发行债券，公开销售，实际上是让公众来出这笔钱。

这样，汇丰自己既用不着出资，又能从中抽取利息。

甲午战败后，清政府对外赔款数额巨大，这只老恐龙根本就负担不了。以甲午赔款和赎金为例，共有2.3亿两，年息5厘，限三年还清。而庚子赔款，则有4.5亿两，年息4厘，分39年交清，本利合计9.8亿两。

中国就是遍地都是银矿，也拿不出那么多银子啊！

大清这种政府，混到这个份上，不亡真是没有天理。

它只能向外国借款，外国恰好也愿意借给它。一个是饮鸩止渴，一个是趁火打劫。

为了支付甲午战争赔款，清政府有过三次大借款，即，一次俄法借款和两次英德借款。

能畅饮大清国民的血，列强谁不愿争着干？

英法俄德四国，分成了两大集团，争着要对清政府借款。几国的公使每天都到总理衙门去，威胁大清的高官："你们到底是借还是不借？"

到宣统二年，英美德法为了联手对抗日、俄势力，组织了四国银行团，由汇丰、花旗、德华、东方汇理银行分别代表本国资本势力，与清政府签订了兴办"东三省实业借款"合同。后来幸而辛亥革命爆发，这项借款才没能完全实施。

外商银行通过借款，控制了大清海关。他们提出强硬的要求：大清的各口岸海关一律要有英法美各一人，担任税务"帮办"，并推举英国人赫德担任大清海关总税务司。

从此大清的关税收入，就要优先支付战争赔款和外债，剩下来一点，才能给清政府。

大清现在是彻底从龙变成了虫，不管哪个国家，都能骑在它脖子上。从这我们就可以理解：中国人为什么会在20世纪猛然转向激进。

——有这样不能保卫自己国土、不能保护本国人民利益的政府，中国人能不激愤吗！

中国人终于办了自己的银行

但是，天下有熊包的政府，可没有熊包的人民。外商银行在中国的种种恣意妄为，激发了中国人自己办银行的想法。

最先提出自己办银行的，是太平天国的思想家洪仁玕。他在《资政新篇》里首次提出，我们中国人要“兴银行”。

后来，自办银行的呼声越来越高，李鸿章率先将此设想付诸实施，与美商签约合资办华美银行。但这一创举引起朝中大哗，慈禧太后也不高兴，下令给禁止了。

到光绪二十三年（1897），中国人才有了自己的银行——中国通商银行。由著名实业家盛宣怀提议并负责筹备。这比外商在华开设银行整整迟了半个世纪。

中国通商银行的股本，是由国企、个人联合出资的，其中有盛宣怀担任总办的招商局和电报局的股本，也有盛宣怀、李鸿章等人的私人股本。

通商银行有了成功的先例后，清政府也考虑，是应该有一家国家银行了！于是酝酿成立了央行——户部银行，后改名大清银行。

此后又有上海信成银行、浙江兴业银行先后成立，两家都是商业银行。

光绪三十三年（1907），邮传部尚书陈璧提议成立交通银行，获得批准。

交通银行承担了一部分国家银行的职能，主要办理公债、外债、分理国家金库等业务。

光绪三十四年（1908）后，中国人自己办的银行更是如雨后春笋，有一些省的官银钱号也转成了省银行。

大清这头快咽气的老恐龙，这才算长出了现代金融的器官。

可是，晚了。

这个国家的命运，不是人家有银行你也有银行就能挽救得了的。政治经济体制落后于世界大势，想在不改变框架的前提下修修补补，想带着千疮百孔去闯激流过险滩，那怎么成？

人也好，国也好，如果你僵化落后，如果你懦弱无能，那么上天凭什么要特别照顾你？

大浪打来，最先打翻的就是你的破船，最先呛死的就是你这头史前动物。

想拖着一条大辫子扮演新世纪里的一员，不等于痴人说梦吗！

在世纪的转折点——丧钟为谁而鸣？

就为你，为所有的顽固不化者！

最后还要跟各位说几句

一部古代金融史，烽烟滚滚，从头说到了尾。其中有权谋，有机巧，有铁律，也有平民之泪。

我最后要说的是，读了我的书而毫无所感的人，就尽管去悠游吧，只要社会还有一个角落供你陶醉人生。

而读了以后有所感的人，我要告诉你：机会已经离你不远了！

机会不是金蛋，一弯腰就能捡到你的筐里。

机会是大众情人，万众瞩目。你如何能在众人中脱颖而出，让她看到你，让你抓住她？

这就要用脑子。

你看看钱这东西，我们天天用，天天过手，如果我们不知道古人的金融智慧，哪里能知道钱的流动，就是经济博弈的结果。

凯恩斯认为，货币不仅具有交易媒介的功能，它还是人们用来对付未来不确定性的贮藏手段。人们持有现金，就应该以增加资产流动性来规避风险。

这就是说，钱不是死的，它在滚动。你若能抓住它，推动它，玩好金融的滚雪球，你就是博弈中的胜者。

这样，命运就给会不断给你发奖牌，一枚枚钱币就会滚滚而来，与日俱增。

反之，你若不知钱为何物，只等着有人来施恩，只抱着生死由天的奴隶心态，那你就永远茫然。财富对你来说，就将是毕生也不能抵达的地平线。

为什么有人能屹立在地平线上，而有人却只能遥望地平线？卢梭所说的"人生而平等"，又体现在哪里？

现代社会当然是平等的，但是，就连马克思也不否认人的能力有差别。

什么叫能力？当然不是指跑得快、跳得高、力举千钧这样的特异体能，能力，就是使用脑子的水平。

人是怎样从动物中脱胎出来的？

人是怎样成了真正的百兽之王的？

脑子，是脑子的进步。

浑浑噩噩，也想过上好生活吗？

做一天和尚撞一天钟，也想有辉煌的结局吗？

那还不如买本童话书来解解闷吧。

你要想幸福，就要直面现实——

资本固然是猛兽，但是，你恶狠狠地咒骂就能把它吓走吗？

资本的运动，是一段我们有生之年看不到尽头的历史，你谈论它何时停止有什么意义吗？

还是像人类远古的祖先那样吧，拿起你的投石器，拿起你的石刀石斧，朝着这猛兽的咽喉猛击下去。

再凶狠的猛兽，也有它脆弱的咽喉。

找不到它咽喉在哪儿的人，就别埋怨老天没给你配备冲锋枪。

更不要指望有神迹能破除枷锁，让众生都能像国王那样优哉游哉。没有谁能解脱众生，倒是如何解脱你自己，才是个真问题。

——假若人人都能想办法解脱自己，众生也就得到了解脱。

那些企图维持既得利益的经济学家，他们能把这真理告诉你吗？

哈耶克曾经说过："在一个先进的社会里，最一般的可以实现未知的各种具体目的的手段就是货币。一个人只要知道他所需要的和他能够提供给他人的那些物品和劳务的价格信号，就能够成功地从他知道的那些机会中做出选择。有了关于价格和机会的信息，他就能够依赖自己的知识在具体环境下选择他的中间目标和扮演（分工中的）具体的最能获利的角色。”（哈耶克《法，立法，与自由》）

他说得还不明白吗？

信息——机会——知识——获利。

这就是现代社会的捕猎过程，这就是商业场上的丛林法则。

不要希图侥幸，也不要抱怨自己没生在富贵家庭，对于不可能得到的东西，就不要去想它。

有一个你极有可能得到的东西，就摆在你面前。

它对所有人的诱惑，都是平等的。

就让我们拿出原始人的勇气来吧，面对金钱这个庞然大物，发出你生命的低吼："来吧，不是你死，就是我活！"

我们每个人，都要做“经济上的切·格瓦拉”。

——挽着盾牌，重上征途。

这个征途，弟兄们，就是我们奋斗不息的一生。

图书在版编目（CIP）数据

钱币里的中国史 / 清秋子著. — 北京 : 北京时代华文书局, 2021.9（2023.6重印）
ISBN 978-7-5699-4382-5

Ⅰ. ①钱… Ⅱ. ①清… Ⅲ. ①货币史－中国－通俗读物 Ⅳ. ①F822.9-49

中国版本图书馆CIP数据核字(2021)第175810号

钱 币 里 的 中 国 史
QIANBI LI DE ZHONGGUO SHI

著　　者｜清秋子

出 版 人｜陈　涛
策划监制｜小马BOOK
策划编辑｜张超峰　小　北
特约编辑｜青　橙
责任编辑｜张超峰
责任校对｜刘晶晶
装帧设计｜ · 车　球
内文制作｜麦莫瑞文化
责任印制｜訾　敬

出版发行｜北京时代华文书局 http://www.bjsdsj.com.cn
北京市东城区安定门外大街 138 号皇城国际大厦 A 座 8 层
邮编：100011　电话：010-64263661　64261528
印　　刷｜河北京平诚乾印刷有限公司　电话：010-60247905
（如发现印装质量问题，请与印刷厂联系调换）
开　　本｜710mm×1000mm　1/16　印　张｜23.5　字　数｜380千字
版　　次｜2021年10月第1版　印　次｜2023年6月第2次印刷
书　　号｜ISBN 978-7-5699-4382-5
定　　价｜59.80 元